荆州文化概论

主编 徐文武

图书在版编目(CIP)数据

荆州文化概论 / 徐文武主编. -- 武汉：武汉大学出版社，2025.7.
ISBN 978-7-307-25111-3
Ⅰ.K296.33
中国国家版本馆 CIP 数据核字第 2025B320X5 号

责任编辑：程牧原　　责任校对：鄢春梅　　装帧设计：马　佳

出版发行：**武汉大学出版社**　（430072　武昌　珞珈山）
　　　　　　（电子邮箱:cbs22@whu.edu.cn　网址:www.wdp.com.cn）
印刷：武汉中远印务有限公司
开本：787×1092　1/16　印张：12.5　字数：289 千字　插页：2
版次：2025 年 7 月第 1 版　　2025 年 7 月第 1 次印刷
ISBN 978-7-307-25111-3　　定价：45.00 元

版权所有，不得翻印；凡购买我社的图书，如有质量问题，请与当地图书销售部门联系调换。

《荆州文化概论》编委会

主　任　丁　锋

副主任　张晓彬　戴国强

编　委　丁　锋　张晓彬　戴国强　聂好春　付秋峰　刘　瑾
　　　　徐文武　邹发伟　范永裁　胡兆凌　牟海霞　许明超
　　　　魏春霞　殷　敏

主　编　徐文武

副主编　邹发伟　范永裁　胡兆凌

编写人员　胡兆凌（撰写绪论）
　　　　　朱　江（撰写第一章）
　　　　　范永裁　邹发伟　司　翔（撰写第二章）
　　　　　李玉倩　章倩雯（撰写第三章）
　　　　　郑丹丹　李思倩　王　伟（撰写第四章）
　　　　　刘　晨　丁　琳（撰写第五章）
　　　　　王　蓉　刘国平（撰写第六章）
　　　　　李　娜（撰写第七章）
　　　　　魏春霞　张君迟（撰写第八章）
　　　　　徐林兰　曾　晶（撰写第九章）
　　　　　苏　坤　田丹丹　刘　艳（撰写第十章）
　　　　　魏　媛　向竹君（撰写第十一章）
　　　　　邹发伟（撰写第十二章）

目　　录

绪论 …………………………………………………………………………… 1

第一章　荆州史前文化 ………………………………………………… 6
  第一节　旧石器时代文化 ………………………………………………… 6
  第二节　新石器时代文化 ………………………………………………… 7

第二章　荆州楚文化 …………………………………………………… 12
  第一节　春秋霸主与战国雄主 ………………………………………… 12
  第二节　楚文化的六大支柱 …………………………………………… 29
  第三节　楚文化的影响 ………………………………………………… 53

第三章　荆州三国文化 ………………………………………………… 56
  第一节　乌林之战与"三家分荆" ……………………………………… 56
  第二节　刘备"借荆州"与湘水划界 …………………………………… 58
  第三节　关羽镇荆州与白衣渡江 ……………………………………… 60

第四章　荆州古城文化 ………………………………………………… 62
  第一节　早期聚落阴湘城 ……………………………………………… 62
  第二节　楚国故都纪南城 ……………………………………………… 64
  第三节　秦汉郡治郢城 ………………………………………………… 71
  第四节　雄州重镇荆州城 ……………………………………………… 76

第五章　荆州古都文化 ………………………………………………… 85
  第一节　六朝古都 ……………………………………………………… 85
  第二节　明代"三藩" …………………………………………………… 89
  第三节　建都探因 ……………………………………………………… 92

第六章　荆江水文化 …………………………………………………… 95
  第一节　江汉运河 ……………………………………………………… 95
  第二节　荆江堤防工程 ………………………………………………… 98
  第三节　长江生态大保护 ……………………………………………… 102

第七章　荆州史志文化 · 104
第一节　地记与风俗志 · 104
第二节　历史笔记 · 106
第三节　官修与私修志书 · 108

第八章　荆州古代文学与艺术 · 110
第一节　荆州古代文学 · 110
第二节　荆州古代绘画 · 123

第九章　荆州古代科技与教育 · 126
第一节　荆州古代科技 · 126
第二节　荆州古代教育 · 131
第三节　荆州古代体育 · 135

第十章　荆州古代名人 · 139
第一节　辅国良臣 · 139
第二节　文化名家 · 146

第十一章　荆州文化遗产 · 151
第一节　荆州大遗址保护片区 · 151
第二节　荆州出土文物 · 157
第三节　荆州古代宗教建筑 · 176
第四节　荆州非物质文化遗产 · 185

第十二章　荆州红色文化 · 190
第一节　湘鄂西革命根据地的建立 · 190
第二节　湘鄂西革命根据地旧址 · 193

主要参考文献 · 197

绪　　论

"禹划九州，始有荆州。"荆州历史底蕴深厚、文化积淀丰富，总能唤起人们对往昔岁月的追忆，激发人们无尽的遐想。在漫长的历史演进中，荆州的行政区划屡经变迁，凭借其独特的自然环境和地理优势，逐渐形成了独具特色的荆州文化。

一、荆州政区的形成与演变

据《尚书·禹贡》记载，夏朝大禹时期，为了便于管理国家，将全国划分为九州，荆州便是"九州"之一，这就是"禹划九州，始有荆州"之说的由来，也是"荆州"在文献中最早的记载。商朝时，荆州一带被称为"南乡""南土"，如《诗经·商颂·殷武》中有"维女荆楚，居国南乡"之说。周代荆州属于楚国，东周时期，楚国定都于荆州纪南城，历时长达411年，在此期间创造了鼎盛时期的楚文化。

公元前278年，秦国攻占楚都纪南城后，设南郡和江陵县。秦汉两朝，南郡下辖十八个县，南郡和江陵县的治所都设在今荆州城以北的郢城遗址。

西汉时期，汉武帝首次将全国划分为十三个州刺史部，每个州都设有刺史，负责监察郡县，荆州是十三个监察区之一。东汉时期，汉灵帝中平五年（188年）之后，"州"由西汉时期的监察区演变成了一级行政区划，"荆州"也正式成为行政区划的名称。东汉时期的荆州下辖南阳郡、南郡、江夏郡、长沙郡、桂阳郡、武陵郡、零陵郡七郡，其地域范围包括了现今的河南省西南部，湖北省、湖南省的大部分地区，以及贵州省、广西壮族自治区、广东省的部分地区。两汉时期，荆州以郢城（今荆州古城以北郢城遗址）为治所，时间长达270年。东汉末年，"荆州七郡"被曹操、刘备、孙权三家势力争夺和瓜分，出现了"三家分荆"的局面。

两晋南北朝时期，沿袭东汉时期的州、郡、县三级行政区划管理制度。西晋统一后，荆州成为当时的大州之一，下辖二十二个郡。自东晋永和八年（352年）起，荆州的治所定在江陵城（今荆州古城）。

南朝刘宋时期，为了削弱荆州的势力，加强中央集权，采取了"分荆置雍""分荆置郢""分荆置湘"等一系列"分荆""弱荆"政策，使得荆州从南朝刘宋初年的三十一个郡，到刘宋末期只剩下十二个郡，从超级大州缩小为中等规模的州。

隋朝废除郡级机构，改州、郡、县三级制为州、县二级制，以提高行政效率，减轻百姓负担。荆州下辖江陵、昭邱、枝江、长林、松滋、广牧、定襄、江安、宜道九县。

荆州在唐朝是南方重要的政治、经济与军事中心，曾两度被置为南都，成为四个陪都之一。上元元年(760年),以荆州为南都,与上都京兆(今陕西西安)、东都洛阳(今河南洛阳)、西都凤翔(今陕西凤翔)、北都太原(今山西太原)并称"五都"。其后又以荆州为江陵府,下辖江陵、枝江、当阳、长林、石首、松滋、公安、荆门八县。

北宋初年,置荆湖北路,简称"湖北路","湖北"之名即由此而来。荆湖北路是宋朝的一级行政区,管辖地区包括今湖北省大部,湖南省北部的常德、岳阳等地,以及河南省信阳的部分地区,治所设在江陵城(今荆州古城)。

元代初年,置江陵路,属荆湖行省。江陵城(今荆州古城)一度是荆湖行省的治所。因江陵为"文宗潜藩"(帝王为王侯时的封地称"潜藩")之地,元文宗登基后,于天历二年(1329年)改江陵路为中兴路。中兴路下辖江陵县、公安县、石首县、松滋县、枝江县、潜江县、监利县七县。

明代设荆州府,属湖广行省。荆州府下辖二州、十一县。"二州"即夷陵州(下辖长阳县、宜都县、远安县)、归州(下辖兴山县、巴东县)。另辖江陵、公安、石首、监利、松滋、枝江六县。明代荆州府的府治与江陵县的县治,均在江陵城(今荆州古城)内。

清朝因袭明朝建制。康熙三年(1664年),湖广布政使司南北分省,分为湖北布政使司和湖南布政使司,荆州府属于湖北布政使司。乾隆五十六年(1791年)后,荆州府管辖范围缩小,下辖江陵、公安、石首、监利、松滋、枝江、宜都七县。

民国时期,裁撤荆州府,原荆州府所辖区域分属荆南道、荆宜道和江汉道沔阳县。1932年改行政督察区制,原荆州府所辖区域分属第七行政督察区和第六行政督察区。1936年调整后属第四行政督察区,包括江陵、监利、石首、公安、枝江、松滋、荆门、沔阳、潜江各县。

1949年7月,成立荆州行政区督察专员公署(也称"荆州专区"),辖荆门、京山、钟祥、天门、潜江、公安、松滋、江陵八县,分江陵县沙市镇建沙市市,属省辖市。1951年之后,经过一系列的行政区划调整,荆州专区的辖区有所扩大,先后划入沔阳、监利、石首、洪湖四县,沙市市划归荆州专区管辖。

随着行政区划的不断调整和发展,荆州行政建制又经历了一系列的变化。1994年,设立荆沙市,不久更名为荆州市。今荆州市下辖两个区、两个县、四个县级市。两个区即沙市区与荆州区;两个县即公安县、江陵县;代管石首市、洪湖市、松滋市、监利市四个县级市。

二、荆州的自然地理环境

荆州所处的自然地理环境,构成了荆州文化发展的根基。荆州位于江汉平原地带,长江自西向东流经中游地区穿越江汉平原,因此荆州一带的历史气候条件与长江中下游平原大体相同,并且水系发达、河流众多,为荆州的农业生产和经济发展提供了重要的物质条件。春秋战国时期,随着楚国的都城核心区域迁至荆州,荆州的农业发展迎来了其历史上的第一个繁荣阶段。彼时,江汉平原气候宜人,江河湖泊众多,土壤肥沃,为农业生产提供了优越的自然条件。楚人根据农业耕作的特性,将土地划分为若干类别:"衍沃"指的是适宜种植水稻及旱作的土地；"薮泽"则指那些适合季节性耕作的区域；"山林"涵盖了丘陵地带，其中亦有部分土地适合农耕；而"淳卤"指的是对农业生产并不十分有利的盐碱地。在这样的土壤条件下，楚国的农业起步于火耕水耨的耕作阶段，在水域众多、土壤湿润的地区，以放火烧草作为肥料，充分利用丰富的水资源来种植水稻。《史记》记载"楚越之地，地广人稀，饭稻羹鱼，或火耕而水耨"（《史记·货殖列传》），产生了很高的劳动效率，① 推动了楚国粮食生产。隋唐时期，中国的气候在整体上是温暖类型，② 这种气候极大地促进了农业生产的发展。唐朝安史之乱前后北方的气候干冷，加上战乱等因素，使得长江中游成为全国经济地理的中心，江汉平原牛耕技术逐渐普及，水稻种植范围亦持续扩展，麦稻、稻稻复种的农业耕作模式开始出现。③ 在明清时期，长江中游地区呈现出冷暖交替的气候特点，荆州的农业经济因此获得了显著的发展并达到了顶峰，垸田采用了麦稻混作以及早晚稻轮作的耕作制度，显著提升了粮食产量。④ 乾隆《荆州府志》载："农民尽力南亩，附郭膏腴之田，每亩收获不下五六石。至上下乡，虽有水旱之灾，亦无不垦辟者。"⑤反映了清朝时期荆州地区农业发展的优良条件。

荆州自然地理环境的最大特征在于其境内河流水系的丰富性，不仅为荆州的农业生产提供了充足的水资源，同时也构成了发达的水上交通网络。长江从古至今对于荆州都有着深远的影响，其荆江段自宜昌市枝城起，至湖南城陵矶止，全长337千米，蜿蜒流淌于荆州区域之内。在楚国时期，鉴于境内水系的丰富，孙叔敖担任令尹期间积极发展水利事业，开启了荆江流域最早的水利建设。进入秦汉时期，荆江三角洲逐渐形成，荆江段亦见证了众多长江支流的出现。唐宋时期，荆江河道发生改道，荆州人通过围垦洲滩、引导水流归入河道、修筑堤坝以抵御洪水，荆江河床逐渐稳定，南北两岸形成了"九穴十三口"的格局。到了明清时期，随着农业的进一步发展，荆州水系经历了诸多重要变迁，长江中游地区大规模兴建垸田，将水域围垦成田地，从而在地理上改变了长江水道的面貌。长江流域众多支流贯穿荆州，形成了错综复杂的水网，如松滋河、调弦河、内荆河、沱水河等，其流域覆盖面积广阔，在历史上是荆州及其下属县市之间的经济文化交流纽带，起到了水上交通要道的作用。荆州湖泊星罗棋布，境内拥有超过270个较大的天然湖泊，如洪湖、长湖等都是水域面积广阔的重要大型湖泊，连同荆州各县的主要湖泊，为荆州农业生产提供了丰富的水资源保障。

自先秦到明清时期，荆州的陆路与水路交通网络始终扮演着至关重要的历史角色。春秋时期，楚人在江汉平原可通达各个小国，凭借长江优势，东可通吴越，西可至巴蜀，建立了巴楚航线、楚越航线、楚随航线、楚秦航线等多条水上航路；⑥ 向南可达于湘水、沅水，甚至可到今广东省一带。明清时期，荆州更成为长江上的货物中转站，如乾隆《江陵

---

① 刘玉堂：《楚国经济史》，湖北教育出版社1996年版，第130~135页。
② 葛全胜：《中国历朝气候变化》，科学出版社2011年版，第301页。
③ 李文澜：《文澜存稿》，湖北人民出版社2013年版，第131页。
④ 张国雄：《江汉平原垸田的特征及其在明清时期的发展演变》，《农业考古》1989年第1期。
⑤ （清）来谦鸣、叶仰高总裁，施廷枢纂修：《荆州府志》，湖北人民出版社2013年版，第582页。
⑥ 刘玉堂、袁纯富：《楚国交通研究》，湖北教育出版社2012年版，第171~185页。

县志》卷二十三载,"蜀舟吴船,欲上下者,必于此贸易,以故万舫栉比,百货灯聚,实九省冲要区也"。至晚清时期,荆州沙市镇的开埠通商,进一步彰显了荆州在历史上作为水陆交通枢纽的重要地位。

三、荆州文化的主要特点

荆州文化博大精深,特色鲜明,早在夏朝时期就有着丰富的史前文化遗存。自有文字记载的历史以来,荆州在各个时代都有其波澜壮阔和风起云涌的历史,历代著名人物层出不穷、灿若星辰,创造了丰富灿烂的荆州文化。

荆州文化的第一个特点是兼容并蓄,传承完整。在中华文明的历史演进中,荆州始终在南北文化交流方面扮演着重要角色。商周时期,楚族南迁,与荆州当地的原始居民融合,共同缔造了先秦时期强盛的楚国。尽管楚国时期存在阶级差异,但楚国不仅容纳了楚族人民,而且接纳了其他民族的居民。自汉代起,中国人口迁移的主要趋势是由北向南。东汉末年、西晋时期的"永嘉之乱"、唐代的"安史之乱"以及宋代的"靖康之难"等均引发了大规模的人口迁徙,为荆州带来了丰富的外来人口,并与当地居民共同创造了各自时代的辉煌成就。而且,荆州文化的发展从古至今从未产生过断裂,在中国历代正史中,关于荆州的记载从未间断,出现的频率也很高。同时,从考古来看,由阴湘城遗址的发掘发现,其文化堆积不仅包括大溪文化、屈家岭文化、石家河文化,还包括夏、商、周时期的文化遗存。这种文化现象一方面反映出荆州文化对不同区域文化的包容胸怀,另一方面体现了荆州文化存在着完整"文化链"的发展特点。

荆州文化的第二个特点是开拓进取,创新求变。楚人筚路蓝缕的开拓精神,为荆州文化的发展奠定了重要基石,并且在政治、经济和科技等多个领域均展现出勇于变革的创新精神。春秋时期,楚人率先称王,摆脱周朝的文化束缚,开启了民族的独立发展之路。楚君熊渠以武力征服江汉地区的众多小国,并自封为楚王,其言"我蛮夷也,不与中国之号谥"(《史记·楚世家》),"不服周"的文化精神至今仍在湖北方言中存在。楚人不拘泥于周礼,重视自我文化价值的塑造,楚武王熊通在扩张领土的过程中首创县制,灭权国并设立中国先秦时期首个县——权县,为诸侯国的国家治理和边疆防御提供了宝贵经验。战国时期,尽管楚国国力逐渐衰弱,楚悼王仍力推变法改革,实行新政,任用吴起发起了历史上著名的吴起变法。变法涉及政治、经济、军事等多个领域,一度振兴楚国,其先进的改革思想展现了荆州开拓进取,创新求变的文化特点。在经济发展方面,楚人也善于创新求变,率先在先秦时期开凿了人工运河"云梦通渠",《史记·河渠书》记载,"西方则通渠汉水、云梦之野,东方则通邗沟、江淮之间"。楚人还率先提出了"量入修赋"的原则,即以土地收入来确定赋税标准,在奴隶制社会的发展阶段能提出类似以人为本的赋税主张,展现了超越时代的政治观念和先进的文化意识。

荆州文化的第三个特点是追求浪漫,奇谲瑰丽。荆州山川瑰丽、民族杂居,文化多样、有同有异。在文化交融的过程中,荆州展现出丰富多彩的文化特质,相较于其他地区更容易孕育出追求浪漫、奇谲瑰丽的文化特点。以青铜器为例,如江陵望山二号楚墓所发掘的铜尊，其表面装饰以龙凤纹为主，辅以云纹，错综复杂的嵌饰花纹展现出随意组合的艺术风格，透露出荆州人民的浪漫艺术气质与独到的审美趣味；再以漆器为例，江陵天星观一号楚墓出土的双龙漆座屏中，龙的形态被雕刻得栩栩如生，它们吐露舌头，目光炯炯，蜷曲的爪子和弯曲的身体展现出一种力量感，并以红、黄和金色为主色调进行装饰，也反映了荆州人民对浪漫艺术风格的崇尚。荆州文学则集中体现了楚人的文化风尚，屈原所留下的二十余篇文学作品，从文学内容以及艺术表现形式上都体现了其崇尚自由的文化特征。如《离骚》表现出对"美政"的无限追求和向往；《天问》对先王庙中的天地山川神灵及圣贤怪物等进行了记载，富于想象，虚幻玄妙，体现出了奇谲瑰丽的气质。

综上所述，荆州文化展现出兼容并蓄、传承完整的宽广气度，开拓进取、创新求变的鲜明气质，追求浪漫、奇谲瑰丽的独特个性。荆州的历史源远流长，自古至今未曾中断，孕育出独特的文化传承脉络，并对周边地区产生了深远影响，形成了泛楚文化圈。新时代的荆州文化也正在以独具特色的区域文化和开放的文化精神，感染着其他地域，甚至其他国家，必将对湖北省、全中国乃至世界文明的进程产生深远的影响。

第一章　荆州史前文化

人类文明发展的早期阶段，主要特征在于石制工具的制造与使用，这一历史时期被称为石器时代，也被称为蒙昧时期。依据工具形态及其复杂性的演进，石器时代可分为旧石器时代(距今约300万至1万年)、新石器时代(距今约10000至4000年)两大阶段。

荆州地区目前已确认的最早古人类文化遗存为鸡公山旧石器时代遗址，其历史可追溯至距今约5万年的时候。荆州地区还发掘了众多新石器时代的文化遗址，这些遗址见证了荆州地区在距今约8000至4000年，历经了城背溪文化、大溪文化、屈家岭文化以及石家河文化，呈现出一脉相承、连续不断的发展脉络。

第一节　旧石器时代文化

鸡公山旧石器时代遗址的发现，表明在距今5万年的时候，已有原始人类在荆州地区生息繁衍。

鸡公山旧石器时代遗址(图1-1)位于湖北省荆州市纪南镇郢北村。1992年，荆州博物馆和北京大学考古系对鸡公山遗址进行了考古发掘，发掘面积467平方米，发现了数以千计的石制器物。该遗址是我国迄今在平原地区首次发现的旧石器时代人类居住遗址，填补了我国考古史上的一大空白，被评为1992年全国十大考古发现之一，列第一位。1998年，该遗址被公布为全国重点文物保护单位。

图1-1　鸡公山旧石器时代遗址

鸡公山遗址面积约1000平方米，分上、下两个文化层。在上层文化层中，考古发掘出土了近500件石制品。这些石制品以小型石片石器为主，尤其以小型刮削器占据绝大多数，其年代可追溯至距今约2万年至1万年。在下层文化层中，不仅发现了原始人类的生活居住遗址，而且出土了数量庞大的砾石、石核及石器，这些遗存的年代距今约5万年至4万年。

鸡公山遗址再现了远古时期人类的生活场景。在该遗址的北部区域，考古人员发掘出了5个以砾石与石制品构筑的、形态略显不规则的环带状石圈。这些石圈在形态与尺寸上均展现出相似性，呈现出鲜明的环带状特征。这些石圈由紧密排列的砾石、石片及石器堆砌而成，其内部则是一片直径约2米的平坦地面。在这片地面上，还散布着少量的尖状器与砍砸器等石器工具。民族学和国外考古资料研究表明，这种石圈结构是当时人类居住的圆形窝棚的遗迹。

在紧邻居住区的南部区域，有两处石核与石片高密度分布的地带，出土有大量的石锤、石钻等加工工具，这一发现表明这里可能为当时的一处重要的石器加工场所。

在鸡公山遗址内，有一处长约1米、宽约0.5米的红土硬面，周围放置着许多锋利的小型刮削器及其他石器，初步推断这里在当时是一处野兽屠宰场。

鸡公山遗址居住遗迹、石器加工场遗迹和动物屠宰场遗迹的发现，填补了中国旧石器时代晚期平原地区原始居住遗址的空白。在此之前，中国的旧石器时代晚期遗存，尤其是南方地区，主要集中在洞穴之中。鸡公山遗址作为我国首次在平原地区发现的旧石器时代晚期居民聚落，标志着远古人类在距今四五万年的时候，已开始向平原地区迁徙，并在这一广袤地域内展开生活与生产活动。鸡公山遗址的发现，将人类开发江汉平原的历史追溯到5万年至4万年之前，为深入探讨湖北乃至全国平原湖区早期经济开发的历史提供了极为宝贵的实物资料。

第二节　新石器时代文化

新石器时代是以使用磨制石器为标志的人类物质文化发展阶段，大约从1万年前开始，结束时间大约为4000年前。新石器时代的主要特点，在于磨制石器的普遍使用，以及由此推动的农业、畜牧业、制陶业与纺织业的显著发展。这些进步不仅丰富了人类社会的物质生活，更为后续社会文明的进一步演进奠定了坚实的基础。

在史前文化的历史长河中，文明的曙光一直照耀在荆州大地上，熠熠生辉，亘古不绝。在约5万年前的旧石器时代，已有原始先民生息繁衍在荆州大地上；进入新石器时代后，荆州出现了聚落性质的城池，成为走向文明时代的标志。距今约6300至4000年，荆州经历了大溪文化、屈家岭文化、石家河文化等一脉相承的新石器时代文化，已发现的新石器时代文化遗址有100多处。

一、大溪文化

大溪文化是我国长江中游地区的一种新石器时代文化，因重庆市巫山县大溪遗址而得名，距今约6300至5000年。自20世纪70年代起，考古工作者在荆州地区相继发现了多处与大溪遗址具有相同文化特征的古遗址，如毛家山、朱家台、阴湘城、蔡台以及荆南寺等遗址，均被认定属于大溪文化类型。

大溪文化发现的石器类型极为丰富，涵盖打制石器与磨制石器两大类别。进入大溪文化中期后，随着切割、琢制、磨制及钻孔等工艺技术的提升，磨制石器的占比显著增大，并涌现出一批制作精良的石器。磨制石器作为主要的生产工具，种类广泛，包括斧、锛、凿、铲、锄、刀等多种类型，尤以斧的数量最多，展现了大溪文化时期石器制作的精湛技艺。

大溪文化的制陶业也十分发达，以薄胎彩陶最为突出（图1-2）。在荆州地区的大溪文化中，彩陶尤为盛行，主要以红衣黑彩为特色。这些彩陶的装饰图案多样且富有特色，有横条纹、横人字纹、水涡纹、绳索纹、网纹等，显示出较高的技术水平。

图1-2　大溪文化彩陶碗

大溪文化的聚落有了较大发展。所谓聚落，就是古代人类聚集居住的地方。荆州大溪文化时期，随着稻作农业的发展，出现了一批规模大、布局完整的聚落遗址。在这些遗址中都发现有大片的红烧土建筑遗迹。红烧土是经过烧烤的黏土，具有坚硬、耐久、防潮等特点。

在荆州朱家台遗址的考古发掘中，已出土的大溪文化房屋遗迹共计15座，全部为典型的"红烧土"建筑。房屋台基为填土夯筑，相较于周边地面高出0.5~1米不等。台基上的建筑包括四周散水、房屋内部地面及墙壁等，均经过了火的烘烤处理，形成"红烧土"，出土时还保存着连成一片的硬面。这些硬面具有砖的质地，相当坚硬，经6000余年而质地不变。

朱家台房屋是最早的台式建筑，显示出较成熟的建筑技术。在江汉地区，烧制"红烧土"房屋的技术一直被流传下来。这一技术不仅在大溪文化之后的屈家岭文化、石家河文化遗址中得到了延续，而且在后续的东周时代楚国建筑遗存中继续应用与发展，体现了该技术在建筑领域的深远影响。

二、屈家岭文化

屈家岭文化是长江中游继大溪文化之后的新石器时代文化类型,距今约5000至4600年,因最早发现于京山县(现为京山市)屈家岭遗址而得名。荆州阴湘城遗址、石首走马岭遗址及公安鸡鸣城遗址,均被认定为屈家岭文化的代表性遗址。

相较于大溪文化,屈家岭文化的社会经济出现了一系列变化。第一,种植农业在屈家岭文化的社会经济中占据了主导地位。在阴湘城遗址中,房屋周围的一些灰坑中发现了大量炭化稻谷和稻米,而没有发现其他种类的粮食遗存,可见稻谷已经成为当时的主要种植作物,反映了种植农业在屈家岭文化社会经济中的重要性。

第二,制陶工艺水平大幅提高。在陶器的制造过程中,轮制法已成为广泛采用的技术手段。轮制法,又名拉坯成型法。这种制作方法利用轮车的旋转力,结合双手的动作,将泥坯拉成所需的陶器形状。快轮成型技术的普及应用,不仅大幅度提升了制陶的生产效率,而且确保了陶器产品的品质。

第三,纺织技术迅速发展。纺轮作为原始纺纱工具的主要部件,在纺织生产中发挥了重要作用。屈家岭文化遗址出土的大量彩陶纺轮(图1-3),充分表明纺织业已深深根植于家庭手工业之中,成为不可或缺的一部分。同时,陶纺轮在形态上由大变小、由重变轻的变化趋势,直接映射出纺织原料种类的多样化,以及纤维从粗到细的演变过程。这一变化使得纺出的纱线更为细腻,织出的布料也更加紧密。

图1-3 屈家岭文化遗址出土的彩陶纺轮

此外,还出现了新的手工业种类漆器业。在阴湘城遗址中,出土了一件屈家岭文化早期的漆木钺柄,其保存状况基本完整。从制作工艺来看,该钺柄通体以棕色漆为底,握手附近则糅饰以红漆，装钺处及圆孔上方则施以黑漆，整体呈现出极高的工艺水平和审美价值。

屈家岭文化聚落形态的一个突出变化，就是出现了古城聚落。这些古城大多选址于平原地区毗邻河湖的低岗地带，充分利用自然地势进行构建；古城城垣一律采用土筑工艺，且四周环绕着城壕，形成了有效的防御屏障。石首走马岭城不仅构筑了内外双重城垣作为坚固的防御工事，而且配套了内外双重护城河，实现了城垣与护城河的紧密结合，极大地增强了防御能力。此外，该城还面向北面陆地构建了第三道类似"瓮城"的城垣及护城河。这一系列布局共同构筑了复杂且高效的多重防御体系，展现了当时较高的城市规划水平与军事防御智慧。

三、石家河文化

石家河文化是在屈家岭文化的基础上发展起来的新石器时代文化类型，距今约4600至4000年，因最早发现于天门市石家河遗址而得名。

陶塑是石家河文化的重要特色之一（图1-4），具有极高的历史和艺术价值。在对天门石家河遗址群的考古发掘中，考古工作者发现了大量以手捏工艺制成的泥质红陶塑品。这些陶塑品造型精巧，体型普遍较小，高度为5~10厘米不等。

图1-4 石家河文化陶塑

这些陶塑所塑造的形象丰富多样，以动物形象和人偶形象为主要表现内容。其中，动物形象涵盖了禽鸟类、兽类、水生动物等。禽鸟类陶塑的数量尤为庞大，总数超过千件。兽类动物包括狗、猴、猪、牛、羊、兔、老虎及大象等。其中，狗的数量最为庞大，有立式和卧式两种形态。有的狗背上还载着幼狗或小鸟，展现出一种悠然自得的生活场景。卧式狗则多采用侧卧姿态，仿佛正警觉地倾听与观察四周，生动展现了狗的机警。猪、羊、牛、兔等动物在陶塑作品中也有呈现，大概因为它们是石家河文化时期人类饲养的家禽。陶塑艺术中的老虎与大象形象特征鲜明，这反映了当时江汉地区气候温暖而湿润，为热带动物的生存提供了良好的环境。

陶塑人偶的姿态有箕踞和跪坐两种。跪坐陶人发现较多，形态特征基本相同，一般高约 10 厘米，头戴浅圆帽，身穿长袍，细腰，宽裾，口鼻分明，颈部修长，正面跪坐，两手怀抱一条大鱼，神态凝重。关于这些人偶的身份，有的学者认为是部落酋长的塑像，也有人认为是巫师作法的形象。

瓮棺葬是石家河文化的另一大特色。瓮棺葬是古代墓葬形式之一，通常将两件或三件大型陶器紧密扣合，用以埋葬儿童遗体。在石家河文化时期，瓮棺葬成为一种广泛采用的丧葬习俗。在荆州枣林岗石家河文化遗址的考古发掘中，共发现了 46 座属于石家河文化晚期的瓮棺墓。这些墓葬普遍由上、下两件陶器组合构成，其中下端的陶器作为瓮棺的主体部分，而上端的陶器则多用作瓮棺墓的盖子，两件陶器口对口紧密相扣，形成一个完整的瓮棺墓葬具。

在荆州枣林岗的瓮棺墓中，绝大部分墓葬都出土了玉器。这些玉器以装饰品为主，涵盖了多种类型，包括玉人头像、玉虎、玉蝉、玉鹰等。从制作工艺层面分析，这些玉器均历经了切割、雕琢、钻孔及抛光等复杂工序。

第二章　荆州楚文化

荆州是楚国鼎盛时期的都城所在地，是楚文化的集中承载区，见证了楚文化鼎盛时期的光辉成就。正是在楚国定都荆州期间，纪南城成为当时中国南方的政治、经济、文化中心，是当时南方的第一大都会。在此期间，楚庄王成功跻身"春秋五霸"之列，楚国也成为"战国七雄"之一，不仅成就了辉煌的霸业，而且创造了可与古希腊文化相媲美的灿烂文明。在楚国八百年的发展历史上，超过一半的时间建都荆州纪南城。纪南城成为楚国建都时间最长的都城，这也使得荆州的楚文化积淀最为深厚，成为名副其实的楚文化中心。

第一节　春秋霸主与战国雄主

从楚文王元年(前689年)迁都纪南城，到楚顷襄王二十一年(前278年)秦将白起攻陷纪南城，楚国共有20代国王在此建都，历时411年。在此期间，纪南城见证了楚国从强盛走向衰落，再从中兴走向鼎盛，最终从极盛走向没落的沧桑历史。

一、都郢而强

清代史学家顾祖禹在其著作《湖广方舆纪要》中曾指出"楚人都郢而强"，意思是说，自楚文王迁都纪南城，楚国便逐渐崛起并强大起来。这一论断是有充分的历史依据的。

1. 楚文王"始都郢"

楚文王熊赀(图2-1)，楚武王之子，春秋前期楚国国君，于公元前689—前675年在位，共在位15年。楚文王是一位很有作为的国君。他在位时，北拓东进，观政中国，为楚国的发展奠定了坚实的根基。

楚文王即位后，做的第一件大事便是迁都。他将楚国的首都迁到荆州纪南城，称之为"郢"。"郢"这个字，是楚文王的父亲楚武王发明的。据清华简《楚居》记载，楚武王时，因都城的人口繁衍较快，居住地不够用，于是把一个名叫"疆浧"的湖泊之地放水填土后改造为陆地，供人们生活和居住。"浧"字的本义是指湖泊沼泽，因"疆浧"被改造后没有水了，成为陆地，于是将"浧"字的"水"旁去掉，加上"邑"，就变成了"郢"(䣜)字。"疆浧"由此变成了"疆郢"。楚文王迁都后，将纪南城命名为"郢"。此后，"郢"字便成了楚国国都的专有名称。《越绝书·吴内传第四》释"郢"字云："郢者何？楚王治处也。"所谓"楚王治处"，即指楚国国都。"在不加任何修饰限制地单独使用时，乃特指楚国正式的都城，这也就是指宗庙社稷所在的城邑。"①如果不是首都，而只是陪都或别都，则称为"某郢"，如"郜郢""鄢郢"等。

图 2-1　楚文王画像

楚文王的新都，位于荆山余脉的纪山之南，因而得名"纪南"。自楚文王迁都纪南城，在其后的 400 多年间，纪南城成为中国南方的政治、经济、文化中心，是当时南方的第一大都会，为楚国的发展与强大提供了有力保障。

楚文王定都纪南城，表明楚国已牢固地控制了江汉地区。为实现楚武王"欲观中国之政"的愿望，楚文王向北攻打了申、邓等国，向东智取息国，不断扩大楚国的势力范围。

公元前 688 年，楚文王亲率大军讨伐申国。申国为周宣王所封，一直是周王朝控制荆楚的重镇，是楚国北上的必经之地。楚文王要想北上争霸中原，首先就要灭掉申国。

楚国在北上伐申时，要借道一个与楚国有着姻亲关系的小国——邓国。邓国是楚文王的母舅之国，也就是说，邓国国君邓祁侯是楚文王的亲舅舅。楚文王向邓祁侯请求借道伐申，邓祁侯很高兴地答应了，还特意摆了宴席来招待他。但邓祁侯的三个外甥骓甥、聃甥

---

① 辛德勇：《辛德勇说中国历史地理——湮没的过往》，万卷出版公司 2017 年版，第 140~141 页。

和养甥，都很担心楚文王灭了申国之后就会对邓国下手，于是劝邓祁侯趁这个机会把楚文王除掉，可是邓祁侯没有听他们的。这三个外甥就警告说："现在不除掉他，以后后悔可就来不及了，就像你想咬自己的肚脐一样，根本做不到。""噬脐莫及"这个成语就是从这里来的，用来形容后悔莫及，没有办法补救。邓祁侯最终还是没有采纳他们三人的建议。后来，楚文王果然在灭了申国之后，于回国的路上顺道就攻打了邓国。十年以后，楚文王最终还是灭掉了邓国。

楚文王灭掉申、邓两国之后，成功地打通了北上中原的通道，直接威胁到了周王室。一向被华夏诸国视为蛮夷小国的楚国，从此以强有力的面貌出现在中原的舞台上。

2. 成王征战中原

文王去世后，王室内部斗争激烈。公元前672年，其子熊艰继位不久即被杀，熊艰之弟熊恽登基为王，是为楚成王。楚成王在位期间，为谋求霸主地位，楚国南服夷越，东拓江淮，与中原齐、宋、晋诸国进行角逐和较量，奠定了楚国称霸的局面。

楚国的强大威胁到了中原各国的利益，尤其是齐国的霸主地位。为了遏制楚国的扩张，齐国联合其他中原诸侯国，与楚国展开外交和军事上的较量。公元前656年，齐桓公率领齐、宋、陈、卫等八国军队进攻楚国，以楚人不向周朝进贡以及周昭王"南征而不复"为由，陈兵楚境。

楚国面对强大的齐国联军，不敢贸然交战，派大夫屈完与齐国谈判，争取和平解决争端。齐桓公试图压服楚国，让屈完乘车视察八国联军，并恐吓道："以此众战，谁能御之？以此攻城，何城不克？"屈完毫不畏惧，针锋相对地答道："楚国方城以为城，汉水以为池，虽众，无所用之。"齐桓公权衡得失，只得与楚国在召陵结盟，史称"召陵之盟"。

楚成王面对强敌，使用文武两手，以战逼和，充分显示了其政治与军事才干。楚齐召陵之盟使楚国在未损失一兵一卒的情况下迫使八国联军退兵，有效地保存了楚国的实力，提高了楚国的政治地位，从此拉开了楚国与中原各国争霸的序幕。

齐桓公去世后，楚成王借齐国中衰的机会将势力渗入中原地区。宋襄公不顾宋国国力尚弱，希望能以宋国的公爵地位压制各诸侯国，与楚国争夺中原霸主的位置。争霸的结果是，宋国与楚国在泓水（今河南柘城西北）发生战争，以宋国失败而告终，史称"泓水之战"（图2-2）。

公元前638年，宋楚两军在泓水相遇。当楚军开始渡河时，宋国司马公孙固向宋襄公建议"彼众我寡，可半渡而击"，而宋襄公以仁义之师"不推人于险，不迫人于厄"为理由，拒不出击。当楚军渡河后开始列阵时，公孙固打算乘楚军列阵混乱、立足未稳之际发起进攻，宋襄公又以"不鼓不成列"为理由制止。直待楚军列阵完毕后，宋襄公才下令进攻。由于楚军实力强大，经激战后，宋军大败。宋襄公亲军全部被歼，他本人也受了重伤。

宋襄公在泓水之战中，奉行"蠢猪式的仁义"①，既不注重实力建设，又缺乏必要的指挥才能，最终覆军伤股，为天下笑。泓水之战后，北方诸侯纷纷拱手南向，楚国势力几乎

---

① 《毛泽东选集》第2卷，人民出版社1991年版，第492页。

席卷中原。在其后数年间，楚国势力一度到达黄河以北，直到晋楚城濮之战后，楚国的扩张势头才得到遏制。

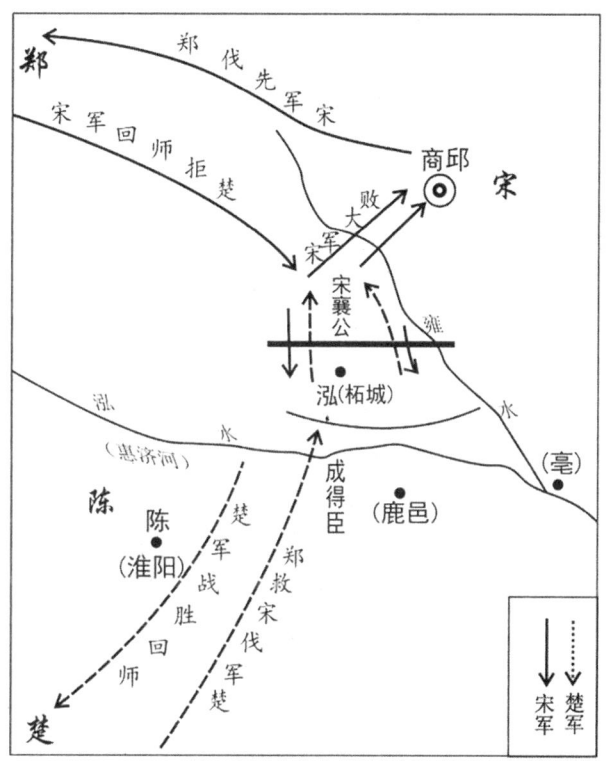

图 2-2　泓水之战示意图

公元前 632 年，晋、楚两军为争夺中原霸主地位，爆发了城濮（今山东鄄城西南）之战。战争之初，楚国发兵进攻宋国，晋国为解宋国之围，出兵攻打与楚国相好的曹、卫两国，以此来牵制楚军。楚军主帅令尹子玉不顾楚成王的劝阻，积极谋求与晋军展开决战。为了占据道义上的优势，激励士气，晋文公以曾对楚成王有"退避三舍"的承诺为由，下令晋军后退九十里。晋军退避后，楚军追击至城濮。晋军采取先击侧翼、再攻中军的战术，利用虎皮蒙马等战术造成楚军混乱，一举击败楚军左军。最终，楚军左右两军先后溃败，中军也停止进攻并退出战场。城濮一战，楚军损兵折将，损失惨重，主帅子玉败归，被迫自杀。

城濮之战是继齐楚召陵之盟和宋楚泓之战以后，楚晋两国为争夺中原霸权而展开的第一次大决战。城濮之战后，楚国的北上扩张势头受到遏制，晋国的政治地位得到巩固和提升，成为中原霸主。

楚成王的一生先后与齐桓公、宋襄公、晋文公争霸。对齐桓公是平手，对宋襄公是完胜，对晋文公是略处下风。楚成王的一生，是不断追求霸业的一生，为后来楚庄王的霸业奠定了坚实的基础。

二、逐鹿中原

楚庄王熊侣是楚成王之孙，楚穆王之子，于公元前613—前591年在位，共在位23年。楚庄王执政后，沉着应对内外复杂多变的局势，北上争霸，饮马黄河，问鼎中原，建立了赫赫功业。他是春秋时期楚国最有成就的君王，跻身"春秋五霸"之列。

1. 一鸣惊人

楚庄王继位的第一年，楚国就发生了"二子之乱"。"二子"是指公子燮和子仪。公子燮和子仪二人都是楚庄王的老师，负责对楚庄王的教育。公子燮是楚王之子，因谋求令尹的职位而没能如愿，对王室产生了不满的情绪。子仪是楚国世族若敖氏的后代，也因得不到重用而对王室不满。公元前613年，楚庄王即位不久，令尹子孔率兵出征，令公子燮和子仪镇守郢都。公子燮和子仪乘机在郢都加修城墙，还派人谋杀子孔，但未能得逞。因担心令尹子孔回师报复，二人于是挟持楚庄王出逃。在出逃途中，公子燮与子仪被诱杀，"二子作乱"得以平息，楚庄王这才得以返回郢都。

楚庄王即位之初，就遭受了来自"二子作乱"的严峻考验。复杂的国内外政局，使这位年轻的君王不得不冷静下来思考今后的治国之路。他需要有充足的时间来观察朝中的大臣，分清忠奸贤愚。同时，他还不能在纷繁复杂的政治派系斗争中流露出自己的亲疏倾向。在这种情况下，楚庄王决定以"自静三年"的方式来取得执政的主动权。

楚庄王即位的前三年，不理朝政，不发号令，日夜笙歌弦乐，沉溺于美色之中，还发出命令："有敢谏者死无赦。"大臣伍举前去见楚庄王，见他左抱郑姬，右抱越女，坐于钟鼓之间，于是就冒死进谏说："在一座土丘上有一只鸟，三年来一直既不高飞，也不鸣叫，这到底是一只什么鸟啊？"伍举以鸟的"不飞不鸣"来隐喻楚庄王的不作为。楚庄王对伍举说："三年不飞，飞将冲天；三年不鸣，鸣将惊人。"

伍举以为楚庄王将要奋发有为了，可是数月之后，楚庄王依然如故。大臣苏从再次入宫冒死进谏。楚庄王说："你难道不知道'进谏者死无赦'的禁令吗？"苏从说："如果我能以死进谏，换取大王的清醒，我死也愿意。"伍举、苏从对朝廷的忠贞感动了楚庄王，自此以后，他停止了一切淫乐，开始治理朝政。

三年来，楚庄王虽然表面上沉溺于声色之中，但实际上一直在暗中观察朝中大臣的动静，对他们的忠奸贤愚已经分辨得一清二楚了。楚庄王治理朝政后，杀掉了一批佞臣，起用了一批贤者，很快结束了朝政混乱的局面。这就是"一鸣惊人"这一成语的来由。

2. 问鼎中原

春秋中期，周王室已经失去了对诸侯国的有效控制力，各诸侯国纷纷崛起，争霸中原。公元前606年，为了试探周王室的虚实，显示楚国的强大，楚庄王亲领大军北上，在攻打了"陆浑之戎"后，直抵周天子的都城洛邑（今河南洛阳），并将大军驻扎在洛水之畔。

周定王深恐楚庄王出兵攻打洛邑，派大夫王孙满出城慰劳楚庄王。楚庄王在接见王孙满时,故意向其询问周天子"九鼎"的大小、轻重。九鼎相传为夏禹所铸,象征九州,经夏传至商,又经商传至周,世代奉为传国之宝,是天子一统天下权力的标志。楚庄王向王孙满询问"九鼎"的大小与重量,意在借此表达对周天子权威的轻视与挑战。(图2-3)

图 2-3　王子午(楚庄王之子)升鼎(河南淅川下寺二号楚墓出土)

王孙满见楚庄王来者不善,早已明白楚庄王的意图,并没有回答关于九鼎大小轻重的问题,而是转移话题焦点,以"在德不在鼎"作答,意即周天子的权力来自上天,上天授予周天子权力是因为周天子有"德",以此暗示楚庄王,真正的霸主地位并非取决于九鼎这样的权力象征,而是取决于君王的德行和治国的智慧。楚庄王从王孙满的回答中,深刻地认识到了德行与民心的重要性,同时也意识到取代周王室的条件还不成熟,于是对王孙满说"以楚国的实力,军中士兵携带的兵器足以制作九鼎",然后就领兵回国了。

九鼎作为周王室的传国之宝,具有极高的象征意义。楚庄王询问九鼎的大小轻重,实际上是在试探周王室的权威和实力,同时也表达了他对中原霸权的渴望。楚庄王观兵周疆、问鼎轻重,标志着楚国实际上取得了支配中原局势的主动权,此时的楚国国力已进入空前强盛的时期。

3. 晋楚邲之战

楚国在城濮之战中被晋国击败了,然而楚国并未因此放弃对中原的争夺,而是继续积蓄力量,寻求反击的机会。郑国位于晋、楚两国之间,战略地位极为重要。在城濮之战后,郑国时而归附晋国,时而归附楚国,成为两国争夺的焦点。

公元前597年，楚庄王因郑国在楚晋之间向背反复无常，出兵伐郑，攻占了郑国的都城。郑国国君赤裸上身，手里牵着一只羊向楚庄王投降，以示臣服。在古代的投降仪式上，赤裸上身象征着投降者愿意放弃自己的尊严和地位，甘愿成为战胜国的臣仆或奴隶；投降者牵羊投降，则表示愿意像羊一样温顺地臣服于战胜者，放弃抵抗和反抗的念头。这就是成语"肉袒牵羊"的由来。楚国众大臣都对郑国反复无常很恼怒，主张灭掉郑国，但楚庄王坚决反对灭郑，与郑国再次签订了盟约。

在楚国围攻郑国时，晋国派遣三军救援郑国。楚晋两军在郑国的邲地交战，史称"邲之战"。晋国三军渡过黄河，意欲与楚军决战。但此时无论是晋国还是楚国，对于两军是否要展开一场殊死的决战，都心存疑虑，于是两军都试探性地挑战对方，想通过试探了解对方的实力和意图。

在彼此试探的过程中，楚庄王在追逐晋军时陷入敌阵。楚令尹孙叔敖因担心楚庄王被晋国包围，下令三军全线出击，而此时晋国人并没有做好决战的准备，晋军主帅在慌忙之中下令晋军士兵回渡黄河。到了黄河岸边，晋军士兵开始争抢渡船。士兵们为了争夺上船的机会，先上船的人挥刀砍断在水里攀缘船舷的人的手指，一时船中被砍断的手指数量之多，竟然可以用手捧起来。这就是成语"断指可掬"的由来。

在楚军取得明显优势，晋军溃不成军之际，楚庄王没有选择继续追击，而是下令停止追杀。邲之战后，楚庄王在黄河岸边祭祀河神，修建神庙，告祭先祖，然后才领兵回国。

楚军在邲之战中大败晋军，一洗城濮之战中失败的耻辱。楚大夫潘党建议把晋兵的尸体收集并堆积起来，垒成高大的墓冢，以此炫耀武功。楚庄王说"夫文，止戈为武"，意思是说，"武"字由"止"字和"戈"字组成，说明武字的本义就是"止戈"，战争的目的是平息战争，不是为了炫耀武功。楚庄王提出的"止戈为武"的军事思想是对世界战争与和平理论的一个伟大贡献。

邲之战是春秋中期晋楚两国争霸的重要转折点。晋国在邲之战后，其霸主地位受到严重挑战，逐渐走向衰落。楚国的胜利标志着其正式成为中原地区的霸主，为其后续的发展奠定了坚实的基础。（图2-4）

三、昭惠中兴

楚庄王在位时期，楚国荣登中原霸主的宝座，这一时期是楚国在春秋史上最为辉煌的时期。但在春秋中后期，楚国在楚康王、楚灵王、楚平王三朝出现了颓势。由于宫廷内乱、官僚腐败等一系列原因，楚国国力快速下滑。公元前506年发生的吴师入郢事件，更是使楚国遭受了重创。楚昭王光复郢都后，"改纪其政，以定楚国"（《左传·定公六年》），楚国国力得到恢复，出现了中兴的局面。

1. 吴师入郢

在晋楚争霸的过程中，晋国为了持续打击楚国，与强大起来的吴国结盟，向吴国传授了车战、步战等陆战之法，使吴国的军事实力得到进一步提升。晋国以此扶持吴国、打击

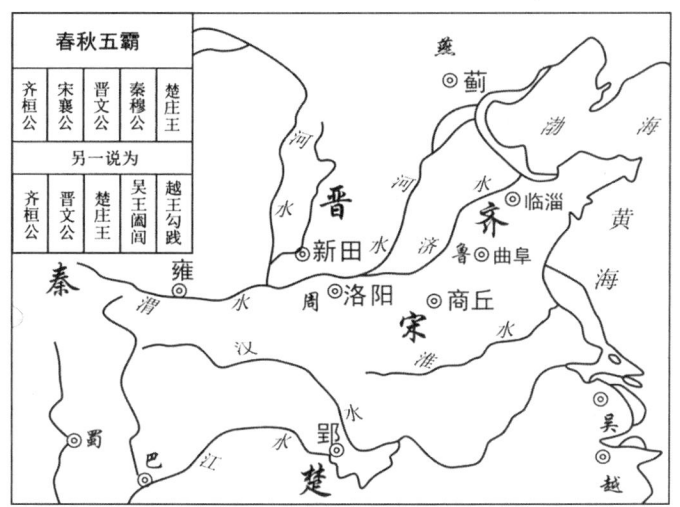

图 2-4　春秋五霸形势图

楚国，使楚国陷入两线作战的局面，疲于奔命。

公元前 515 年，楚平王卒，子熊珍立，是为楚昭王。楚昭王因年龄尚小，由令尹囊瓦执政。囊瓦贪残庸暴，宠信奸臣费无极，导致楚国内政紊乱。楚国政治上的不稳定，为吴国发动对楚战争提供了可乘之机。

公元前 506 年，吴王阖闾认为大举攻楚入郢的时机已经成熟，联合蔡国、唐国共同攻打楚国。吴王阖闾亲自挂帅，以孙武、伍子胥为大将，率领水陆之师，绕过大别山脉，从楚国守备薄弱的东北部突入楚境。吴军迅速穿过楚北部的大隧、直辕、冥阨三关险隘，直趋汉水，深入楚国腹地。吴军在柏举（今湖北麻城境内）与楚军展开决战，大败楚军；又乘胜追击，连续五战击败楚军，攻入楚郢都纪南城。（图 2-5）楚昭王仓促出逃至随国避难。

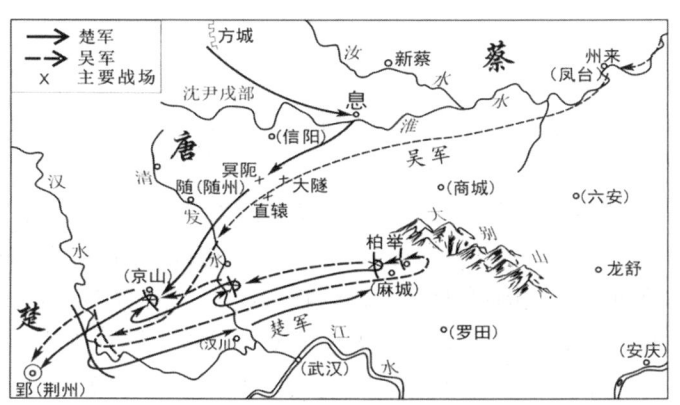

图 2-5　吴师入郢示意图

吴师入郢后，粗暴地实施"以班处宫"的政策，即允许吴国占领军上自君王、下至士兵，按等级入住到楚国对应家庭的宫室之中，对其妻女进行凌辱，以此作为对楚国的一种极端侮辱和报复手段。

在亡族灭国的关头，楚国军民团结一致，奋起抵抗。楚大夫申包胥不畏艰险，长途跋涉，赴秦国乞师救楚。秦哀公不愿出兵，申包胥于秦廷倚墙而哭，日夜不止，七天饭水不进，秦哀公感动，派兵援助楚国。公元前505年，秦国派遣战车五百乘入楚作战。与此同时，与楚国保持友好关系的越国也及时响应，发兵攻吴。在多方压力之下，吴军不得不放弃对楚国的占领，撤兵回国。至此，楚国的危机得以解除。楚昭王返回郢都。

2. 以仁治国

楚昭王复国后，接受郢都沦陷的沉痛教训，改革政治，举贤任能，重用子西、子期等人，实施休养生息的政策，大力发展农业生产，促进经济迅速恢复和发展。楚昭王富有仁爱之心，对楚国无论是贵臣，还是黎民士卒，都关爱备至，受到国人的拥戴。

有一次，在郢都的天空上，出现了像鸟一样的红色云彩，绕着太阳飞行了三天。楚昭王派人去询问周朝太史。周太史回话说："这是凶兆，预示着天将要降灾于楚王。如果举行祭祀的话，可以将灾难移到令尹、司马的身上。"楚昭王知道此事后说："令尹、司马是国家的股肱之臣，为了将我身上的灾祸去除，而将灾祸转移到国家重臣身上，这就像将我身上的心腹之病，转移到我的胳膊和大腿上去，灾祸不还是在我身上吗？这又有何益呢？"由于楚昭王坚决反对，最终没有举行禳灾的活动。

楚昭王是一位难得的仁君，他能时时以民为本，体恤百姓。有一年冬天，天下大雪。楚昭王站在宫殿的大堂上，冷得瑟瑟发抖。他对手下的人说："我早晨喝了两杯酒，又穿着两层裘皮大衣，仍感到有寒气吹来。天这么冷，我那些可怜的百姓应该比我更冷。"于是，他下令打开国库，拿出冬衣和粮食分给城中的百姓。

楚昭王去世后，众臣拥立楚昭王之子熊章继任君王，是为楚惠王。楚惠王于公元前488—前432年在位，共57年，是在位时间最长的楚国君王。

楚惠王和他的父亲一样，也是一位仁义之君。有一次，楚惠王进餐，在吃凉菜时发现菜中有水蛭（俗称蚂蟥），他没有吭声，直接把水蛭吞下肚了。后来楚惠王腹疼，不能进食。令尹入宫询问病因，楚惠王说："我吃冷菜时见到菜中有水蛭，心里就想，如果我对庖厨和负责监食的人给予责备而不治其罪的话，国家法令就会废弃，君王的威严就不能建立；但倘若要依法惩处的话，那么庖厨和负责监食的人都应依法处死，这又让我于心不忍，所以我就将水蛭吞下肚了。"当晚，楚惠王出恭时水蛭随之泻出，腹疼病也就好了。

楚惠王不断开疆拓土，楚国再度强势崛起（图2-6）。公元前478年，楚出兵灭陈，杀陈湣公。公元前447年，楚惠王发兵一举灭掉了蔡国。两年后，再度发兵北上灭掉了杞国。此时，越国已灭亡吴国，但不能统治长江、淮河以北地区，楚国于是顺势向东边攻城略地，将疆域扩大到泗水流域，占领了江淮以北的全部地方。

楚昭王和楚惠王在位时期，改革政治、励精图治、以仁治国、发展经济，同时积极对外扩张，开疆拓土。这一时期，楚国在政治、经济、军事等方面都取得了显著的成就，使

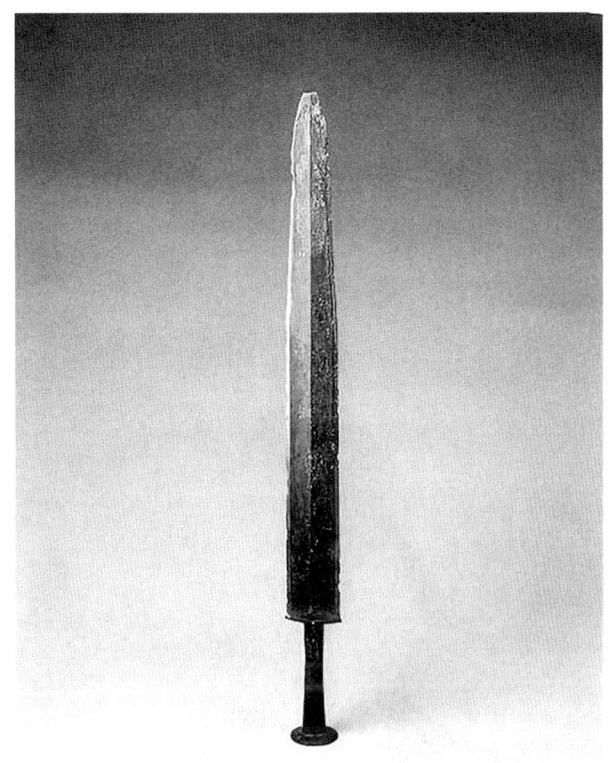

图 2-6　楚惠王熊章剑（故宫博物院藏）

楚国出现了中兴的局面，史称"昭惠中兴"。

四、宣威盛世

战国前期，楚悼王任用吴起推行变法，虽然并未能完全取得成功，但在短期内对楚国的积极作用是不可忽视的。战国中期，楚宣、威王统治四十年，一方面休兵息民，保持实力，不轻易出击；另一方面则洞察形势，抓住有利时机，攻城略地，开拓疆域，使楚国出现了战国时期最强盛的局面。

1. 吴起变法

战国前期，楚国面临着国内外多重压力。一方面，魏国等强国的崛起对楚国构成了严重威胁；另一方面，楚国国内社会矛盾尖锐，旧贵族势力庞大，国家财政困难，军队战斗力下降。为了摆脱困境，楚悼王于公元前382年任命吴起为令尹，主持变法，推行政治改革。

吴起，卫国人，战国初期著名政治家和军事家（图2-7）。早年曾在魏国为官，因被魏武侯猜疑，于是转投楚国。吴起在楚国推行了一系列政治、经济和军事改革，旨在打击旧贵族势力，加强军队建设，富国强兵。吴起的改革尽管遭到了楚国旧贵族势力的极力反对，但在楚悼王的支持下，仍然推出了一系列强有力的改革措施。吴起变法的主要措施包括以下几个方面：

图 2-7　吴起画像

其一，废除世袭制，减轻国民负担。吴起认为，"大臣太重"与"封君太众"是楚国政治上的两大弊端，大臣、封君"上逼主而下虐民，此贫国弱民之道也"（《韩非子·和氏》）。封君是因有功于国家而受到土地封赏的贵族，封君的世袭制度给国家财政带来沉重的负担。吴起改革首先要削弱大臣的威权，废除贵族的特权。吴起宣布废除贵族世袭制，"使封君之子孙三世而收爵禄"（《韩非子·和氏》），即剥夺那些前辈有功而后世无功者的爵禄，把无功者的爵禄拿过来奖给有功者，提高将士的积极性。然后是"废公族疏远者"，即将与国君血缘关系疏远的贵族废为平民，不让他们再享受贵族的待遇。由此，减轻了国家的负担，强化了君王的权力。

其二，裁减冗官，精简机构。为了节约行政开支，提高办事效率，吴起对机构进行了精简，裁减了一部分官员。吴起提出"罢无能，废无用，捐不急之官"（《战国策·秦策》），即罢黜能力低下的官员，选用贤能之士；精简机构，废除没有用处的闲职，减少不急需的职位，节省开支，提高工作效率。

其三，明法审令，实行法治。为了保障改革的顺利进行，吴起强化了楚国的法制建设，提出了"明法审令"的变法措施。所谓"明法"，就是制定法律并公之于众，使官民知晓法律条文，并自觉遵守。所谓"审令"，就是加强对法令的审核，按照"因时变法"的原则，删除过时的法律条文，重新修订法律。以往法令，不合用者则去之，保留其适用的部分。

其四，整顿吏治，改良社会风气。为了大力整顿楚国官场和社会上存在的歪风邪气，吴起提出："使私不害公，谗不蔽忠，言不取苟合，行不取苟容，行义不顾毁誉。"（《战国策·秦策》）要求从政者做到如下几点：不因个人一己私利而做有损国家和社会的事；不听信小人谗言，不使忠臣蒙受冤屈；不说苟且附和别人的话，不做苟且讨好别人的事。坚持正义，不顾毁谤或称誉。另外，"塞私门之请，一楚国之俗"（《战国策·秦策》）。杜绝"走后门"、托请说情之风，禁止徇私舞弊，整顿楚国官场的歪风邪气，使楚国的社会风气得到根本性的好转。

其五，加强军事训练，提高军队战斗力。吴起变法"要在强兵"，"厉甲兵以时争于天下"（《说苑·指武》）。军队要耕战并重，亦兵亦农，"禁游客之民，精耕战之士"（《史记·蔡泽列传》），建立一支平时生产、战时打仗的精良军队；奖励军功，做到"进有重赏，退有重刑"（《吴子·治兵》），提高楚军的战斗力。

其六，开发边远地区，发展社会经济。吴起"徙贵族于边境，以实广虚之地"（《吕氏春秋·贵卒》），一方面在政治、经济上剥夺旧贵族的特权，另一方面改变原来贵族集中在地少人多地区的局面，有助于边境地区的开发，促进楚国社会经济的发展。

吴起变法仅持续了一年之久，就因为楚悼王之死而戛然而止。公元前381年，大力支持吴起变法的楚悼王离世，那些对变法怀有刻骨仇恨的旧贵族势力开始蠢蠢欲动。他们联合起来追杀吴起。吴起逃到楚悼王的灵堂之上，将身体趴伏到悼王的尸体上，试图让旧贵族停止追杀。因为楚国法律规定，"丽兵于王尸者，尽加重罪，逮三族"（《吕氏春秋·贵卒篇》）。谁要敢对君王的尸体动用兵器，就是犯了重罪，是要被株连三族的。但旧贵族们并未因此罢休，用乱箭将吴起射死后，又将其尸体车裂肢解，而楚悼王的尸体也被乱箭射中。楚悼王的儿子楚肃王继位后，以旧贵族触犯楚国法律、以兵器加害于悼王的尸体为由，将70多家参与动乱的贵族全部灭族。

吴起变法虽然失败了，但在楚国政治中激起了巨大的波澜，对楚国历史的发展产生了积极的作用。

第一，吴起变法后，大大削弱了楚国旧贵族的势力，极大地减轻了楚国政治与经济上的压力。

第二，吴起死后，他所制定的法律在楚国得以继续执行。如《韩非子·喻老》云："楚邦之法，禄臣再世而收地。"《淮南子·人间训》云："楚国之俗，功臣二世而绝禄。"这些记载与吴起变法中"封君之子孙三世而收爵禄"的条文相合，应该是在吴起变法以后出现的。这说明吴起死后，吴起变法的成果在继续产生着影响。

第三，楚国通过吴起变法，国力得到增强。吴起变法后，楚国的领土进一步扩大，"南平百越，北并陈蔡，却三晋，西伐秦，诸侯患楚之强"（《史记·孙子吴起列传》），为此后的"宣威之治"打下了坚实的基础。

2. 灭蔡伐鲁

楚肃王执政 11 年，身后未留下子嗣，由其胞弟熊良夫继位，即楚宣王。楚宣王于公元前 369—前 340 年在位，共在位 30 年。楚宣王实行休养生息的政策，善于用人，洞察形势，抓住有利时机开疆拓土，使楚国成为"地方千里，带甲百万"的大国。

楚宣王在位时，楚国国力强大，让北方各诸侯国十分畏惧。据《战国策·楚策一》载，楚宣王有一次问群臣：北方诸国为什么那样惧怕楚国的令尹昭奚恤？大臣江乙先是讲了一个"狐假虎威"的寓言故事，然后说："当今楚王拥有楚国方圆五千里的疆域，拥有雄兵百万，全都交给昭奚恤一人统管。北方各国哪里是畏惧昭奚恤呢？其实是畏惧楚王，这就像狐假虎威那个故事里讲的百兽真正害怕的是老虎一样。"这个故事形象地说明了当时楚国国势的强大。

楚宣王洞察形势，向周边扩张领土，使楚国国土向北到达齐、鲁边境，向西与秦国相邻。楚宣王为扩展地域，乘秦、魏激战之机，沿汉水西上，将势力伸入巴蜀地区，故《淮南子·兵训》说楚域"西包巴、蜀"。

公元前 343 年，楚宣王发兵攻打蔡国，将蔡圣侯掳回楚国郢都。楚宣王发兵灭蔡，起因是蔡圣侯倒向魏国，背叛了楚国。但楚宣王为灭掉蔡国找的理由，竟然是蔡国两个大臣的名字取得不好。

蔡国派遣两名使者前来楚国朝拜，而这两名使者一个名叫"师强"，另一个名叫"王坚"。从字面上看，"师强"有"军力强大"之意，"王坚"有"国王坚强"之意。以"师强""王坚"作为人名，本无可厚非，但楚宣王听说这件事后，很好奇地问："人起名字是要表达一定的用意的，为什么偏要起'师强、王坚'这样的名字呢？"于是当即召见两位蔡国使者。

楚宣王见到师强、王坚，仔细打量这两人，发现这两人不仅声音很难听，而且长相奇丑。楚宣王大怒道："蔡国是不是故意派师强、王坚来楚国，向我们表示他们不再臣服楚国了，以此来试探我们的实力？如果是这样的话，蔡国应受到讨伐。"于是派兵攻打蔡国。楚军一路旗开得胜，攻取蔡国后，将蔡圣侯带到楚国，楚宣王到郢都城外亲自迎接大军凯旋。

为了显示国力强大，楚宣王在楚郢都纪南城盟会诸侯。各国诸侯都准时到达会场，唯有鲁共公迟迟不到，这让楚宣王大为不悦。鲁共公到达会场后，还带来了几坛鲁酒进贡给楚王。楚宣王品尝鲁酒时，发现酒味十分寡淡，恼怒地说："如此劣酒也敢进贡给本王，是何用心？"鲁共公不甘在诸侯面前受辱，竟然离开会场，扬长而去。楚宣王大怒，就和齐国共同发兵进攻鲁国。

魏国的魏惠王一直想进攻赵国，因担心楚国会出手救援赵国而迟迟不敢出兵。现在楚国发兵攻打鲁国，自顾不暇，所以魏国就放心地发兵围困了赵国的都城邯郸。后来人们就用"鲁酒薄而邯郸围"这个成语指无端受到牵连或累及无辜。

3. 破齐败越

公元前 340 年，楚宣王卒，其子熊商继位为王，是为楚威王。楚威王于公元前 339

年—前 329 年在位，共在位 10 年。楚威王虽然在位的时间不是很长，但他是战国时期楚国最有作为的君王。这一时期，楚国的政治、经济和文化都达到了战国时期的顶峰，成功跻身"战国七雄"之列。（图 2-8）

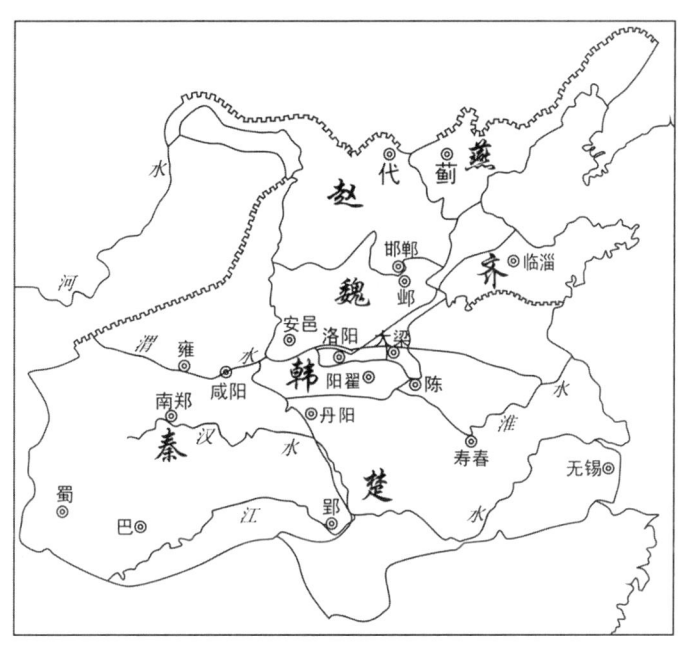

图 2-8 战国七雄形势图

公元前 334 年，魏惠王率领韩国和一些小国前往徐州（今山东滕县东南）朝见齐威王。在这次会盟中，魏惠王与齐威王订立同盟条约，相互尊对方为王，史称"徐州相王"。这一事件标志着魏国和齐国在外交上的一次重大合作，也引发了后来各国纷纷称王的连锁反应。

楚威王对徐州相王事件极为愤怒。因为自楚武王以来，楚国一直是诸侯国中唯一称王的国家。徐州相王后，楚国在诸侯国中的独特地位受到挑战，楚威王对此愤怒至极，因此而"寝不寐，食不饱"（《战国策·秦策四》）。公元前 333 年，楚威王亲自统率大军，对齐国发动进攻。齐国任命申缚为主将，调集军队进行防御。楚军最终大败齐军，俘虏了齐国主将申缚。此次战役，史称"徐州之战"。

赵国和燕国听说楚国讨伐齐国后，也出兵到达齐国境内，后因道路不通，军队才没有继续前进，但楚、赵、燕三国都与齐国断绝了外交关系。面对三国围攻，齐威王不得不派遣大臣到楚国请罪，又去游说赵、燕两国，三国这才停止攻打齐国。

春秋战国时期，越国曾是一个强大的国家，尤其是在越王勾践灭吴之后，越国达到了鼎盛时期。然而，随着时间的推移，越国内部出现了动荡和衰落，为楚国吞并越国提供了机会。

公元前 333 年，楚威王发兵歼灭了越国的主力军，杀越王无疆，随后占领了原吴国领土直至浙江地区。自此之后，越国陷入分裂状态，王室子弟分散在江南沿海一带，争相称王或自立为君，向楚国朝贡，以示臣服。越国的最终灭亡是在楚威王之后的楚怀王时期。公元前306年，楚怀王利用越国内部不稳定的机会，发兵攻越，最终灭掉了越国。越国的灭亡标志着楚国在南方地区的势力达到了顶峰。

楚宣王、威王统治楚国约四十年，励精图治，开疆拓土，使楚国在战国中期成为雄踞大江南北的泱泱大国。策士苏秦曾对楚威王说："楚，天下之强国也；大王，天下之贤王也。楚地西有黔中、巫郡，东有夏州、海阳，南有洞庭、苍梧，北有汾陉之塞、郇阳。地方五千里，带甲百万，车千乘，骑万匹，粟支十年，此霸王之资也。夫以楚之强，大王之贤，天下莫能当也。"（《战国策·楚策一》）苏秦对当时楚国国力的描述，虽然难免有夸大其词之嫌，但大体上还是符合历史实际的。

战国中期，楚宣、威二王攻城略地，西拓巴蜀，东收吴越，楚国的国土疆域达到了历史最大，一跃成为"地方五千里，带甲百万"的泱泱大国，跃居为"战国七雄"（齐、楚、燕、赵、韩、魏、秦七国）中的强国，后世将这一时期称为"宣威盛世"。

五、去郢而亡

楚国在宣威盛世之后，其国力并没有继续一路上升，而是出现了衰败的迹象。楚怀王、襄王时期，楚国君臣以国富兵强自居，故步自封，不思进取，不进则退，导致楚国由强转弱，国势渐衰。加之楚怀王贪色重利，听信谗言，排斥忠臣，使楚国长期被后来居上的秦国玩于股掌之上，历史的惨痛教训令人深思。

1. 合纵连横

公元前329年，楚威王卒，子熊槐立，是为楚怀王。楚怀王于公元前328—前299年在位，共在位30年。楚怀王是楚国从强盛向衰弱转折时期的一位君王，在他执政的前期，楚国大破魏国襄陵，震动中原，一度成为当时最强大国。但在他执政的后期，楚国在外交与军事上接连出现重大失误，导致楚国走向了衰败。

战国中后期，各诸侯国纷纷拉拢同盟国开展激烈的斗争，产生了合纵连横运动。"合纵"与"连横"是战国时期两种不同的结盟主张。战国时期，秦国逐渐成为最强大的国家，并有吞并其他国家的野心。为了抵抗秦国的侵略，齐、楚、赵、韩、燕、魏六国便提出了"合纵"抗秦的主张，意思是六国联合起来，共同抵御秦国的进攻。因为这六个国家都在秦国以东，纵贯南北叫作"纵"，所以人们把这种联合称为"合纵"。"连横"则与"合纵"相反，意思是秦国联合东方国家结成联盟，对付其他国家。从东到西叫作"横"，所以人们把这种主张称为"连横"。

公元前318年，楚、魏、赵、韩、燕五国结成"合纵"联盟，相约共同出兵攻打秦国。在五国中，由于楚国实力最强，楚怀王被推举为"纵长"。但是，楚怀王对合纵并不热心，没有派兵参战。次年，韩、赵、魏三国出兵在脩鱼（今河南原阳西南）与秦军大战，三国军败，8万多军队被歼灭，五国合纵抗秦以失败告终。

五国合纵伐秦失败后，楚国与齐国缔结联盟，双方约定互相救援，共同抵御秦国的侵略。秦国君臣认识到必须拆散齐、楚合纵联盟，才能各个击破。因此，秦国派遣张仪前往楚国，试图说服楚国背离齐国，转而与秦国结盟。

张仪抵达楚国后，向楚怀王提出：若楚国愿意与齐国断绝外交关系，秦王将把先前占领的楚国商於之地六百里土地还给楚国。商於位于现今的丹水流域一带，地处秦楚边境，具有极其重要的战略意义。楚怀王受张仪蛊惑，遂与齐国断绝往来，并派遣使者前往秦国索要土地。然而，达到目的后的张仪违背先前的承诺，拒不交还商於之地。楚怀王因此勃然大怒，决定出兵攻打秦国，从而爆发了秦、楚丹阳、蓝田之战。

公元前 312 年，秦军与楚军在丹阳（今河南淅川西）展开大战。在这场战役中，秦军大败楚军，俘获楚国大将军屈匄及其他 70 余名高级将领，斩杀楚军士兵达八万人之多。秦军乘胜追击，攻占了楚国的汉中之地六百里，并设立汉中郡。

楚怀王不甘心失败，召集全国之兵，再度向秦国发起攻击。两国军队在蓝田（今陕西蓝田）大战，结果楚军遭遇了又一次惨痛的失败。与此同时，韩国、魏国与秦国协同作战，趁楚国国内兵力空虚之际，攻占了楚国的邓地（今湖北襄阳北部）。楚国面临腹背受敌的困境，不得不撤回军队，并向秦国割让两座城池以求和解。

丹阳大战和蓝田大战使得楚国军力损失惨重，楚国在战略上陷入被动，失去了对西部领土的控制权，外交上也陷入孤立无援的境地。秦国则通过这两场战役进一步巩固了其在战国七雄中的领先地位，掌握了对楚国军事行动的战略主动权。

秦昭王继位后，昭王之母宣太后临朝称制，掌握了秦国的军政大权。宣太后因出身于楚国，开始实行亲楚、联楚政策。公元前 305 年，秦楚"合婚而欢"（《史记·甘茂列传》），宣太后派人至楚为昭王迎娶楚女，楚亦至秦迎娶秦女。次年，秦昭王与楚怀王在黄棘（今河南南阳南）会盟，秦将原古楚地上庸（今湖北房山西）归还给楚国，秦楚两国关系有了实质性改善。但好景不长，此后不久，在秦国作为人质的楚太子熊横因私人恩怨杀了一位秦国大夫后逃回楚国，导致秦楚两国的关系再次破裂。

为了报复楚怀王背弃"合纵"，结好秦国，齐、魏、韩三国联合对楚开战。公元前 301 年，三国联军向楚国方城发起进攻，楚怀王命唐昧率军迎战。双方在垂沙隔河布阵，对峙长达六个月。齐军趁楚军松懈之机，挑选精锐部队夜袭，导致楚军惨败，两万余人被歼灭，主将唐昧阵亡，其余部队溃散。联军乘胜追击，占领了楚国北部大片领土。楚国不得不向齐国屈服，以太子横作为人质向齐国求和。

垂沙之战不仅是齐、韩、魏三国联合对楚国的报复性行动，而且是秦、楚关系破裂的直接体现。楚怀王在对外政策上的犹豫不决，最终导致了楚国孤立无援、被动挨打的困境。

垂沙之战后，齐楚结盟，让秦国再次紧张起来。公元前 299 年，秦昭王对楚采取软硬兼施、又打又拉的政策。一方面进攻楚国，占领了楚国的八座城邑；另一方面又写信给楚怀王，追忆秦楚的亲善关系，邀请楚怀王到武关会盟，继续维持秦、楚原来的姻亲关系。楚怀王听从庶子子兰的建议，前去武关会秦昭王。秦昭王指派一位将领伪装成自己，在武关设下埋伏，将楚怀王劫持至秦国都城咸阳。

秦昭王对待楚怀王如同"蕃臣"一样，要挟其割巫、黔中之郡，遭到了断然拒绝，于是把楚怀王扣留在秦国。楚怀王被扣秦国后，楚国另立新君太子横，是为楚顷襄王。秦昭王见要挟和扣留楚怀王不能得到土地，而楚国又新立国君，大为恼怒，于公元前298年发兵攻楚，大败楚军，斩首5万，夺取楚国16座城邑，楚国又一次受到沉重的打击。

公元前296年，楚怀王病死于秦。秦将其灵柩送回楚国，"楚人皆怜之，如悲亲戚"（《史记·屈原列传》）。楚怀王在位时，是各大国兼并战争进一步加剧的时期。楚怀王"内惑于郑袖，外欺于张仪"（《史记·屈原列传》），导致楚国兵挫地削，自己也客死于秦，楚国从此由盛而衰，直至灭亡。

2. 白起拔郢

楚怀王被扣于秦国时，楚国新立其子熊横，是为楚顷襄王。楚顷襄王于公元前298—前263年在位，共在位36年。

当秦国征服北方诸国后，随即把矛头转向楚国。公元前279年，秦国分兵两路攻打楚国，一路由白起率军向鄢（今湖北宜城东南）进逼；另一路由秦蜀郡守张若率水陆之军东下，向楚国的巫郡及江南地区进军。

公元前278年，秦将白起攻陷楚都纪南城，将楚郢都地区设为南郡。白起拔郢之战，对纪南城造成了毁灭性的破坏，宗庙宫殿被毁，陵墓建筑被焚；大量人口逃离，致使纪南城手工业生产水平出现断崖式下降。至此，楚人数百年苦心经营的纪南城被毁于一旦。

秦将白起对楚郢都的沦陷有过一番评论。白起的评论并没有夸耀自己的武功，而是将楚国的败亡归因于顷襄王的无能。他说："是时楚王（楚顷襄王）恃其国大，不恤其政，而群臣相妒以功，谄谀用事，良臣斥疏，百姓心离，城池不修，既无良臣，又无守备。"（《战国策·中山策》）白起在分析了楚国失败的原因后又说，反观秦国，全军官兵"不约而亲，不谋而信，一心同功，死不旋踵"（《战国策·中山策》），与楚国国君"不恤其政"，"谄谀用事，良臣斥疏"，造成"各有散心，莫有斗志"的局面形成了强烈的对比。

楚郢都纪南城的沦陷是楚国由盛转衰的一个转折点。自楚顷襄王迁都至陈城（今河南淮阳）、楚考烈王迁都至寿郢（今安徽寿县），直至秦国灭亡楚国的五十余年期间，尽管楚国曾一度出现复兴的迹象，但其衰落之势终究难以遏制。公元前223年，秦国灭楚，富有传奇色彩的楚国正式退出历史舞台。

早在楚怀王客死于秦时，楚阴阳家南公就说过："楚虽三户，亡秦必楚。"（《史记·项羽本纪》）这句反抗暴秦统治的名言，最初可能只是为了表达一种复仇的情绪，但后来却不可思议地得到了验证。秦朝建立后，只经过短短的15年，以楚人为主体的反秦力量推翻了秦王朝的统治，建立了汉朝，南公的"亡秦必楚"之说得到了验证。秦朝灭亡后，在楚汉战争中获胜的刘邦建立了汉朝。

刘邦是楚人，他的身上流淌着楚人的血液，自然也有着楚人的文化基因。汉朝建立后，在文化上"汉承楚制"。汉代的文学汉赋从楚辞发展而来，汉初的哲学黄老道家是楚国道家哲学的一个分支，汉代的音乐、舞蹈也是"楚歌""楚舞"的延续。由此看来，楚国虽然被秦国灭亡了，但是楚文化却在汉代汇入中华文化的滚滚洪流之中，生生不息。

汉代以后，楚文化融入汉文化之中，对后世长江文化和中华文化产生过极其深远的影响。春秋早期，楚武王始设县制，"县"成为中国行政建制中一个最具标志性意义的文化符号。在我国历史上，历代州、郡、府、县等时有变易，唯有"县"这一级行政建制一直保存至今。在中国的戏剧文化中，尊楚人优孟为戏剧鼻祖，楚文化对中国戏剧艺术的贡献由此可见一斑。博大精深的荆楚文化正是以楚文化为源头和主干发展起来的具有鲜明地域特色的文化类型，成为中华文明的重要组成部分。

第二节　楚文化的六大支柱

荆州是春秋战国时期楚国都城的所在地。楚人在以荆州纪南城为都城的411年间，创造了鼎盛时期的楚文化。如果把鼎盛时期的楚文化比作一座美轮美奂的大厦的话，那么支撑起这座大厦的有六大支柱，即屈宋文学、老庄哲学、音美艺术、青铜冶铸、丝织刺绣和髹漆工艺。在这六大支柱中，前三大支柱属于精神文化，后三大支柱属于物质文化。楚文化惊采绝艳的辞赋，义理深邃的哲学，奇异诡谲的艺术，让人陶醉其中；铸造精湛的青铜器，巧夺天工的漆木器，五彩缤纷的丝织品，让人流连忘返。

一、屈宋文学

战国中期，以屈原和宋玉为代表的楚国文学家不仅开创了楚辞体、赋体文学的新体格，而且开创了我国古典诗歌的浪漫主义传统，在中国古典文学史上具有划时代的意义，对后世中国文学产生了极其深远的影响。楚辞文学是同《诗经》并峙的中国文学的两大高峰之一，也是中国文学的两大源泉之一。

1. 屈原与楚辞体文学

屈原(约公元前340—前278年)，战国时期楚国杰出的政治家和爱国诗人(图2-9)。汉代东方朔《七谏》一诗载"平生于国兮，长于原野"，这是关于屈原出生地的最早记载。"国"在先秦时期多指国都，这里是指楚国的国都郢都。"平生于国"正说明屈原出生于楚郢都纪南城。

屈原的一生经历了楚威王、楚怀王和楚顷襄王在位的三个历史时期，这一时期正是楚国由鼎盛逐渐步入衰落的转折时期，同时也是各诸侯国间斗争最为激烈的时期。

屈原自幼受到良好的教育，《史记》记载他"博闻强志，明于治乱，娴于辞令"，自青年时代起，就进入朝廷辅佐楚王处理国事，成为掌管国家内政外交的要臣，曾担任左徒、三闾大夫等职。为了实现振兴楚国的大业，屈原对外坚决主张联齐抗秦，对内主张改革政治，试图通过变法图强来实现其"美政"的政治理想。

由于屈原在内政与外交上的立场与楚国贵族阶层产生了剧烈冲突，以上官大夫靳尚为首的旧贵族势力反对他的政治主张，并与宠妃郑袖等人串通，向楚怀王进献谗言。屈原因此遭到楚王的冷落，不断遭受诽谤与打压，多次被贬职和流放。

公元前278年,秦将白起率军攻破楚郢都纪南城,楚顷襄王被迫将都城迁往陈城(今河南淮阳)。面对国破家亡的惨状,屈原悲愤交加,自沉于汨罗江而死,以身殉国。

屈原传世的作品,有《离骚》、《天问》、《九歌》(十一篇)、《九章》(九篇)、《远游》、《卜居》、《渔父》等二十余篇。这些流芳百世的文学作品,是"楚辞体"文学的奠基之作,饱含着诗人丰富的政治、哲学与美学思想,成为中国文学与思想宝库的重要组成部分。

图 2-9　屈原画像(取自《历代帝王圣贤名臣大儒遗像》,现藏于法国国家图书馆)

屈原的创作在中国文学史上具有开创性的意义。屈原是我国第一位浪漫主义诗人,他融合楚歌与神话传说,创造了"楚辞体"文学新体格,其作品充满奔放的感情、大胆的想象和浪漫的色彩,丰富了文学的表现力。

"楚辞体"作品有鲜明的地域色彩。宋代黄伯思在《校订楚辞序》中说:"盖屈宋诸骚,皆书楚语,作楚声,纪楚地,名楚物,故可谓之'楚辞'。"强调"楚辞体"是以具有楚国地方特色的乐调、方言、名物进行创作的诗赋。

在形式上,楚辞体文学打破了《诗经》以来的四言句式传统,采用了更为自由多变的杂言句式,每句五、六、七、八、九字不等,灵活多变,大大解放了传统四言诗对诗歌句式的束缚。参差错落的句式产生起伏回宕、一唱三叹的韵致,使得诗歌在表达复杂情感和描绘细腻场景时更加得心应手。同时,楚辞中大量运用"兮"字作为语气词,增强了诗歌的节奏感和音乐性,诵读起来抑扬顿挫,韵味悠长。

在内容上,楚辞体文学广泛涉及神话传说、历史故事、自然景物以及个人情感等多个方面。屈原以丰富的想象和独特的艺术手法,将楚地的山川风物、民俗风情融入诗中,创造出一个个奇幻而瑰丽的艺术世界。同时,他也将个人的政治理想、人生追求以及遭遇挫折后的悲愤之情融入诗中，使得楚辞体文学充满了浓厚的抒情色彩和强烈的个性特征。

在艺术风格上，楚辞体文学以瑰丽奇特而著称。它既有深沉的哲理思考，又有炽热的情感抒发；既有对自然美景的细腻描绘，又有对社会现实的深刻揭露。这种独特的艺术风格不仅在当时广受赞誉，而且对后世文学产生了深远的影响。

相较于《诗经》而言，楚辞体作品在体制上展现出更宏大的规模，其篇幅与容量具备高度的灵活性，可根据创作需求自由拓展，从而更加适宜于描绘复杂多变的社会生活图景，充分表达丰富而深刻的思想情感。

楚辞体文学以其独特的艺术形式、丰富的内容题材以及浪漫的艺术风格，在中国古代文学史上占据着举足轻重的地位。它是中国浪漫主义文学的源头，更是中华民族文化宝库中一颗璀璨的明珠。

2. 宋玉与赋体文学

继屈原之后，宋玉成为战国时期最著名的辞赋大家。司马迁在《史记·屈原贾生列传》中说"宋玉好辞而以赋见称"，可见宋玉发展了楚辞，并开创了"赋"这一文学体裁。及至汉代，许多文人模仿战国时期的楚国文学，并形成了一个创作辞赋的高潮。

宋玉曾做过楚襄王的文学侍从，以文学的形式向楚襄王进谏、献策。宋玉是赋体文学的开创者，他的赋作多写楚地神话故事和传说，极具楚文化中特有的浪漫主义色彩，对两汉以后的辞赋颇有影响。其存世的作品有《九辩》《风赋》《高唐赋》《神女赋》等14篇。

赋体文学兼具诗歌和散文的特点，讲求文采的华丽和韵律的和谐，通过铺陈排比的手法来描绘事物、抒发情感。宋玉的赋作具有鲜明的特点，主要包括以下三个方面：

第一，铺张扬厉。"铺张扬厉"是说宋玉赋气象宏大，往往从多侧面、多层次，全方位进行铺陈描写，如《高唐赋》形容高唐观之壮观，先写雨后初晴、百川奔流、鸟兽惊恐，再写冬日山中草木葱茏、风吹草动，最后写登高远望、山势高峻，从多侧面描写高唐观"苞括宇宙"的宏大气象。

第二，词尚风华。"词尚风华"指的是宋玉赋的语言特色。宋玉赋大量运用华丽的辞藻和生动的比喻，使得文章语言华美，色彩斑斓。在《神女赋》中，宋玉对巫山神女的描绘展现了"词尚风华"的特点。他写道："貌丰盈以庄姝兮，苞温润之玉颜。眸子炯其精朗兮，瞭多美而可观。眉联娟以蛾扬兮，朱唇的其若丹。"这段文字对神女外貌的刻画，使用了"丰盈""玉颜""精朗"等词汇来描绘其美丽动人，同时运用比喻和夸张的手法，使得神女的形象栩栩如生。

第三，义归讽谏。宋玉的赋作往往具有"劝百而讽一"的思想内涵，具有讽谏的意味。如《风赋》中利用襄王赞风之机，以风为喻，巧妙地向襄王进行讽谏。《风赋》开篇描绘楚襄王在兰台宫游览时，感受到风的爽快，并认为这是他与庶民共有的。宋玉则巧妙地提出异议，认为风有雄雌之分，大王所享受的乃是雄风，而庶民所得到的则是雌风。雄风是能够治病解酒，使人耳聪目明、身心安宁的风，它飘举升降，进入深宫，成为大王所独享的风。雌风则起于穷巷之间，扬起沙尘，带来温湿邪气，使人染上湿病，心生烦闷，是生病造热的风。宋玉非常巧妙地通过风有雌雄之分向楚襄王说明一个道理——你的生活环境和百姓的生活环境有天壤之别,从侧面去劝谏楚襄王要与百姓同甘苦、共命运。

宋玉在赋的发展史上具有首创地位,他的作品在楚辞与汉赋之间起着承前启后的作用。

二、老庄哲学

春秋战国时期,楚国国力强盛,文化繁荣。随着思想学术领域"百家争鸣"局面的形成,诸子百家如儒家、道家、墨家、法家等纷至沓来,使楚郢都纪南城很快就成为当时中国南方思想与学术的中心。

在中国古代思想史上,以老子、庄子为代表的楚国思想家所创立的道家哲学,与以孔子、孟子为代表的思想家所创立的儒家哲学并立,同为中国哲学的两大主干,形成二水分流、双峰并峙的思想格局。儒家是北方齐鲁文化结出的硕果,而道家是受楚文化影响,在楚国生长起来的本土哲学流派。以老子、庄子为代表的道家哲学代表着楚国在思想领域的最高成就,成为构成楚文化六大支柱中的重要一支。

徐文武在《楚国思想与学术研究》一书中指出:"早期道家的创始人老子和道家思想的集大成者庄子都有楚族血脉,正是这种血缘关系,使得道家思想与楚文化之间存在着密切的关系。"①楚国独特的地理环境,为道家哲学的形成提供了肥沃的土壤。楚地多河流湖泊,自古为水乡泽国,这种多水的环境对道家思想曾产生过深刻的影响。刘师培说:"大抵北方之地土厚水深,民生其间,多尚实际;南方之地水势浩洋,民生其地,多尚虚无。"②这显然是将道家哲学中"贵无"的思想根源与多水的地理环境联系在一起来说的。老子正是从江河湖泽的流水中,悟出了"上善若水""贵柔守雌"等哲学思想。

1. 老子思想

老子,名聃,春秋时期楚国人,道家学派的创始人(图2-10)。曾任周朝典藏史,"免而归居"后,著《老子》五千言。《老子》一书,又名《道德经》,全文共计5千字左右,是道家学派的奠基性著作。

现存最早的《老子》版本是郭店楚墓出土的竹简本《老子》(图2-11)。1993年10月,考古工作者在北距楚故都纪南城9千米的荆门郭店村对一座战国楚墓进行了抢救性发掘。在该墓中出土的竹简本《老子》共有3组,其中甲组有竹简39枚,乙组18枚,丙组14枚,共计2000多字,约占今本《老子》的2/5。郭店楚简《老子》是迄今为止发现的时代最早、最为原始的道家典籍版本。这一发现极大地丰富了对老子思想及其发展脉络的认识,为老学研究提供了宝贵的原始资料。

与郭店楚简《老子》同时出土的,还有道家著作《太一生水》。《太一生水》是一篇早已

---

① 徐文武:《楚国思想与学术研究》,湖北教育出版社2017年版,第41页。
② 刘师培:《南北文化不同论》,北京大学中国传统文化研究中心编:《北京大学百年国学文粹·文学卷》,北京大学出版社1998年版,第38页。

佚失的道家文献，是迄今为止发现的先秦时期最为完整的宇宙生成论文献之一，为了解古代中国人对宇宙的认知提供了宝贵资料。《太一生水》建立了一套完整而独特的宇宙生成论，而在其拟构的宇宙生成过程中，有两点尤其值得引起重视，一是突出水在宇宙生成过程中的作用，二是强调事物生成过程中各种对立面的作用与反作用的关系。有学者认为，《太一生水》是老子的嫡传弟子关尹的遗说。最早的《老子》传本与关尹遗说在楚故都纪南城地区被发现，说明早期道家在荆州地区有着广泛的传播和影响。

图 2-10 老子画像（元赵孟頫画）

《老子》一书中的思想内容极其丰富，涵盖了宇宙观、人生观和政治观等多个方面，深刻影响了后世的思想文化。概括起来，主要有如下几个方面：

其一，对立转化的思想。《老子》一书中包含着丰富的辩证法思想，认识到事物都是由对立的两个方面组成的，事物的对立面诸如美丑、损益、刚柔、祸福、生死等，都是相互对立而又相互依存的关系。

《老子》说："天下皆知美之为美，斯恶已。皆知善之为善，斯不善已。故有无相生，难易相成，长短相形，高下相倾，音声相和，前后相随。"他列举了社会现象与自然现象中一系列相互对立而又相互统一的矛盾范畴，如美与丑、善与恶、有与无、难与易、长与

图 2-11　郭店楚简《老子》(片段)

短、高与下、前与后等,阐述了世间万物都具有相互比较、相互依存、相互联系、相互作用的关系,认为对立统一是世界上永恒的、普遍的法则。

老子进一步提出一切事物都要向它的反面转化的观点。如《老子》说"祸兮福之所倚,福兮祸之所伏",以及"物壮则老""兵强则灭""木强则折"等,都体现了事物在发展到一定程度时会向其反面转化的思想。

其二,"贵柔守雌"的思想。老子从"对立转化"的辩证思维出发,认识到"柔能克刚""弱能克强",从而提出"贵柔守雌"的处世方法,要求人们做到"处下""不争"。

老子认为,柔弱并非软弱无力,而是一种内敛的力量。他通过自然界中的现象来阐述这一观点。《老子》第七十六章说:"人之生也柔弱,其死也坚强。万物草木之生也柔脆,其死也枯槁。故坚强者死之徒,柔弱者生之徒。"意思是说,人刚出生的时候,身体是柔弱的,而人死后身体就僵硬了;草木初生的时候是柔弱的,但草木枯萎后变成枯槁。所以,柔弱蕴含着无穷的生命力,而过于刚硬则容易折断。因此,为人处世要"贵柔守雌",方能长久。

老子强调为人要"处下",认为江海之所以能成为百谷之王,是因为它们善于"处下"。同样,人在处世时也应保持谦逊、低调的态度,不居功自傲。老子以水喻人,认为最高境界的人应该是像水一样,居于卑下之地,保持谦逊、低调的态度,不争强好胜。《老子》第八章说:"上善若水。水善利万物而不争,处众人之所恶,故几于道。"水善于滋润万物而不与万物相争,停留在众人都不喜欢的地方。水所具有的这种无私奉献、不争名利的品质,正是老子所倡导的"上善"之德。

老子"贵柔守雌"的思想在现代社会中仍具有重要的现实意义。在快节奏的现代生活中,人们往往面临着巨大的压力和挑战。学习老子"贵柔守雌"的思想,可以帮助我们保持内心的平静和谦逊,以更加从容的态度面对生活中的各种困难和挑战。

其三,无为而治的思想。在政治上,老子提出的"无为而治"的思想,其核心在于不过度干预，让事物按照其内在规律自然发展。

老子认为，"道"是宇宙万物的本源和规律，道的本性是"无为而无不为"。道虽然表现为无为，但实际上却无所不为，因为它是通过规律来约束和指导宇宙间的一切事物的。

无为而治强调"道法自然"，即遵循自然法则和社会规律来治理国家和社会。《老子》第五十七章说："我无为而民自化，我好静而民自正，我无事而民自富，我无欲而民自朴。"老子强调，统治者要让百姓充分发挥其自我能动性和创造力，实现自我管理和自我发展。

老子说："圣人常无心，以百姓心为心。"他认为，善于治国的管理者是没有自己的意志的。老百姓的想法，人民的意志，就是统治者的意志。老子还说"治大国若烹小鲜"，意思是说，治理大国不能胡乱作为，要像烹煎小鱼一样不能随意翻动。因为小鱼皮肉细嫩，随意翻动鱼肉就会破碎。这是老子对他的"无为而治"的政治理想的一种极为形象的表述。有人认为"无为"就是毫无作为、消极等待，听从命运的摆布，这其实是误解了老子的本意。

2. 庄子思想

庄子，名周，战国中期道家思想的集大成者，与道家学说的创始人老子并称为"老庄"（图 2-12）。庄子的主要思想通过《庄子》一书传承下来。《庄子》为庄周及其门徒后学所著，今存 33 篇，分内、外、杂篇三部分。其中内篇为庄子所著，外篇多数为庄子所著，但也有的是其弟子所纂，杂篇多为庄子后学的著作。

楚威王听说庄子贤能，派使者带着丰厚的礼物去迎聘他，还许诺让他做国相，庄子以"无为有国者所羁"为由，拒绝了楚威王的聘任。虽然庄子没有在楚国做过官，但他有在楚国生活的经历，楚文化为庄子思想的形成提供了丰富的文化土壤和灵感来源。楚文化中丰富的神话传说，在庄子的思想和著作中得到了充分体现。这些都说明庄子思想与楚文化有着密不可分的联系。

庄子的主要思想包括如下内容：

其一，精神自由的思想。庄子追求的是一种超越物质世界、超越世俗束缚的精神自由。他认为，真正的自由不在于外在的权势、财富或地位，而在于内心的宁静与超脱。庄子通过寓言故事和生动的艺术形象，表达了他对精神自由的向往和追求。庄子理想中的人生是一种"逍遥"的境界，所谓的"逍遥"，就是从一切社会现实的束缚中解脱出来，达到一种精神上的"绝对自由"。

在《逍遥游》篇中，庄子借助鲲鹏的寓言故事来阐释他关于自由的哲学思想：鲲化身为鹏，鹏凭借其巨大的翅膀飞翔，必须借助风力才能抵达遥远的南海。然而，即便大鹏在天空中翱翔，它依然受到风的制约，未能达到真正的逍遥境界。即便是微小的鸟儿、飘浮的气体、飞扬的尘埃，它们的运动也依赖于风的推动，均未能实现绝对的自由。庄周强调，无论事物的大小，都必须依赖外在力量，只是依赖的程度和受到的限制各有不同而已。

庄子认为，同鲲鹏和小鸟没有真正的自由一样，人也是时时刻刻身处各种条件的制约之中，不可能得到真正的自由。庄子深知，人生活在尘世中，要取得绝对的人身自由和政

图 2-12　庄子画像(取自《玄门十子图卷》,元华祖立绘,上海博物馆藏)

治自由是不可能的事,但精神的自由则可以通过自身修养而得到。

庄子认为,名利是世俗社会强加给人的枷锁,它们使人陷入无尽的争斗和焦虑之中。他主张"至人无己,神人无功,圣人无名",即最高境界的人应当忘却自我,不追求功名利禄,从而达到心灵的真正自由。他主张通过修养心性、摒弃杂念来达到内心的宁静状态。在这种状态下,人能够摆脱外界的干扰和内心的纷扰,专注于内心的体验和感受。

庄子的精神自由思想对于后世产生了深远的影响。它不仅为人们提供了一种超越世俗束缚、追求内心宁静和自由的生活方式,而且为人们提供了一种独特的哲学思考和审美体验。

其二,万物齐一的思想。庄子指出,人类对事物的认知存在局限性,这使得客观认识世界变得困难。在《秋水》篇中,庄子详述了多种观察事物的视角和方法,包括"以物观之"(从事物自身来观察认识事物)、"以俗观之"(从时下流行的世俗观点来观察认识事物)、"以差观之"(从事物的特殊性角度来观察认识事物)、"以功观之"(从实际的功用方面来观察认识事物)、"以趣观之"(从认识主体的欣赏情趣方面来观察认识事物)等。庄子认为,从上述任何一种角度来观察和认识事物,都具有片面性。而不带任何片面性地认识事物的角度只有一个,那就是"以道观之"。庄子认为,从道的角度来看,万物都是道的体现和化生,因此它们之间具有内在的统一性和平等性。

庄子认为,如果从道的角度来观察世界,事物之间的差异都缩小了或者泯灭了,万事万物都成为同一无别、等齐均一的事物。人类改变认识的视角，不从自己偏执于一隅的角度看待事物，而从宇宙宏观的角度看待事物，勇于超越自我，以开放的心灵认识世界，达到"天地与我并生，万物与我为一"的境界，才是解决人类在现实生活中的种种纷争的唯一途径。这也就是庄子所谓的"万物齐一""物我齐一"的思想了。

庄子将"物我齐一"的境界称为"物化"。他用一个非常浪漫的梦境向我们描述了这种"物化"的情形：庄周梦见自己变成了一只蝴蝶，飘飘荡荡，感到十分轻松惬意，完全忘记了自己原本是庄周。然而，当他醒来后，却感到惊惶不定，对自己还是庄周感到十分惊奇疑惑。他认真地想了又想，却不知是庄周梦中变成了蝴蝶呢，还是蝴蝶梦见自己变成了庄周。在庄子描述的梦境中，庄周与蝴蝶合而为一，不分彼此了，这种物我合一的情形就是他所说的"物化"。

所谓"万物齐一"或"物我齐一"的思想核心，就是要把宇宙万物之间、人类与万物之间看成一个统一的整体，并由此决定人们的思考和行为方式。庄子"万物齐一"的思想打破了人们通常对于事物之间差异和界限的执着，引导人们以更加宽广和包容的心态去看待世界，对于现代人类重新建构人与自然的和谐关系具有现实意义。同时，它也强调了人与自然之间的和谐共生关系，提醒我们要尊重自然、保护环境，实现可持续发展。

其三，无用之用的思想。庄子认为，世人往往只看重事物的实用性，即"有用之用"，而忽视了那些看似无用，实则具有深远意义和价值的事物。

《逍遥游》中有一段庄子和他的好朋友惠施的对话，从中可以看出在"有用"与"无用"的认识上，二人所持的观点是不同的。惠施说，魏王曾送给我一颗大葫芦的种子，我把它种下去，结出来的果实有五石(一石为一百二十斤)的容量。可是，用它来盛水，它的坚固程度不能胜任；把它剖开来做瓢，可是瓢又太大，无法使用。这只葫芦确实是大，但它没有用处，所以我就把它打碎抛弃了。

庄子听了惠施的话后，指出惠施在认识"有用"与"无用"的关系上，犯了"固拙于用大"的错误。然后，庄子给惠施讲了一个耐人寻味的故事。

从前，宋国有一位藏有祖传秘方，善于制作冻疮药膏的人，他家世世代代都靠替别人家漂洗丝絮生活。有一位商人听说了这种治冻疮的药膏后，就出百金买断了药方。商人拿到药方后，就去游说吴王。恰逢越国侵犯吴国，吴王便命商人领兵，在冬季与越军展开水战。吴国士兵的手脚多有冻裂，都用商人制作出的冻疮药膏治好了，继续作战。越军的士兵手脚冻裂了，无法作战，被吴军打得大败。商人因有功于吴国，得到了吴王封赏的一块土地。庄子借这个故事阐述了一个道理：同样是一个药方，有人只能靠它漂洗丝絮生活，有人却用它得到了封地，都是因为使用的方法不同导致的。

庄子的"无用之用"是其哲学体系中一个非常重要的概念，它与老子的"无为"思想有着紧密的联系。庄子认为，世人往往只认识到"有用之用"，而忽视了"无用之用"。在庄子看来，"无用"并不是指完全没有价值或功能，而是指那些超越了功利性价值的事物，它们可能在世俗的眼光中看似无用，但实际上却具有更深远的意义。

三、音美艺术

与中原艺术相比，在艺术风格、审美追求、文化根源及表现手法等方面，楚艺术展现出明显的差异性。楚文化深受巫术的影响与神话传说的滋养，这种深厚的文化底蕴孕育了楚艺术独特的风格。楚艺术善于将无羁的想象、浪漫的激情和奇妙的手法糅合在一起，创造出一种超凡脱俗的形象之美，充满了神秘和浪漫的色彩。

1. 乐舞艺术

春秋战国时期，楚国的音乐艺术达到了辉煌的高峰，无论是器乐、声乐还是舞蹈，都展现出了独特的艺术风格和深厚的文化底蕴。楚国的器乐八音俱全，音色各异；楚国的声乐旋律优美，节奏明快；楚国的舞蹈自成一体，特色鲜明。器乐、声乐和舞蹈在表演时形成综合性的艺术表现形式，充分展示了楚国文化的独特魅力。

楚国的乐器种类齐全，制作工艺达到了当时的一流水平，与之相应的乐律学理论更是标志着我国古代乐律学的基本成熟。

古代乐器的分类法之一是根据制作材料将乐器划分为"八音"，这一分类法将乐器细分为金、石、土、革、丝、木、匏、竹八种材质类别。楚国的音乐体系中，"八音"已经完备，真正实现了"八音俱全"。

"八音"中的"金"类乐器，指的是以青铜为材质制作的乐器，如钟、镈、铙等。在周代礼乐文化中，编钟被视为"礼之重器"，象征着贵族阶层的地位、权威以及财富，在"八音"中占据着首要位置。荆州天星观二号楚墓出土了一套战国中期的编钟，共计32枚，其中镈钟10件，钮钟22件。钟架有上下两层横梁，供悬挂编钟之用。经对这套出土编钟的音域进行测试，全套编钟的音域有4个八度，并且每个八度的音列设置密度相当，能演奏出完整的七声音阶。① 这套编钟钟架齐全，钟体制作精致，对研究楚国音乐文化乃至中国古代乐器发展史都有着重要的价值。

"八音"中的石类乐器，指的是采用石材制作而成的乐器，例如石磬。石磬，以玉石或其他石材为原料，其形状类似曲尺，是古代礼乐仪式中不可或缺的乐器。将不同尺寸的石磬有序排列，便形成了一套能够演奏旋律的编磬。在楚国都城纪南城的遗址附近，出土了一套绘有彩饰的石编磬（图2-13），共计25件。它们由青灰石制成，大多数保存状况良好，是我国目前保存最完整的先秦时期的编磬。这套编磬的音域十分宽广，大约覆盖三个八度，至今仍能演奏出悦耳动听的旋律。

在"八音"分类中，土类乐器以埙为典型代表（图2-14）。埙是一种由陶土烧制而成的吹奏乐器，其外形和大小酷似鹅蛋。在荆州熊家冢楚墓中，曾出土了两件珍贵的陶制埙。这种乐器顶部设有一个圆形的吹孔，周围分布着五个用于手指按压的圆孔。

"八音"中的革类乐器，指的是由皮革制成的鼓和鼗等。楚国诗人屈原在《招魂》中生

---

① 邵晓洁：《楚钟研究》，人民音乐出版社2010年版，第114页。

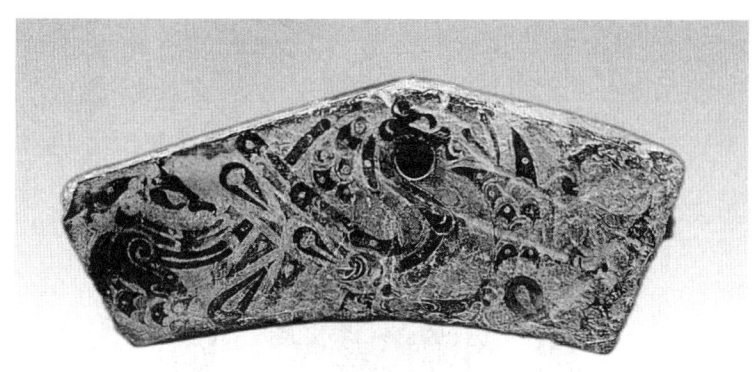

图 2-13　彩绘石编磬(荆州纪南城遗址出土)

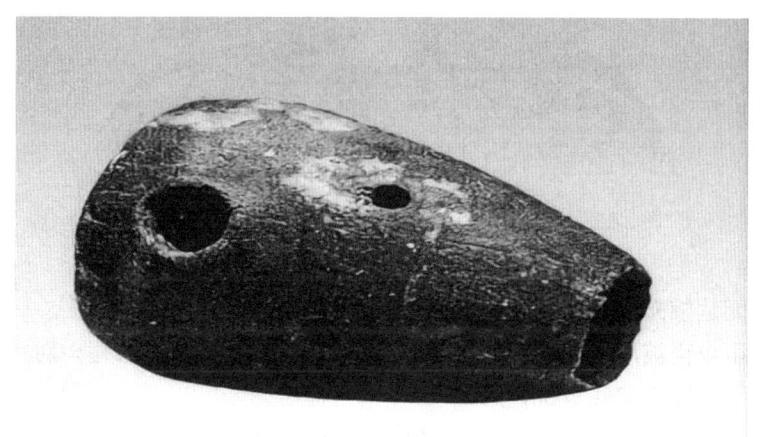

图 2-14　陶埙(荆州熊家冢墓地出土)

动描绘了楚国宫廷内鼓乐震天的盛况:"陈钟按鼓,造新歌些。"虎座凤架悬鼓是楚墓中出土较常见的乐器类型(图 2-15),在河南、湖南、湖北等地发掘的楚国贵族墓葬中多有发现,尤其是荆州一带的楚墓中出土的此类乐器数量最多。各地出土的虎座凤架悬鼓在造型上大致相似,通常以两头卧虎作为底座,以两只立凤作为鼓架,而鼓则悬挂在相对而立的凤鸟之间。在荆州天星观的一号墓和二号墓中,各发现了一件虎座凤架悬鼓。两件鼓在造型风格上存在差异,一号墓中出土的悬鼓,整体造型风格灵秀优雅;二号墓出土的悬鼓通高达到 149.5 厘米,比一号墓的悬鼓高出 10 厘米,其造型风格更为厚重。

"八音"中的丝类乐器主要有琴、瑟两种。楚人对琴有着深厚的情感,上自君王、下至樵夫,都对琴乐怀有极大的热情。楚庄王得到名为"绕梁"的名琴后,曾沉醉于琴声之中,以至于七天不上朝听政。楚国的乐官钟仪,在被晋国囚禁期间,依然保持着演奏楚国音乐

图 2-15　战国虎座凤架悬鼓（荆州天星观二号楚墓出土）

的故国情怀。而楚樵夫钟子期与伯牙以琴会友，共同演绎了"高山流水"这一知音相惜的美谈，这些故事至今仍被广泛传颂。在郭店楚墓中，曾出土了一件保存相对完好的七弦琴，这件古琴由挖空的面板和底板拼合而成。

"八音"中的木类乐器，在楚国较为常见的是木鹿鼓。木鹿鼓通常的造型是在一只卧鹿的背后，装有一面实心的木质小鼓（图 2-16）。卧鹿的鹿身部分由整木雕成，面目雕饰逼真，神态恬静自如，在鹿的背部安插一面小巧的木鼓。敲击小木鼓，声音通过木鹿的共振得以放大，在演奏中能起到应和节奏的作用。

"八音"中的匏类乐器是指以葫芦为发声体的乐器，如笙、竽等。古代有"楚笙冠中国"之说[1]，表明当时楚笙的制作工艺远超中原地区。《楚辞》中有"陈竽瑟兮浩倡""鸣竽张些"的描写，说明竽在楚国得到了极为广泛的运用。

"八音"中的竹类乐器是指以竹管作为发声共鸣体制作的乐器，如排箫、篪等就属于这一类。排箫由多支长短不一的竹管次等编排而成一个整体，"其形参差，象凤翼"（《风俗通》），因而古代也称之为"参差"。屈原《九歌·湘君》："望夫君兮未来，吹参差兮谁思？"这里所"吹"的"参差"就是排箫。篪是一种用竹管制的像笛子一样的横吹乐器。从《九歌·东君》"鸣篪兮吹竽"的记载来看，这种乐器在楚国音乐中是存在的。

---

[1]　（明）董说：《七国考》，中华书局 1956 年版。

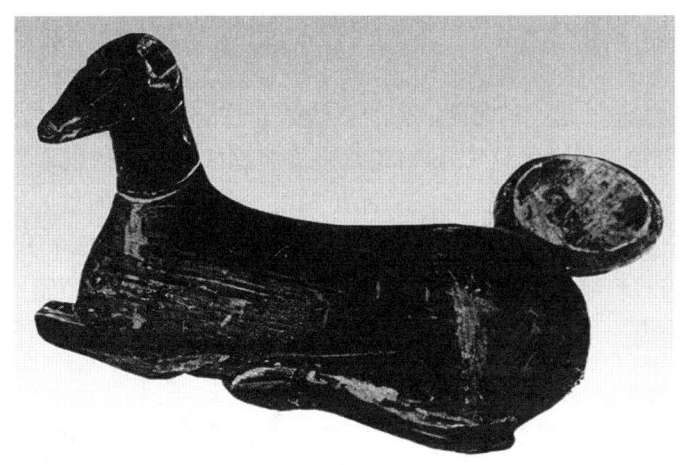

图 2-16　卧鹿鼓（荆州雨台山楚墓出土）

"八音"乐器中，根据演奏方式的不同，又可分为打击乐器、弹拨乐器和吹奏乐器。不同材质的乐器，演奏方式不一样，其音质与音色也迥然不同。将不同音质与音色的乐器组合在一起演奏，就能演奏合奏乐。楚国"八音"乐器的组合可以分为"金石之乐"和"竽瑟之乐"两大类。

律管是中国古代音乐中用来确定音高的标准器。先秦律管传世稀少，迄今所见仅有荆州雨台山二十一号战国楚墓出土的两支竹律管，用刮去表皮的细竹管制成，其上书写有乐律性质的文字，它是迄今所知我国最早的标准化定音工具。

楚国的声乐艺术极为普及，达到了卓越的音乐艺术水准，被誉为"楚声"。其代表作品包括《阳春》《白雪》《下里》《巴人》《涉江》《采菱》《阳阿》《激楚》等。

楚国的声乐作品涵盖了广泛的内容和风格，满足了不同阶层、不同审美需求的听众。在郢都纪南城的街上，人们相和而歌，演唱的曲目繁多。楚国文学家宋玉曾对楚王说，有人在郢都街上领唱通俗歌曲《下里》《巴人》，随着他唱和的达千人。接着他唱流行歌曲《阳阿》《薤露》，唱和的人有几百人。后来，他又唱了高雅歌曲《阳春》《白雪》，唱和的就只有几十个人了。这种一人唱、众人和的演唱形式，到汉代后演变为"相和歌"。

楚舞的种类繁多，包括宫廷乐舞和民间祭祀乐舞等。宫廷乐舞场面宏大、豪华，而民间祭祀乐舞则充满了浓厚的巫术色彩和宗教意味，是楚人娱神祀鬼的重要方式。

汉代把楚地的舞蹈称为"楚舞"。"楚舞"一词最早出自汉高祖刘邦之口。刘邦对戚夫人说："为我楚舞，吾为若楚歌。"（《史记·留侯世家》）楚舞作为一种具有地域特色的舞蹈，起源于先秦时期的楚国。

楚国舞蹈以民间巫舞最具特色。楚地每逢祭祀时，"必作歌乐鼓舞以娱诸神"（王逸《楚辞章句·九歌序》）。祭祀神灵时，巫觋们身着华丽的服饰，手持芬芳的香草，合着音乐的节拍翩跹起舞。在屈原的作品中，诗人用"偃蹇""连蜷"来形容楚地巫舞身姿婉转、舒曲回环的动人舞姿："灵偃蹇兮姣服，芳菲菲兮满堂"（《九歌·东皇太一》），"灵连蜷兮既留,烂昭昭兮未央"(《九歌·云中君》)。诗中所说的"偃蹇"是指巫女起舞时腰肢婉转曲折的样子,"连蜷"是指巫女起舞时长袖高抛回环的样子。这些诗句再现了楚舞"翘袖折腰"的特点。

民间的巫舞也走进了楚国的宫廷。屈原在《大招》中描写楚国宫廷舞女"长袂拂面,善留客只","小腰秀颈,若鲜卑只",是对楚宫中表演翘袖折腰舞的最形象的描写。在出土文物中,也能见到对楚舞生动的描绘。在荆州马山一号楚墓出土的舞人动物纹锦上,就有长袖细腰舞的图案,其中有两位舞人相对而立,高甩长袖,翩翩起舞(图2-17)。在舞人动物纹锦上,由于当时织锦技术的局限,舞人形象的身姿与动作稍显僵硬,呈现出几何化特征。不过,它作为极为稀有的楚舞视觉资料,堪称弥足珍贵。

图2-17 舞人动物纹锦纹样(荆州马山一号楚墓出土)

2. 造型艺术

春秋战国时期,楚国在漆器、丝织品、青铜器的制造方面所取得的成就,在当时居于领先地位。这些器物特有的形态为楚国的造型艺术提供了物质载体,以之为载体的绘画、雕塑作品应运而生。楚国绘画主要有漆画、帛画、壁画、青铜器画等不同的绘画品类。

漆画是以漆器为载体的绘画,是从髹漆工艺发展而来的。严格地说,漆画并不是独立的绘画艺术,而是附属于漆器工艺的装饰性描绘。楚国漆画的题材丰富多样,涵盖了动物、植物、自然景象、几何纹样以及社会生活和神话传说等多个方面。表现社会生活和神话传说的主题性绘画的出现,意味着绘画艺术的叙事功能的增强,也标志着绘画自觉时代的来临。

战国时期,随着社会进步和人本意识的兴起,人们的日常生活逐渐成为漆画艺术描绘的主题。在楚国郢都地区发掘的漆器上,可以看到描绘贵族生活和劳动场景的画作,这些作品生动地捕捉了当时楚国人的生活状态,不仅是一份珍贵的艺术财富,而且是历史的真实再现。

荆州天星观二号楚墓中出土的猪形酒具盒(图2-18),整体造型是双首连体的猪形,出土时盒内装有数件漆耳杯。酒具盒外壁上以黑漆为地,用红、黄、银灰、棕红等色彩绘龙纹、凤纹、云气纹。尤为引人注目的是,在酒具盒的外壁装饰性图案中,还出现了表现人物活动的场景图案,富有浓郁的生活气息。所绘内容分别是:

其一,建筑人物图。在一栋两层楼房里,楼上一人站立,倚抱房柱;楼下二人,一人佩剑起舞,一人跽坐观赏,合掌击节。

图 2-18　彩绘猪形酒具漆盒绘画（荆州天星观二号楚墓）

其二，飞鸟走兽图。绘有两只动物，一只狗在地上行走，一只鸟在天上飞翔。

其三，牵马抓鸡图。画中一人穿长袍，牵一马从阙门后走出；另一人为长发飘飘的女人，正在抓捕一只鸡。

其四，人物捕兽图。画一人正在捕捉一只野兽，野兽仓皇而逃。

其五，人物御车图。画一人驾驭四驾马车，远处有两只野兽。

其六，人物拦马图。画一马脱缰奔跑，一人张开双手试图拦截奔马。

其七，狩猎归来图。画面有四人，前面三人抬着一头猎物，另有一人尾随其后，表现的是猎人狩猎到野兽后，兴高采烈回家的场景。

其八，野鹿奔跑图。表现两只野鹿正在欢快地追逐奔跑。

八组小品绘画点缀在蟠龙之间，有的表现室内生活，有的表现车马出行，有的表现狩猎归来，虽然各不相关联，但总体来看，这是一组表现楚人日常生活与劳动的画面，具有浓郁的生活气息。这些图案的绘画风格类似于现代所说的简笔画，对人物和动物的动作形态捕捉得既准确又生动。这些画作对于研究楚人的服饰、建筑极有价值。在猪形酒具盒上的装饰纹样中，滋生出了具有主题性的绘画作品，它预示着在不久的将来，绘画将要从装饰纹样中分离出来，成为一门独立的艺术。

如果说猪形酒具盒上的绘画还具有浓厚的装饰性意味的话，那么，包山二号楚墓出土的彩绘漆奁上的《亲迎图》，就向成熟的绘画艺术大大地迈进了一步。

《亲迎图》于 1986 年在荆门包山二号楚墓出土，原画绘制于一件圆形漆奁的环形外壁上。漆画以五棵枝条婆娑的柳树为间隔，划分出五个场景：场景一描绘新郎驾车前往新娘家；场景二展现新郎和新娘各自乘车前行；场景三描绘新郎带领宾客迎接新娘；场景四则是新郎与新娘行礼。这幅作品完整地再现了楚国贵族结婚迎亲的风俗。

《亲迎图》是我国现存最早的连环画作品（图 2-19），生动再现了楚国贵族迎亲的全过程。它还是中国现存最早的风俗画，画家以饱满的热情描绘了当时楚国的社会风俗。此外，《亲迎图》也是我国现存最早的通景画，它运用横向平移的视点，开创了中国画长卷形式的先河。东晋顾恺之所绘的《洛神赋图》以及北宋张择端的《清明上河图》，都可视为这一绘画形式的后继之作。

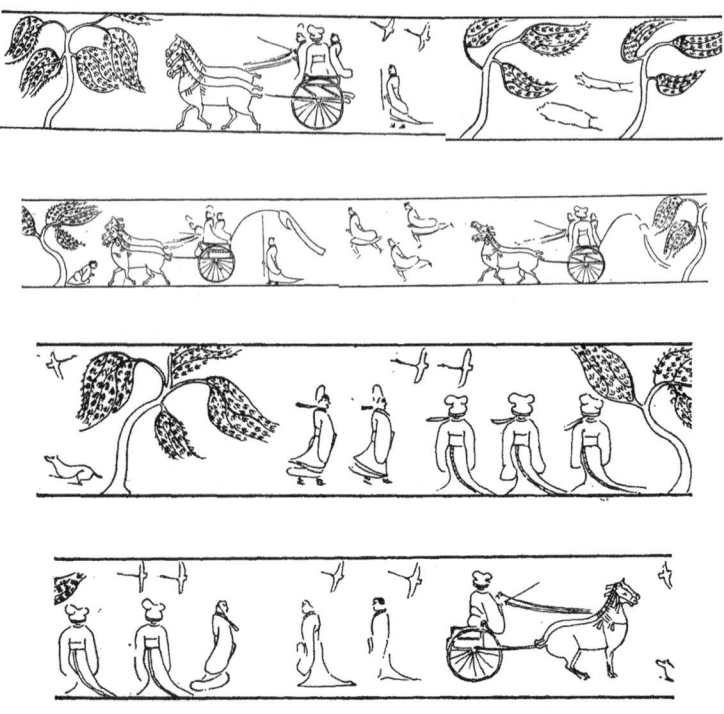

图 2-19 《亲迎图》（荆门包山二号楚墓出土）

楚国雕塑在春秋战国时期达到了相当高的艺术水平，其作品形式多样、技艺精湛，从雕塑手法上来看，圆雕、透雕、浮雕、线刻等工艺已十分成熟，展现了楚国独特的文化风貌和审美追求。按照制作雕塑作品的材质来分，楚国的雕塑可以分为木雕、根雕、铜雕、玉雕、角雕等。

楚国漆木器的繁荣，带来了木雕艺术的进步。楚国的木胎漆器是集雕塑、绘画为一体的实用生活用品，有着极高的艺术欣赏价值。

在荆州楚墓中出土较多的虎座飞凤造像（图 2-20），多为木质圆雕，以伏虎为底座，主体为一只展翅的凤鸟，凤背上插着一对鹿角，是楚人崇拜的风神飞廉的造像。楚国贵族将飞廉神像放入墓中，其用意是由飞廉引导死者的灵魂升入天国。荆州李家台四号楚墓出土的飞廉造像，凤鸟展开双翅，昂首伫立，引吭长鸣，呈现出一种向上升腾的态势。鸣凤的昂扬之气，加上伏虎的威严、鹿角的张扬，尽显风神的神秘和奇伟；收放自如的造型，冷暖对比的色调，内蕴着高贵典雅的气质，彰显着昂扬向上的精神，即使从现代艺术欣赏的角度来看，也是一件不可多得的浪漫主义杰作。

在荆州天星观二号楚墓出土的木雕羽人像（图 2-21），是一件具有宗教意义的雕刻艺术品。该羽人像由羽人、凤鸟和蟾蜍三部分构成。羽人站在凤鸟和蟾蜍之上，这与楚人的神仙信仰紧密相关。楚人视凤鸟为神鸟，相信它能引领人们飞天成仙；同时，他们认为蟾蜍是长寿的象征，食用它能够延年益寿。这件木雕羽人作品体现了楚人的神仙思想，寄托了

第二节　楚文化的六大支柱

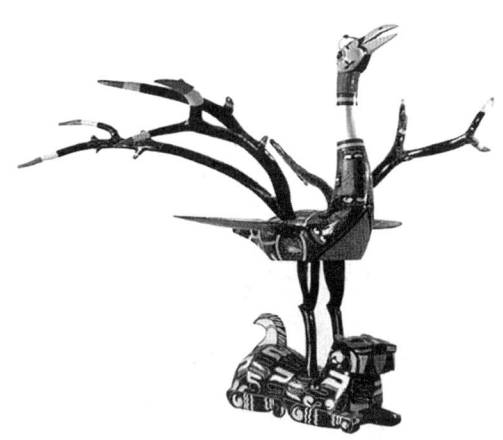

图 2-20　虎座飞凤（荆州李家台四号楚墓）

图 2-21　战国木雕羽人（荆州天星观二号楚墓出土）

他们对生命永恒的渴望。

木雕羽人是目前所见唯一的一件楚人制作的人体木雕作品。从雕刻艺术的角度来看，它达到了较高的艺术水准。羽人上身裸体，体型壮实，后臀圆浑，将两臂的三角肌、肱二头肌、前臂的掌侧肌群和胸大肌等肌肉雕刻得十分清晰，真实地再现了人体肌肉的质感和力量感。

楚墓出土的小型木雕座屏是供人观赏的工艺品，具有极高的艺术欣赏价值。木雕座屏一般由屏座和雕屏两部分组成，雕屏的内容以鸟兽虫蛇等动物为主。荆州望山楚墓出土的彩绘木雕座屏(图 2-22)在长 51.8 厘米、高 15 厘米的空间内,采用透雕和浮雕相结合的方法,塑造了凤、鸟、蛙、蛇、鹿 5 种动物,总数达到 51 个,堪称木雕工艺中的上乘之作。制作者准确地把握各种动物的运动姿势和情态,并通过雕刻手段准确再现出来。座屏中所有的动物没有处于静止状态的,各种动物或奔跑,或争斗,形态逼真,栩栩如生,充满了生命的灵性和动态的美感。

图 2-22 彩绘木雕座屏(荆州望山一号楚墓出土)

在楚墓中,除了发现大量的木雕作品外,青铜雕塑作品也时有所见,人骑骆驼铜灯和"大武辟兵"铜戚就是其中的代表性作品。

人骑骆驼铜灯是一件日常照明用具(图 2-23),同时也是一件很有生趣的实用工艺品,体现了实用与审美相结合的设计匠心。全器由底座、人物、骆驼、托柱、灯盘几部分组成。在长方形的底座上,伫立着一头双峰驼。驼背上骑坐一人。铜人双腿蜷曲,坐于驼峰之间,胸部挺直,双手合掌抱一根立柱,立柱上端托着一个灯盘。驼背上的掌灯人直腰挺胸,双手稳稳地把握灯柱,举重若轻,足见这件铜雕在造型比例、重心处理方面的功力。

图 2-23 人骑骆驼灯(荆州望山二号墓出土)

值得引起注意的是，从掌灯人圆胖的脸型上看，并非南方人，明显有着北方游牧民族人种的特征。骆驼也不是南方楚地所产，而是生活在北方沙漠边缘的动物。人骑骆驼铜灯出现在南方楚国，说明当时楚国与北方游牧民族有着频繁的人员交往和经济往来，是楚文化对外交流的见证。

在荆门车桥出土的"大武辟兵"铜戚（图2-24），是楚国浪漫主义艺术的经典之作。铜戚的正反两面均铸有内容相同的浮雕，主体是一位呈舞蹈姿态的神人，头顶羽毛，身着重鳞装束，腰间系着龙形腰带，耳饰有蛇形装饰。神人左脚踏月，右脚踩日，双手握持神物，胯下骑乘着一条龙。创作者驰骋奇异的想象，在神人身上表现出了驱遣一切的气概，日月供其驱使，天龙让其乘驾，生动地表现出了楚人浪漫的天性。

四、丝织刺绣

春秋战国时期，楚国的丝织与刺绣技术全面发展，丝织品品种丰富多样，纹饰图案精美繁复，居于世界领先水平。楚国的丝织与刺绣技术之所以能够达到如此高的水平，与其丰富的自然资源和精湛的工艺传统密不可分。楚地气候温和湿润，适宜桑树生长，为养蚕提供了良好的条件。其所产蚕丝质量上乘，为丝织品的制作提供了优质的原材料。此外，楚国工匠们在长期的生产实践中积累了丰富的经验，掌握了高超的织造和染色技艺。

楚国在丝织技术的发展过程中注重引进和借鉴其他国家的先进技术，包括通过战争的手段获得专业人才和技术。据《左传·成公二年》记载，公元前589年冬天，楚国出兵攻打鲁国，大军直逼鲁国阳桥（今山东泰安西北）。鲁国苦于地狭力弱，连忙向楚国献上100名木工、100名裁缝、100名丝织女工，向楚国人求和。这些鲁国的能工巧匠来到楚国后，在楚国传授先进的丝织技术，极大地提升了楚国的丝织技术水平。

1982年，在荆州马山一号楚墓中出土了大批战国时期的丝织品和刺绣品，这批织绣品不仅织造技术精湛，而且数量多，品种全，马山一号楚墓因此被誉为"丝绸宝库"。

1. 丝织技术

楚国的丝织技术水平，代表了当时中国丝织品工艺技术的最高水平。楚国丝织技术具有以下特点。

第一，楚国已经拥有一套成熟的纺织技术和生产体系。楚国的纺织生产得到了进一步的发展，已经形成了一整套包括养蚕、缫丝、纺纱、织造、染练等在内的纺织工艺技术和生产体系。这些技术的成熟使得楚国的丝织品生产规模不断扩大，分工日趋细密。

图2-24 "大武辟兵"铜戚

第二,楚国丝织品种类齐全,涵盖了先秦所有丝织品。马山一号楚墓织绣品计有纱、绢、绨、组、罗、绮、锦、绦等八大类,几乎包括了先秦时期丝织品的所有品种。

在马山一号楚墓出土的丝织品中,既有组织结构简单的平纹组织织物和平纹变化组织织物,又有组织结构复杂的平纹和斜纹组成的重经组织、绞纱组织及提花组织织物。简单组织丝织品有纱、绢、纨、缟、绨、缣等,这类织物由经线和纬线一上一下相间交织而成,其特点是织法简单、结构紧密、织物平整。马山一号楚墓出土的绮、罗、锦属于复杂组织织物。绮是由两种或多种组织方式联合,在平纹地上起斜花纹的织物,属于联合组织织物。罗是一种采用绞经组织织造的质地轻薄的网孔状织物,按照绞经根数可分为二经绞罗、四经绞罗等。锦是经线起花的平纹重经组织织物。复杂组织织物更能体现当时的纺织技术水平和纺织机械的发展水平。

第三,丝织品工艺精湛,达到了当时的最高水平。马山一号楚墓中出土的丝织品,其经纬密度之高令人惊叹。现代降落伞对绸布的密度要求极为严格,每平方厘米须有210根经纬线,才能满足其密度标准(记为210T)。马山一号楚墓中发现的密度最高的丝织品是一件深黄绢枕套面,其经纬线密度为164×66根/平方厘米,这是目前发现的先秦时期平纹织物中密度最大的绢。枕套面每平方厘米的经纬线数为230T,这一数据已经超过了普通降落伞绸布的密度。此外,其他用于衣物的绢制品,如枕套里、握里、帽里以及深黄绢袍里(N23)等,均达到了降落伞布210T的标准。舞人动物纹锦的经纬线密度为156×52根/平方厘米,密度为208T,与降落伞布的密度标准相近。

第四,楚国已经掌握并使用多种织机。马山一号楚墓出土的舞人动物纹锦是迄今见到的战国时期图案最复杂、花纹单位最大的一件织锦,其纹样横贯全幅,织造时使用了143个提花综。组织结构复杂的大提花织物锦的出现,说明当时已使用了先进的提花织机,且具备了熟练的织造技术。它的出现,把我国通幅大花纹的提花织锦技术,由东汉提前到了战国时期。

马山一号楚墓出土的龙凤虎纹绣罗单衣的绣地为四经绞罗的素罗,其织造方式为左右两根经线有规律地向左右绞转,每相邻的四根经线形成近似六边形的网孔,互织入四根纬线组成一个完整的组织循环。素罗孔眼均匀,质地轻盈,薄如蝉翼,是不可多得的丝织精品。这种复杂组织结构的罗不能用普通织机织造,必须使用一种专门的纺织机械——罗织机来织造。发明织造这种织物的罗织机,其意义不亚于提花织锦机在纺织科学史上的重要地位。

手工纺织机械在楚国已经得到广泛应用,极大地提高了丝织品的生产效率和质量。

2. 刺绣技术

楚国的刺绣工艺同样令人赞叹。工匠们在丝织品上运用各种针法,将龙凤、花卉、鸟兽等图案巧妙地绣制出来,栩栩如生。

刺绣,古称针绣,是用多种彩色丝线在丝织品上穿针引线,以绣迹构成花纹图案的一种工艺。楚人的刺绣是先秦时期的重要绣种,其选料精良,绣工细致,色彩艳丽,图案题材具有地方特色,形成了独特的风格,被称为"楚绣"。

楚绣的主要特点，一是绣地通常选用质地优良的丝绢，而高级刺绣作品则偏好使用更为精致的罗、锦等织物；二是针法以锁绣为主，锁扣均匀而整齐，线条流畅自如；三是图案题材多以龙、凤为主，具有飞扬、灵动的气质和美感；四是色彩丰富，拥有完整的色谱，显得鲜艳夺目。

从楚墓出土的刺绣实物可以大致看出楚绣的工艺流程包括选料、画图、配线、施绣等工序。

首先是选料。楚绣一般选用织造精良的单色绢作为绣地。马山一号楚墓共出土21件绣品，其中20件是以绢为绣地。用作绣地的绢大多质地细密、组织均匀、绢面平整。楚绣也有以锦和罗作为绣地的，但数量极少。以锦为绣地的绣品实物，只在望山一号楚墓出土过一件石字纹锦绣。这件在锦上刺绣的实物，是我国已发现年代最早的锦绣珍品，将我国锦绣的历史提前了1700多年。

其次是画图。确定绣地用料之后，绣工进行刺绣前的一个重要准备工作就是在绣地上绘制刺绣图稿。仔细观察从楚墓出土的刺绣实物，可发现在一些绣品上还保留着刺绣纹样的画稿墨迹。楚绣的图案以动物和植物为主要题材，其中动物图案以龙和凤为主。这些动物纹饰常常与花卉、枝蔓相结合，共同展现了自然界的生命力与和谐之美。

再次是配线。底稿定型后，要根据图案的内容，选配不同颜色的绣线。楚绣的绣线一般采用双股合成的彩色丝线，绣线的颜色极为丰富，使得楚绣呈现出五彩缤纷的效果。

最后是施绣。刺绣工艺的最重要的环节是施绣，即按照图稿在绣地上用针线穿刺图案。楚绣的针法以锁绣为主，偶尔也用钉线绣。锁绣是我国自商至汉刺绣上的一种主要针法，由绣线环圈锁套而成，绣纹效果似一根锁链，因而得名锁绣。又因其外观呈辫子形，也俗称"辫子股针"。

3. 染色技术

楚国的丝织工艺在染色技术上达到了极高的水平。楚国工匠们掌握了多种天然染料的提取和应用方法，通过复杂的染色技术，创造出深浅不一、层次分明的色彩效果。

马山一号墓出土的丝织品的色彩，有深红、朱红、橘红、红棕、深棕、棕、金黄、土黄、灰黄、绿黄、钴蓝、紫红、灰白、深褐、黑等数十种不同色号，反映出当时的染色技术达到了相当高的水平。

古代染料分为矿物染料与植物染料两大类。矿物染料所使用的原料是矿石，称为"石染"；植物染料所使用的原料有蓝草、茜草等草本植物，称为"草染"。从出土的丝织物来看，楚国工匠们已掌握这两种染色工艺，染色技术有了很大的进步，色谱也趋于完备。

朱砂是我国古代应用最多的红色矿物颜料。朱砂又称为"丹砂"，因产于湖南辰州(今湖南沅陵)的最著名，故又称为"辰砂"。朱砂作为颜料原料，具有分散性好、遮盖力强、附着耐久、色彩鲜丽等特点，因而被广泛使用到丝织品的染色工艺中。

在出土自马山一号楚墓的龙凤虎纹绣品中，虎的图案是采用了深红色与深灰色朱砂染色的丝线编织而成。历经两千余年，朱红色依旧鲜艳如初，深灰色也保持着光泽。

利用植物染料染色的"草染"工艺是我国古代染色工艺的主流。先秦时期所采用的植物染料主要有茜草、蓝草、栀子、黄栌、橡斗、紫草、荩草等。从对楚国的丝织品实物的考察来看，现存楚国刺绣品的染色以"草染"为主。

蓝草是我国古代用于染色时间最早、范围最广的一种染料植物。马山一号楚墓出土的田猎纹绦中的驾车狩猎人物就是靛蓝色，其色素应来自蓝草。栀子果实中含有藏红花酸，可以制作黄色染料。马山一号楚墓出土的金黄色和土黄色线和织物，可能是用栀子染成的。

楚国的丝织与刺绣技术不仅在当时独领风骚，而且对后世产生了深远的影响。汉代的丝织品在继承楚国传统的基础上，进一步发展创新，使得中国的丝绸文化更加灿烂辉煌。楚国的丝织与刺绣技术，不仅是中国古代工艺的瑰宝，而且是世界文化遗产的重要组成部分。

五、青铜冶铸

青铜是红铜、锡、铅的合金，是金属冶铸史上最早的合金。它是人类历史上的一项伟大发明，自从青铜发明后，人类历史进入了一个新的阶段——青铜时代。

长江中下游地区是我国重要的铜矿带，在这一地带考古发现的大量商周时期矿冶遗址，具有采冶规模大、类型齐全、矿量集中、延续时间长的特点。春秋战国时期，楚国已发展出一套完备、发达的采矿、冶炼和铸造技术。

1. 铸造技术

考古发现的楚国铜器铸造作坊遗址并不多见，仅在楚故都纪南城内发现残迹。在纪南城内，曾发现一处青铜铸造作坊遗迹，作坊内发现了鼓风管残片等遗物，表明当时已使用先进的熔铸技术。楚国广泛使用合范法、分铸法、失蜡法等青铜铸造技术，达到了当时的领先水平。

第一，合范法铸造的高度发达。所谓"合范法"，也称"复合陶范合铸法"，是从单范铸器发展而来的一种青铜铸造工艺。"范"是指制作青铜器的模型，一般简单的青铜器都是用单范制作，而对于复杂的器型，制作时用单范很难完成，就分解成两个或两个以上的范型制作，然后合为一个整体。曾侯乙墓出土的编钟和悬挂编钟的支架构件都是用合范法制作而成的，使用的范、芯共计达到了136块；而在制作范型的过程中，需要使用的模具达到了12种。

第二，分铸法铸造广泛运用。分铸法是将青铜器的器体与附件分开铸成，或将一件青铜器经多次铸造而成的铸造工艺。一般对比较复杂的器型使用分铸法铸造。曾侯乙墓所出土的一件建鼓，其基座器型十分复杂，铸有8对蟠龙穿插、盘绕，又有众多小龙攀附在大龙身体之上，造型繁复生动。建鼓的底座造型非常复杂，用合范法不能一次铸好，所以采用了先铸好单件、再焊成整体的分铸法铸造，用了22件铸件和14件接头，通过铸接和焊接连为一体。

第三，失蜡法铸造的熟练应用。对于外形复杂，特别是立体镂空的装饰器件，用合范法和分铸法都难以铸造。在长期的实践中，一种更为先进的铸造方法发明了，这就是失蜡法。失蜡法利用蜡料可塑性好、受热熔化的特点，先用蜡料制作模型，在蜡模表面镂刻出繁复的花纹图案，然后敷以泥料，待泥料干燥形成坚硬的外壳后进行加热，使蜡受热熔化流出泥质外壳，再将青铜溶液注入泥质外壳。青铜溶液冷却后去掉泥质外壳，就能得到一件理想的青铜器了。

2. 铸镶工艺

铸镶法是将两种含锡、铅、铜比重不同的合金，组合成一件青铜器的方法。其具体做法是，先浇铸某一比例的器物部件，再配比浇铸另一比例的器物部件，最后将二者合为一体。

楚墓出土的复合剑，是利用两种不同含锡量的铜合金铸造而成的。一把优质的剑，其剑刃部分必须具备较高的硬度，以保持锋利，利于砍杀；而剑脊部分则需具备一定的强度和良好的韧性，以确保在剧烈的格斗中不会断裂。楚人巧妙地使用低锡青铜来铸造剑脊，以获得良好的韧性；同时，使用高锡青铜来制作剑刃，以增强其强度和硬度。然后，再通过榫卯结构的巧妙结合，将剑脊与剑刃合为一体，从而制成刚柔并济的青铜复合剑。楚人铸造的复合剑，巧妙地解决了硬度与韧性的矛盾，使得剑刃部分坚硬锋利，剑脊部分则具有良好的韧性，不易折断，显著提升了剑的整体质量。

由于剑脊与剑刃两部分的合金成分存在差异，历经数千年的地下环境影响，含锡量较低的剑脊部分呈现出亮黄色或铜绿色，而含锡量较高的剑刃部分则呈现浅灰色或灰黑色。从整体上看，一把复合剑上呈现出两种颜色，因此也被称作"双色剑"或"插心剑"。

在楚墓中发掘出土的镶红铜器物，例如镶红铜盥缶，也是运用铸镶法的原理制作的。制作时，先将预先铸造好的红铜纹饰嵌入青铜器的外范与内范之间的空隙中，然后进行浇铸而成型。由于红铜的熔点高于青铜，因此在浇铸过程中，红铜的花纹得以完好无损地保留。

六、髹漆工艺

春秋战国时期，楚郢都地区的髹漆技术与工艺十分发达，无论是胎体的制作、生漆的调配与精制，还是多种多样的髹漆技艺，都达到了当时的最高水平，对后世的髹漆技艺及相关工艺产生了极其深远的影响。

1. 制胎工艺

春秋战国时期，铁制工具的出现，为漆器的制胎技术向精细加工方向发展提供了条件。木材是最容易采集和加工的材质，通过锋利的铁制工具，可以方便加工成各种理想的形状。因此，木质材料成为制作漆器胎体的主要选择对象。在现存楚国漆器中，绝大多数都是木质胎体。据对荆州九店楚墓出土的漆圆盒、耳杯、梳、篦、镇墓兽等漆器取样鉴定，其胎体木材为香果树、核桃、黄杨、木莲等。

对木胎的加工方法，有斫削、卷制、镟凿、雕刻等。根据加工的方法不同，可以分为斫木成型胎、卷木成型胎、镟木成型胎，以及雕刻及榫卯结合成型的胎体。

斫木成型胎是将整块的木料，通过砍、削、凿、磨、剜等工序加工而成的漆器胎体。所谓"斫"，就是"斧砍刀削"的意思。楚墓中出土的生活用器如豆、案、几、俎、梳等，多用斫制的方法制成。荆州望山楚墓出土的彩绘漆耳杯，是以挖制为主的方法制成的厚木胎，在杯底能明显看到用凿一类的工具挖制的痕迹。

随着木工加工技术的进步，卷木成型的漆器胎体应运而生。其制作流程是先将木材切割成细长的薄木片，通过浸泡和加热等手段使其变得柔韧，随后将其卷曲成圆筒形，再将两端削成斜面后黏合固定起来。

卷木成型制胎工艺的出现是楚国漆器胎体制造工艺的一大进步，也是木工技术向精、细加工方向发展的结果。卷木胎对木工工艺要求极高，木板要足够的薄才能卷曲，其厚度一般只有 1~2 毫米。此外，木板表面要光滑平整，厚薄均匀。木板两端的接口削成斜面后黏合，接口要平整、牢固。相比斫木胎而言，卷木胎漆器由于器壁变薄，其重量减轻，更加轻便、美观，同时内空增加，也增大了器物的容积。荆州马山一号楚墓出土的圆盒形漆奁，器壁即为卷木胎，用长条形薄木板卷曲而成。

外形为正圆形的漆器，除了采用卷木成型的方法制作外，还可以使用镟制的方法来制作。厚木胎的漆圆盒、漆樽等器型，其内空采用挖制的方法制作，其外形则通过镟床一类的木工加工机械来完成。荆州雨台山楚墓中出土的圆盒、卮、樽等漆器，其外形均为镟床镟制而成。

在楚国漆器中，还有一类有较高艺术价值的作品，是通过雕刻的手法完成后，再通过黏接、榫接等方法拼接在一起的，这就是雕刻与榫卯结合成型的胎体。像楚墓出土较多的虎座飞凤雕像、彩绘木雕座屏、镇墓兽等就是采用这种方法加工成型的。

楚国漆器除了木胎外，还有夹纻胎。夹纻胎是以麻布或缯帛等织物作原料制成的漆器胎体。夹纻的"纻"是指麻布，"夹"是指制作成型的漆器中有多层麻布，也指将胎体夹于漆表之中的意思。夹纻胎漆器的制作方法是，首先用木或泥做成器物的模具，在模具上涂一层薄薄的漆灰，然后在其上铺上织物，再涂漆灰，反复操作数次即可做成胎体。将胎体晒干后除去模具，经过磨光、髹漆、彩绘等工艺，就完成了一件夹纻胎漆器的制作。

夹纻胎漆器因采用麻布或丝织物作原料制作，其厚度薄、胎体轻，制作出来的漆器比木胎更加轻巧。夹纻胎漆器在气候发生较大变化时，膨胀或收缩程度也比较小，具有器型稳定的优点。但其制作工艺复杂，制作成本高，因而尤为珍贵。

前举荆门包山二号楚墓出土的《亲迎图》漆奁是一件夹纻胎漆器。漆奁的局部表层有漆皮剥落的现象，从脱漆部位明显可以看到麻布的纹理，可由此分析夹纻胎的制作方法。

2. 制漆工艺

楚国漆器所使用的漆有原生漆、脱水漆和油性漆。

所谓"原生漆",是指从漆树上采集后没有经过加工处理的漆料。原生漆含水分较多,漆膜的色泽、透明度都比较差,一般用于漆器木胎的黏接和器物背面的涂刷,而很少用于器物表面的装饰。

所谓"脱水漆"是通过晒、煮等加热方式使原生漆脱水后得到的漆料,俗称"晒漆""煮漆"。经过脱水处理后的漆料,其亮度、色泽、韧性等方面都比原生漆要好得多。

所谓"油性漆"是指为了获得色泽鲜艳的各种色漆,将植物油与漆料混合后进行熬制所得到的漆。荆州楚墓出土的漆器上所使用的红、黑、金、银、蓝、绿、白、黄等多种色漆都是油性漆。在楚国漆器中,使用的是何种植物油,目前尚无定论,有人认为是桐油,也有人认为是荏油。

在生漆加热脱水或加入植物油熬制的过程中,都会产生高分子化合物的聚合反应,这标志着我国漆化学的萌芽。油、漆并用工艺的产生,标志着我国最早的涂料从单一材料向复合材料的进步,是髹饰工艺的重大发展。

第三节 楚文化的影响

一、文化地位

楚人成功地将中原文化与南方文化融合起来,创造出了独具特色的楚文化。楚文化持续时间漫长,涵盖范围广大,在中华文明"多元一体"格局形成的过程中占据着重要的一席之地,在国家文明演进的进程中也占有重要地位。

1. 持续时间漫长

在我国历史上,周代是人文精神勃兴的"轴心时代",是中华古文明发展的关键时期,直接影响着中华文明后续历史与文化的发展走向。楚国是周代的诸侯国之一。西周初年,周成王大封诸侯,始封楚国。自此以后,楚国从偏居一隅的蕞尔小国,发展成为地方五千里的泱泱大国。战国后期,楚国国力衰微,于公元前223年被秦国所灭。楚国从立国到亡国,国祚绵延长达800余年。楚国人所创造的楚文化,经历了滥觞期、茁长期、鼎盛期、滞缓期和转化期,持续时间也长达800余年。

2. 涵盖范围广大

楚国雄踞长江中、下游,是当时中国南部的文明中心。楚国势力的核心区域包括今天的湖北、湖南两省,河南省南部、江西省和安徽省的大部分,后来扩大到今上海市、江苏省、浙江省等省(市)。

楚文化作为先秦时期长江中游的主要文化形态,其影响力涵盖了整个中国南部,对长江上游的巴蜀文化、长江下游的吴越文化都产生过巨大的影响。楚文化滋生出荆楚文化、湘楚文化、巴楚文化、吴楚文化等多种文化形态，其影响范围包括长江上游的部分地区，长江中、下游范围内的所有地区，以及淮河流域的部分地区。

3. 文化特色鲜明

楚文化是我国先秦时期地域文化百花园中的一朵奇葩。楚文化中铸造精湛的青铜器，巧夺天工的漆木器，五彩缤纷的丝织品，让人流连忘返；义理深邃的道家哲学，惊采绝艳的楚辞文学，奇异诡谲的乐舞美术，让人陶醉其中。楚文化具有鲜明的地域文化特征，是长江文化的典型形态，也是长江文化的杰出代表。

在中国传统文化中，楚文化在文学、哲学、艺术等领域具有崇高的地位。以屈原、宋玉为代表的楚国文学家所创作的楚辞文学，是同《诗经》并峙的中国文学的两大高峰之一，也是中国文学的两大源泉之一。以老子、庄子为代表的楚国思想家所创立的道家哲学，与以孔子、孟子为代表的思想家所创立的儒家哲学并立，同为中国哲学的两大主干。

4. 文化类型独特

在源远流长的长江文明发展史上，长江上游的巴蜀文化、长江中游的荆楚文化、长江下游的吴越文化共同构成了长江文化的主体。巴蜀文化以三星堆文化为代表，具有广泛的国际影响力。吴越文化以良渚文化为代表，是享誉中外的世界文化遗产。荆楚文化以荆州楚文化为代表，是与古希腊罗马相媲美的古代文化。楚文化是长江中游的典型文化类型，是长江文化中不可或缺的重要一环。

二、历史影响

楚文化是以中原文化为底色，广泛融合南方、东方的地域文化，甚至吸纳域外文化而形成的一种包容性文化。正是其开放性和包容性，使得楚文化焕发出了无比旺盛的生命力。

春秋中期，楚令尹子囊说"赫赫楚国，而君临之，抚有蛮夷，奄征南海，以属诸夏"，反映了楚文化所具有的海纳百川的开放精神。荆州楚墓出土的人骑骆驼铜灯，说明当时楚国与北方游牧民族有着频繁的人员交往和经济往来。在俄罗斯巴泽雷克古代贵族墓葬中发现的刺绣丝织物，无论是刺绣龙凤纹花纹样式，还是锁绣刺绣针法，都与荆州马山一号墓出土的丝织品有着惊人的一致性。这些丝织品极有可能是从楚国传入中亚地区的，说明楚人是早期"丝绸之路"的开辟者。两千多年前，蜻蜓眼式琉璃珠从古希腊传入楚国。在楚墓出土的大量琉璃珠都是从域外传入的钠钙玻璃，而在荆州楚墓出土的有些属铅钡玻璃，这说明琉璃珠从古希腊传入楚国后，在楚都纪南城进行了本土化生产。凡此种种，都证明了楚文化是一种具有开放性和包容性的文化，是早期中国开展跨文化交流和互鉴的表率。

汉代以后，楚文化融入汉文化之中，对后世长江文化和中华文化产生过极其深远的影响。春秋早期，楚武王始设县制，"县"成为中国行政建制中一个最具标志性意义的文化符号，这一级行政建制也一直保存至今；在中国的戏剧文化中，尊楚人优孟为戏剧鼻祖，等等。博大精深的荆楚文化正是以楚文化为源头和主干发展起来的、具有鲜明地域特色的文化类型，成为中华文明的重要组成部分。

第三章　荆州三国文化

"一部荆州史，半部三国史。"东汉末年，官僚腐败，民不聊生。黄巾起义的爆发，如同一场狂风骤雨，彻底颠覆了原有的秩序，天下陷入了一片混乱之中，各路军阀割据争雄，拉开了争霸天下的序幕。荆州地处长江中游，水陆交通便利，战略地位十分重要，成为各方势力争夺的焦点。谁能够控制荆州，谁就能够在战略上占据主动，进而实现统一全国的目标。

第一节　乌林之战与"三家分荆"

东汉末年，曹操在统一北方后，意图南下吞并长江中下游地区。刘备和孙权组成的联军与曹军在乌林（今洪湖乌林）展开激战，利用火攻大败曹军。乌林之战之后，荆州被曹操、刘备、孙权三家势力瓜分，形成了三足鼎立的局面。"三家分荆"不仅改变了荆州的政治格局，而且对整个三国的历史进程产生了深远的影响。

一、乌林之战

东汉建安五年（200年），曹操在官渡之战中打败袁绍，统一了北方大部分地区。随后，曹操试图南下消灭割据江东的孙权和依附于孙权的刘备，以期占领长江中下游地区，完成统一中国大业。

建安十三年（208年），曹操亲自率领大军占领了襄阳。鉴于江陵（位于荆州城北郢城遗址）的战略重要性，于是下令曹军迅速向江陵推进。在长坂坡一役中，曹军击败了刘备的军队，随后一路南下，顺利占领了江陵。占领江陵后，曹操随即着手囤积物资，补充兵源，准备进一步乘胜追击，攻打江东的孙权势力。

面对势如破竹的曹军，东吴谋士鲁肃说服刘备与孙权联合抗曹。刘备派出军师诸葛亮出使东吴，成功说服举棋不定的孙权，双方组成军事联盟。孙权任命周瑜、程普为左右都督，会同刘备的人马，一同西上，合力抗击曹操。孙刘联军驻兵于赤壁，曹军陈兵于赤壁对岸的乌林，随即展开了一场决战，史称"乌林之战"，也称"赤壁之战"。

此时，曹军兵力有20万之众，而孙刘联军则集结了大约5万兵力，双方兵力对比悬殊，曹军在兵力方面占据了明显的优势。然而，曹军之中，有七八万兵力来自荆州降军，约12万士兵是从北方带来的嫡系部队。由于北方士兵不适应乘船作战，加之军中疾病流行，削弱了曹军的战斗力。

为了应对水战的不利局面，曹操下令将战船以铁链相连，此举虽在一定程度上增强了战船的稳定性，但同时也导致了船队机动性的丧失。因此，在乌林之战即将爆发之际，曹军已面临诸多不利因素的困扰。

联军大将黄盖在探知曹操军队采用铁索横连战船后，遂向周瑜提出采用火攻策略。周瑜深表赞同，并据此制定了详细的作战计划。建安十三年(208年)十一月，黄盖亲自率领十艘装满易燃物的战船，借助强劲的东南风势，向曹军的水寨发起了迅猛的进攻。火势迅速在曹军船只间蔓延开来，瞬间将其化为一片火海，曹军船只几乎全部被焚毁。

更为严重的是，火势还进一步蔓延至曹军的陆军营地，使得曹军陷入了更加被动的境地。在长时间的战斗与火灾的双重打击下，曹军疲惫不堪，士气低落。此时，联军趁机发起了猛烈的攻势，曹军难以抵挡，最终全军溃散。

曹操此时已经无法控制军队的溃散，只得下令撤退，并烧毁剩下的战船、物资，以免被孙刘联军缴获。曹军在撤回江陵的途中，经过华容(今湖北监利)，道路泥泞不堪，又遭遇大风天气，行进极为艰难。为确保骑兵能够顺利通行，曹操下令士兵砍伐树枝铺设道路。然而，骑兵急于撤退，导致众多士兵在混乱中被马匹践踏，陷入泥沼之中，伤亡惨重。最终，曹军全线崩溃，被迫退守江陵。

在乌林之战中，曹军"死者大半"。孙刘联军凭借约5万人的兵力，成功击溃了约20万的曹军，并造成了曹军一半以上的伤亡，这绝对是史诗般的胜利，在中外军事史上堪称奇迹。

乌林之战对于三国鼎立局面的形成具有重要意义。在这场战役中，曹操水军损失殆尽，致使之后几次南征再无如此巨大的优势，也无力再完成统一大业。同时，乌林之战为孙权、刘备在南方的发展壮大创造了条件。刘备得到荆州后实力迅速壮大，进而谋取益州；孙权在江东的地位得到巩固，亲率大军多次北伐。乌林之战后，荆州原有属地被一分为三，曹操、刘备、孙权形成三足鼎立之势，为建立魏、蜀、吴三国奠定了基础。

二、三家分荆

东汉时期，在全国范围内设立十三州部刺史，荆州是十三州之一。荆州占据了现今湖北、湖南以及河南的部分地区，地理位置极为重要。正如《隆中对》中所阐述的："荆州北据汉、沔，利尽南海，东连吴会，西通巴蜀，此用武之国。"荆州下辖七郡，分别为南阳郡、南郡、江夏郡、长沙郡、桂阳郡、零陵郡以及武陵郡。乌林之战后，荆州七郡被曹操、孙权、刘备三家势力瓜分，为后续的"三分天下"格局奠定了基础。

乌林之战后，曹操的主力部队退回中原地区，留下曹仁镇守江陵。江陵是南郡治所，位于今荆州城北郢城遗址，是当时的交通枢纽，地理位置十分重要。周瑜与曹仁为争夺江陵的控制权，展开了持久的争战。

周瑜对江陵发起的攻势，并未能取得预期的战果。随后，周瑜派遣甘宁前往夷陵(今湖北宜昌)实施迂回包围战术，但出乎意料的是，甘宁的部队反而被曹仁所部包围。为了扭转战局，周瑜亲自率军渡江，对江陵发起了猛烈的攻击。双方军队因此陷入了长时间的僵持状态，相持长达一年。

在这场旷日持久的争战中，曹军遭受了重大的伤亡，最终不得不放弃江陵，选择向北方撤退。建安十四年（209年）冬十二月，随着曹军的撤离，周瑜成功占领了江陵。孙权任周瑜为南郡太守，镇守江陵，控制江陵这个最重要的战略要道。

在周瑜与曹仁争夺江陵之际，刘备敏锐地捕捉到了扩张势力的时机，他转而向长江以南的武陵、长沙、桂阳、零陵四郡进行势力渗透。江南四郡在曹操大军南下荆州之时，曾一度归顺于曹操。随着曹军遭遇挫败并北撤，这四郡在刘备、关羽、赵云等将领的攻势下，相继选择了投降。由此，刘备成功地占据了荆州江南的广大区域。

在夺取江南四郡之前，刘备为了确保南征行动的顺利进行，推举刘表的儿子刘琦担任荆州刺史一职。不久，刘琦因病离世，刘备顺理成章地接任荆州牧之职，并率领军队驻扎于油口（今湖北公安）；任命诸葛亮为军师中郎将，让他管理零陵、桂阳、长沙三郡，征收赋税，供军政资用。

至此，荆州七郡被曹操、孙权和刘备三家势力瓜分。曹操占据南阳郡和江夏郡北部，孙权占据南郡和江夏郡南部，刘备占据长江以南的武陵、长沙、桂阳、零陵四郡。曹操、孙权、刘备三分荆州，奠定了此后三分天下、三国鼎立的基础。

"三家分荆"不仅改变了荆州的政治格局，而且对整个三国的历史进程产生了深远的影响。曹操占据荆州北部后，可以顺江东下，威胁江东；刘备占据荆州南部后，可以此为基地夺取益州，形成与曹操、孙权鼎足而立的局面；孙权则通过控制荆州中部和东部，巩固了江东基业，为日后的扩张奠定了基础。

第二节　刘备"借荆州"与湘水划界

乌林之战后，刘备为了实现诸葛亮占取荆州、西进益州的战略计划，向孙权借得荆州的部分领土，特别是南郡的治所江陵（今湖北荆州城北郢城遗址），为日后夺取益州打下了坚实的基础。刘备在借得荆州后，与孙权之间因荆州归属问题产生矛盾。最终，在曹操进攻汉中的威胁下，刘备与孙权达成和解，以湘水为界重新划分双方在荆州的势力范围。湘水划界在一定程度上缓解了刘备与孙权之间的矛盾，稳定了孙刘联盟，但也为后续的冲突埋下了伏笔。

一、刘备"借荆州"

所谓"刘备借荆州"的"荆州"，实际上指的是荆州七郡中的南郡，更具体而言，是南郡的治所江陵。在诸葛亮为刘备精心筹谋的宏图伟略中，荆州与益州被视为刘备图谋天下、成就霸业的两大基石，两者相辅相成，缺一不可。诸葛亮认为，刘备必须扼守长江中游要冲之地江陵，既可作为抵御曹操南侵的战略重镇，又能作为刘备沿江西取益州的军事基地。因此，在孙权取得江陵的控制权后，刘备的首要任务是从孙权手中拿到江陵的控制权。

建安十五年（210年），刘备亲自赴京口拜见孙权，以地狭人众为由，"求都督荆州"以安置臣民，这就是所谓的"借荆州"。刘备"借荆州"的实际目的，就是要得到江陵的控制权，为实现诸葛亮占领荆州、西进益州的战略意图创造有利条件。

刘备的请求在孙权部中引起争议，周瑜对刘备及其麾下将领关羽、张飞持有高度警觉。他认为刘备具备"枭雄之姿"，而关羽、张飞则是"熊虎之将"，皆为不可小觑之强劲对手。周瑜向孙权提出建议，即先行软禁刘备，以其安危作为筹码，对关羽、张飞形成心理与战略上的双重压制，进而由周瑜亲自掌控战局，以期实现平定天下的宏图大计。

然而，孙权的重要辅臣鲁肃提出了不同的建议。他向孙权进言，一是东吴军队初到荆州，与这一地区的百姓还没有建立信任，立足未稳，需要借助刘备的力量来安抚他们；二是把荆州借给刘备，就相当于给曹操多树一个敌人，同时可以利用刘备的力量抵制曹操。因此，他主张将荆州借予刘备，一方面增加曹操的敌对势力，另一方面也能强化孙刘两家的联盟。

孙权经过衡量后，还是决定采纳鲁肃的建议，令鲁肃移师陆口，南郡太守程普退至江夏，让刘备都督南郡，刘备就这样不费一兵一卒轻松得到了南郡大部，为未来进取益州奠定了基础。

"借荆州"事件对曹、刘、孙三方的军事格局产生了重大影响。刘、孙两家借此巩固了联盟，有效抵御了曹操南侵。当曹操听说孙权将土地借予刘备时，大惊失色，他手中握着的笔不禁滑落到了地上，可见"借荆州"这件事对曹操极为不利。

二、湘水划界

建安十六年（211年），刘备西进益州，由关羽镇守荆州五郡（南郡、长沙、零陵、桂阳、武陵）。四年后，为解决刘备借荆州借而不还的问题，孙、刘双方达成协议：以湘水为界达成分地协议，史称"湘水划界"，又称"湘水之盟"。

刘备借荆州后，孙刘联盟基本稳定下来。公元215年，即刘备占据益州的次年，孙权派遣使节至益州，正式向刘备提出归还荆州诸郡的诉求。然而，刘备以夺得凉州后再归还荆州为借口，婉拒了孙权的要求。

在和平索还荆州无望的情况下，孙权遂决定采取军事行动，派遣大将吕蒙率军攻占了长沙、零陵、桂阳三郡。刘备闻讯后，亲自率领大军东进，并命令关羽率军进入益阳地区，准备与孙权争夺三郡。双方迅速形成紧张对峙局面，一场争夺荆州的战争似乎已难以避免。

同年七月，曹操发动对汉中的军事行动。若曹操成功占领汉中，则可能顺势进犯益州，到时刘备将面临两线作战的严峻挑战，后果难以估量。鉴于这一紧迫形势，刘备迅速派遣使者前往陆口，向孙权提出和解之议。为了应对双方共同的敌人曹操的挑战，双方经协商后迅速达成共识，决定以湘水为界，对荆州进行划分，其中湘水以东的长沙、桂阳、江夏等地归属孙权，而湘水以西的南郡、武陵、零陵则归刘备所有。

湘水划界是刘备与孙权之间为解决荆州土地归属问题而达成的一项重要协议。协议的达成在一定程度上缓解了双方的紧张局势,避免了可能的大规模战争,使濒临破裂的孙刘联盟暂时稳固下来,三足鼎立的局面得以存续。对于刘备而言,他通过让出部分荆州领土,稳固了与孙权的联盟关系,有利于他集中力量应对北方的曹操。而孙权则通过此次划界获得了更多的领土和战略资源,增强了自身的实力。

第三节　关羽镇荆州与白衣渡江

应该说,湘水划界后,孙、刘两家关于刘备"借荆州"借而不还的历史遗留问题就解决了。但湘水划界并没有从根本上解决刘备、孙权双方的矛盾。孙权眼见刘备势力日益壮大,更担心其日后会成为阻碍东吴发展的绊脚石,于是重新开始谋划如何夺取荆州这一战略要地。

一、关羽镇荆州

建安十五年(210年),关羽(图3-1)被任命为襄阳太守及荡寇将军之职,负责荆州北部沿江区域的安全防御工作。建安十九年(214年),刘备对关羽委以重任,任命其为荆州都督,全面负责荆州的军事及行政事务。建安二十四年(219年),关羽率领军队北伐樊城。

图 3-1　宋代红陶关公塑像(荆州博物馆藏)

在关羽筹划北征之际，他采取了周密的部署措施。一方面，为了确保荆州的稳固与安全，他将留守重任托付给了刘备糜夫人的兄长、时任南郡太守的糜芳，并为其配备了充足的军事力量，以确保后方稳固无虞。另一方面，关羽在军事行动上同样展现出深思熟虑的策略，他任命廖化为先锋，关平为副将，两者协同作战，采取水陆并进的方式，对樊城实施合围战术。

曹操闻悉关羽北上进攻樊城后，心急如焚，派遣左将军于禁与立义将军庞德，统率七军共计三万余人，驻扎于樊城以北，与曹仁形成战略呼应。关羽充分利用天时地利优势，对曹军发起凌厉攻势，斩获颇丰，威名远播，震撼中原。关羽擒于禁、斩庞德、水淹七军的消息不胫而走，许昌以南的诸多地方势力纷纷归顺于关羽麾下。

二、白衣渡江

建安二十四年（219年），东吴大将吕蒙趁关羽与樊城守将曹仁对峙之际，趁机偷袭荆州。吕蒙将精锐兵力隐蔽于船舱之内，让甲板上摇橹的士兵身着白色衣裤，伪装成商人模样，沿江西行。吴军逐一拔除沿途的烟墩守军，切断沿途据点与荆州的联络。与此同时，他派遣使者前往公安，对守将傅士仁进行劝降，成功策反后，又利用傅士仁的影响力，派遣其前往荆州城，游说南郡太守糜芳归降了吴军。吴军船队逆江而上直抵荆州城下，兵不血刃地占领了荆州城。

关羽听说荆州城失守，迅速从樊城撤军南还，意欲夺回荆州。然而，关羽率兵抵达荆州城外，并没有发动攻城战，而是留下一句"此城吾所筑，不可攻也"，就带兵撤退了。关于关羽说的那句"此城吾所筑，不可攻也"，可以有两种理解：其一，是说荆州城是我亲手所建，我知道它太坚固了，是不可强行攻占的；其二，荆州城是我亲手所建，从情感而言，我不愿意发动军事行动看到这座城市被毁灭。

吕蒙占领荆州后，采取分化瓦解的策略，善待关羽将士留在荆州城中的家属，导致关羽军队士气低落，无心恋战，逐渐离散。关羽撤离荆州后，驻扎在麦城（今湖北当阳两河）。此时，关羽手下士兵多因家属被东吴控制而失去斗志。关羽向远在成都的刘备求救，但因路途遥远，救兵无法及时到达。关羽在麦城坚守一段时间后，决定突围。他率少数亲信从小路突围，结果遭到东吴将领朱然、潘璋等人的埋伏而被擒。孙权在试图劝降关羽无果后，最终将其杀害。

章武元年（221年），刘备为收复荆州之地，为关羽报仇雪恨，亲自统率大军东进，深入吴地五六百里之遥，其势锐不可当。面对此景，东吴大将陆逊采取了以逸待劳的策略，静待时机。次年，双方于猇亭（今湖北宜昌东南部）展开决战。吴军巧妙地运用了火攻之术，大败蜀军，迫使刘备率军撤回白帝城（今重庆奉节东北部）。此役之后，三国鼎立的局势最终得以稳固。

第四章　荆州古城文化

在荆州中心城区，有四座古城前后相接，共同构建起荆州长达5000年的建城史。这四座古城是阴湘城、纪南城、郢城、荆州城。阴湘城始建于距今约5000年的屈家岭文化早期，沿用到西周时期。进入东周后，自楚文王"始都郢"，楚人以纪南城为首都长达411年，直到公元前278年被秦国攻占。纪南城在战火中被毁后，秦国又新建郢城，作为南郡治所和江陵县治所，直到东汉末年被废弃。关羽新筑荆州城，是郢城被废弃的直接原因。荆州城始建于东汉末年，直至今天，仍巍然屹立于长江之滨。阴湘城、纪南城、郢城、荆州城共同构建起荆州城市发展史的完整序列。

第一节　早期聚落阴湘城

早在新石器时代，荆州就出现了大型城池。阴湘城位于荆州古城西北25千米处，是一处新石器时代遗址，现存城址面积约20万平方米，发现有城门和道路遗迹，叠压着大溪文化、屈家岭文化和石家河文化三种新石器时代的文化遗存，在商周时期仍被沿用。阴湘城系全国重点文物保护单位。

阴湘城古城遗址位于荆州市荆州区马山镇阴湘城村，东南距荆州城约25千米，南距马山镇约4000米，南面约500米为荆江大堤。这里地处长江支流沮漳河下游地区，是岗地与河流、湖泊交错地带，遗址的北面和西北面就是菱角湖的湖汊余家湖。

一、建城与使用年代

据清代《江陵县志》卷二十三记载："阴湘城在县西北四十里，垣址宛然，不知建于何代，冈阜方平，土人以城名之。"通过考古发掘的深入研究，已证实阴湘城实为新石器时代的重要遗址。早在大溪文化晚期，这里已发展成为规模宏大的聚落，而到了距今约5000年的屈家岭文化时期，这里就出现了早期的城邑。

阴湘城的东面、南面与西面城垣保存状况良好，北面城垣被湖水冲毁。其东西长约580米、南北残宽约350米，面积约20万平方米。围绕城垣之外，有一条宽约45米的护城河，现存深度为1~2米。在南面城垣偏东的位置，有一处明显突出于城垣之外的土台，东西长约50米，南北宽约10米，很可能是南城门所在之处。（图4-1）

阴湘城城内的文化层堆积极为丰富，涵盖了多个历史时期的文化层，包括大溪文化层、屈家岭文化层、石家河文化层以及西周文化层。在东、西城垣内侧，发现了属于大溪

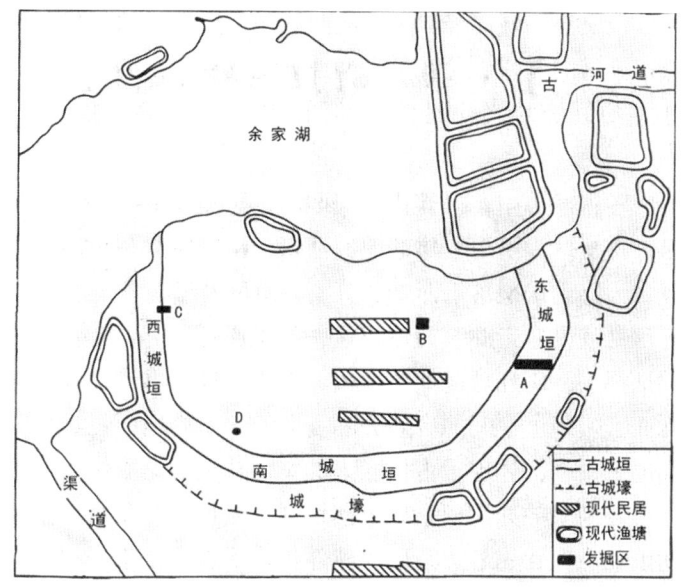

图 4-1　阴湘城遗址平面示意图

文化时期的壕沟遗迹。这一发现说明早在大溪文化的早、中期阶段，就已有人类在古河道的东、西两侧定居生活。大溪文化晚期，古河道逐渐成为两个环壕聚落的自然分界线，形成了东、西两个相对独立的聚落区域。到了屈家岭文化时期，这两个环壕聚落被进一步整合为一个整体，构建出一座功能完备的古城，集居住、祭祀、生产、丧葬等多种功能于一体，成为当时社会的一个中心聚落。

阴湘城使用年代久远，是长江中游生命力最持久的古城。阴湘城第一期城垣始建于屈家岭文化早期，年代约在公元前3000—前2400年，距今已有约5000年。阴湘城一直沿用到石家河文化和西周时期。第二期城垣筑于西周时期，是在第一期城垣的基础上加高加宽而成。阴湘城在西周以后才逐渐被废弃，其使用时间约有2500年。

阴湘城采用了当时先进的筑城技术。第一期城墙采用堆筑法夯筑城墙。在古代，人们在修建房屋的墙体或地基时，通常使用木杵或石锤等工具，将土一层层砸实，以增强土的承载能力和稳定性，这种方法称为"夯筑"。第二期城墙采用版筑法进行修整。所谓版筑，是用两块木板（版）相夹筑墙体的一种方法。两板之间的宽度等于墙的厚度，板外用木柱支撑住，然后在两板之间填满泥土，用木杵将土地捣紧，拆去木板支柱后，即成一堵墙。

在阴湘城城墙的构筑过程中，选用了优质的黏土材料，通过逐层堆筑与加固的方式，确保城墙的稳固性。为了进一步防止滑坡等潜在风险，城墙表面还采用了黏性更高的土壤进行加固处理，从而形成了既坚硬又光滑的墙体结构。

二、遗迹与文物

阴湘城文化遗迹极为丰富，实属罕见。其前后经过5次考古发掘，清理出新石器时代大溪文化、屈家岭文化、石家河文化等各个时期的遗迹，包括灰坑、房屋基址、陶窑、瓮棺墓葬、大型祭坛以及壕沟、城墙等，为了解阴湘城古城遗址的年代、功能、布局以及当时的聚落形态提供了丰富的资料。尤其是大型祭坛的发现，在荆州的新石器时代文化遗址中还是首例，对于研究屈家岭文化时期人类的宗教思想、祭祀仪式以及相关活动弥足珍贵。

在阴湘城遗址的考古发掘中，揭露出13座房屋遗迹。其中，编号为F10的房址为大型分间式房屋建筑。该房址为平地起建的地面建筑，由一座大型主房、两座小型辅房以及一条走廊共同组成。大型主房坐落于西端，其室内空间宽敞；两座小型辅房则分别位于大型主房的东端，各房之间设有走廊、门道相连，便于通行。

在建筑材料的选择上，阴湘城遗址房屋墙体采用红烧土堆砌而成，这种工艺不仅增强了墙体的稳固性，而且实现了空间的有效分隔。此外，室内地面经过了精细的火烤与打磨处理，展现出极高的平整度，体现了古代匠人的精湛技艺与对居住环境的精心营造。

在阴湘城遗址中发现了一处大型祭坛。祭坛位于城址东北角，用红烧土堆筑而成，平面呈圆形，直径9.1米、高0.6米。祭坛的顶部相对平坦，便于祭祀活动的举行。在祭坛的周围发现了数个圆形和长方形土坑，可能是当时举行祭祀活动后留下的遗迹。

阴湘城遗址还出土了一批极为珍贵的文物，除了大量的陶器和石器外，还出土了一批竹木漆器、骨器和动植物标本。出土的漆木簪、漆木箭杆、漆木钺柄在江汉地区是首次发现。漆木钺柄在安装石钺之处掏挖出凹榫，全长59.5厘米、宽6.5厘米、厚0.8厘米；柄身两侧的图案大致相仿，以褐漆为基底，有的部位还刻镂有几何形图案，未刻图案的部分则覆盖了一层黑漆。漆木钺柄的握持部位，涂饰以鲜艳的红漆。彩绘漆木钺柄，是长江中游地区迄今所发现的最早的漆木器，具有极其重要的历史与文化价值。

阴湘城遗址中发现的一个玩具木陀螺，保存完好，色泽如新，是目前我国发现的最早的木陀螺。

总而言之，阴湘城古城遗址对于深入研究江汉平原地区新石器时代的经济、社会、文化以及聚落的演变、环境的变迁等方面，具有不可替代的重要价值。

第二节　楚国故都纪南城

纪南城是春秋战国时期楚国国都郢都的所在地。楚国以纪南城为都城，在长达400余年时间中，由蕞尔小国，到饮马黄沙、问鼎中原，成功跻身"战国七雄"之列，不仅成就了辉煌的霸业，而且创造了可与古希腊文化相媲美的灿烂文明。纪南城遗址被列入全国重点文物保护单位和全国100处大遗址保护项目，是国家大遗址核心保护示范单位。

楚都纪南城虽然历经2000多年的风霜雨雪，但城垣至今仍然保持着较为完整的基本形态，是目前发现的我国南方地区面积最大、古城垣保存状况最为完好的楚国都城遗址。在以纪南城为中心方圆数十千米的地下，至今仍然保存着数不清的楚人生活遗存和墓冢，堪称楚国文物的地下宝库。

一、建城历史

公元前689年,楚文王"始都郢",即在荆州纪南城建立楚国的国都。此后,在长达400余年的时间里,楚国共有20位君王在此建都。

楚文王在荆州立都之初,"城郭未固",并没有修建城垣。这一方面是因为国都初立,楚国尚无实力建造城垣;另一方面是因为当时的郢都僻居南土,并无来自敌国对国都的直接威胁。直到春秋中期,楚人才开始为纪南城建造城垣。公元前613年,楚庄王在位时,庄王的太傅斗克和公子燮趁令尹子孔出兵攻打群舒之时,在郢都挟持年幼的庄王发动叛乱。因为担心令尹子孔回兵救援,斗克命人在纪南城建造土城垣,以为屏障。由于斗克发动叛乱的时间较短,并无充裕的时间修筑城垣,因此,斗克所修筑的最多只能算是临时性的军事设施,而不可能是一座完整的城垣。

楚国在纪南城的大规模城垣建设始于春秋晚期。在这一时期,吴国采取消耗楚军的战术,频繁侵扰楚国边境。为了预防吴军对纪南城的攻击,楚平王命令令尹囊瓦大规模筑城。这次筑城活动确立了纪南城的基本布局。考古学家对纪南城西垣北门遗址和南垣水门遗址进行了详细的勘探和发掘工作。出土的文物和资料表明,这两处城门的建造时间可追溯至春秋晚期,这与楚平王时期大规模修筑纪南城的历史记载完全一致。

公元前506年,吴国的军队占领了纪南城。吴军进入纪南城后,对这座楚人苦心经营的城市造成了极大的破坏。楚昭王复国后,不得不暂时将鄀(今湖北宜城东南)作为临时国都,直到数年后,纪南城的损毁得到修复,楚昭王才得以迁回纪南城。

战国前期,楚国对纪南城实施了一次大规模的扩建和修缮。公元前382年,楚悼王任命吴起为令尹,负责推行一系列改革措施,史称"吴起变法"。吴起着手修复纪南城,目的是提升纪南城的军事防御能力。吴起筑城提高了墙体的坚固程度,增强了纪南城的综合防御实力。

公元前278年,纪南城遭到了秦国将领白起的攻占。秦军对这座当时中国南方最大的都市进行了毁灭性的破坏,将地面上的所有建筑夷为灰烬,仅留下了断壁残垣和被火焚毁的废墟。

自公元前689年楚文王定都纪南城起,至公元前278年白起攻克纪南城止,楚人以纪南城作为首都,历时长达400余年。在这段历史时期内,纪南城不仅是楚国的政治、经济和文化中心,而且是当时中国南方最为繁华的都市。正是在这一时期,楚国通过吞并周边众多诸侯国,将其势力范围扩展至顶峰,疆土北至黄河,东临大海,西抵云贵,南达岭南,成了一个幅员辽阔的强国。

二、选址特点

纪南城坐落于纪山之南,毗邻长江之滨,其地势呈现自西北向东南的轻微倾斜趋势,直至抵达城东南的凤凰山区域时,地势显著抬升(图4-2)。这一地理环境的选定,系基于

第四章 荆州古城文化

图 4-2　纪南城、郢城、荆州城位置示意图

多方面的周密考量。

1. 城址凭恃险要之地

郑樵在《通志》中说："建邦设都，皆凭险阻。山川者，天之险也；城池者，人之阻也。城池必依山川以为固。"纪南城北靠纪山，南临长江，东、西两面皆为湖泊、丘陵相间地带，共同构成了抵御外敌侵袭的坚固防线。纪南城城址地势较高，不必担心长江洪水带来的威胁。

2. 城垣依地势而建

纪南城东、西、北三面的城垣均为直线，唯南城垣例外。在南城垣的东段呈 U 形向外凸出，这一独特形制是根据地势特点，出于便于筑城和军事防御的目的而采取的变通处理。在纪南城的东南部有一处名为凤凰山的高地，将南城垣向外凸出，正是为了将这一高地纳入城内，使之成为城内军事防御的一处绝佳的制高点。

3. 交通四通八达

从纪南城走水路，逾江而南，可经洞庭湖、溯湘水至苍梧，溯江而上可通巴蜀，沿江而下可达吴越。纪南城北有荆襄古道，可直抵中原；东有汉水及云梦大泽，水系相通，交通运输条件极为便利。

三、形制与规模

纪南城(图4-3)以其独特的构造和宏伟的规模,彰显了春秋战国时期楚国都城的辉煌与繁荣,是楚人城邑建筑的巅峰之作。

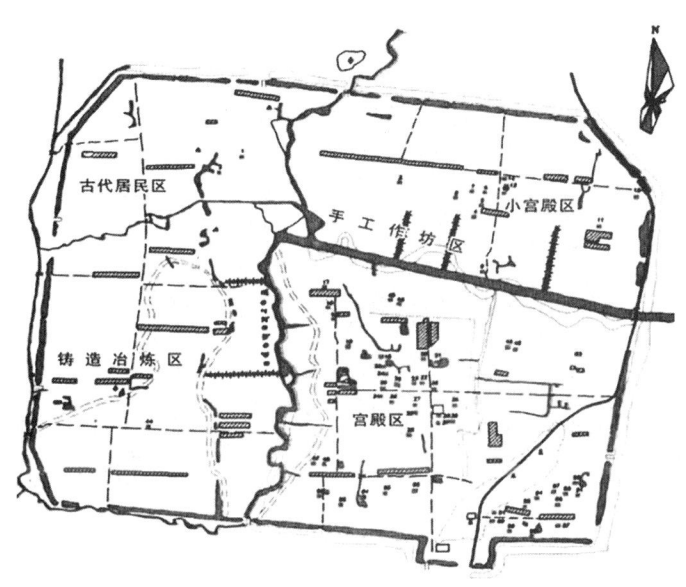

图4-3　纪南城平面图

1. 城垣

纪南城的城墙由泥土夯实而成,呈现出长方形的环状布局。其东西长约4500米,南北宽约3500米,总周长达到约16000米,总面积约为16平方千米。城垣由墙身、内护坡和外护坡三个部分组成。

在纪南城城垣四周转角处,除了东南角保持直角外,东北角、西北角和西南角均被设计成略带弧度的切角。在城垣交汇处采用切角设计,有两方面的考虑:首先,切角设计能够有效消除城垣交汇点可能产生的视野盲区,确保守城的士兵在监视城外敌情时,能够全方位无死角地掌握敌情动态,从而提升防御效率;其次,切角结构巧妙地增强了弓弩等远射武器的作战效能,使其能在更宽广的范围内发挥最大威力,从而加强了城防的远程打击能力。

2. 城门

纪南城每边城垣上设2座城门,共有8座城门,其中陆门5座,水门3座。

纪南城的城门布局十分规整,普遍采用一门三门道的结构(图4-4)。考古发掘揭示,东垣南门的总宽度大约为52.5米,其规整的形制和庞大的体量彰显了宏伟的规模。整个城门由门垛分隔为三个门道。中间的门道为车行道,宽度最大,约16.5米;而两侧的门道则为人行道,相对较窄,仅有4.7米宽。一门三门道的设计实现了人车分流,各行其道,既有利于通行,又增强了城门的防御能力。

图4-4 城门设计意向图(取自《湖北荆州海子湖生态文化旅游区总体规划》)

纪南城的3座水门分别坐落于北城垣、西城垣和南城垣上,建在古河道的入城口。南垣水门利用木柱划分成3个等宽的门道。依据考古资料对南垣水门进行的复原显示,水门建筑共有三层结构:底层作为桥梁,服务于城内的交通运输;中层专为军事防御设计,负责管理船只的进出并提供保护;顶层则是城楼,既用于瞭望,也是守城士兵的驻扎地。

3. 护城河

纪南城的城垣外围被护城河环绕,绕城一周。城垣与护城河是相互依存的整体,一方面,筑城对土方的需求,促成了护城河的开挖;另一方面,护城河的水域又为城垣增加了一道军事防御,与城垣共同构筑起外池内城的防御体系。

护城河与城垣的走向保持一致,两者之间的距离在10~80米。根据地形的高低起伏不同,护城河的宽度也有所不同:地势较低的区域河面宽度约为40米,而在地势较高的地方,河面宽度则缩减至10~20米。

护城河通过水门与城内的河道相连,同时与城外的河湖相通,进而连通长江,构成了一个完整的城市水系。这样的设计不仅便于船只的通行,而且具备了排水和调蓄的功能,同时促进了水源的交换,有效改善了城内的水质。

4. 烽火台

纪南城的东、西、北三面城墙均为直线,唯独南城垣东段呈现出独特的U形外凸。这种设计是基于地形特点的考量,是为了便于筑城和加强军事防御而采取的灵活策略。在纪南城的东南隅,有一处名为凤凰山的高地。南城墙的外凸设计正是为了将这片高地囊括在城内,使其成为城内军事防御体系中一个绝佳的制高点。

纪南城南城垣U形外凸处现存一座烽火台遗址(图4-5),其高度超出周围城垣3~5米。这座烽火台是纪南城的重要军事设施,既能够提供高处视野,用于监视敌情,又可用于点燃烽火,以传递军事信息。

图4-5 烽火台遗址(金陵 摄)

四、功能分区

1. 王宫区

王宫区位于纪南城中部偏东南的位置,是楚王的办公和居住场所,包括朝堂、寝宫和宗庙等重要功能区。朝堂是楚王办公之所,是国家的政治中心。寝宫包括王寝和后寝,是楚王和后妃生活起居的地方。除此之外,宫殿区还是祭祀先祖的宗庙所在地。

王宫区被土城垣环绕,古代称之为"宫城"或"内城",以确保王宫区域的安全。宫城城垣呈南北向长方形,南北长906米,东西宽802米,占地面积约72.6万平方米,这与北京故宫的占地面积大致相等。

在宫城内,环绕宫城的城垣挖掘了一条环形的护城河。宫城内的护城河与宫城共同形成了外城、内河的双重防御体系。若将纪南城的城垣、护城河,以及城内的河流一并计算在内,从外围至楚王居住的核心区共有五重防御线,严密地守护着楚王的安全。

在宫殿区遗址上,密集地分布着夯土台基。已经探明的夯土台基有61座,其中有一组呈正南北向排列的台基,形成一条主轴线。这条主轴线并不居于宫城区中部,而是居于宫城区东部。这一安排下,在王宫区的遗址上,分布着密集的夯土台基。迄今为止,已发现的夯土台基数达到61座,其中包括一组整齐排列的台基,它们沿着南北方向形成了一条主要的轴线。值得注意的是,这条轴线并未位于宫城区的中心,而是偏向东部。这种布局可能与地势有关,也可能与楚人尚东的礼俗有关。

从夯土台基的数量与分布来看,当年楚王宫的布局严谨,规模宏大,排列有序。错落有致的建筑群,矗立于层层叠起的高台之上,形成层台累榭的楚国宫殿建筑特色。

楚王宫的总体布局大体遵循了周礼所规定的"三朝三门""左祖右社""面朝后市"以及"宫城对称"等原则,这些设计元素在纪南城宫城的规划中得到了充分体现。

楚王的宫殿由外向内设有三重门,分别是宫门、茅门和寝门。其中,茅门之内被视为禁地。依据楚国的"茅门之法",所有朝臣及王室成员在前往宫中拜见楚王时,必须在茅门外停车。若马匹的前蹄踏入茅门外的散水区域,将依法斩断车辕,并对车夫执行死刑。

"三门"之内是"三朝"。穿过宫门,便进入外朝。外朝是国人集会的地方,在国家面临重大变故的特殊时期,国王会在此召集民众进行商议,而在平时,这里几乎不举办任何活动。穿过茅门,便来到了治朝。治朝位于王宫区的中心位置,也称"正朝",这里是中央政府的最高机构,国王和群臣在此处理日常政务。再往内,穿过寝门,便进入了燕朝。燕朝是国王与宗族成员讨论宗族事务的场所。

王宫遵循"前朝后寝"的原则布局。前朝是国王处理朝政、举办重大仪式的场所,因其坐落于整个建筑群的前端,故称"前朝"。后寝,则是国王、后妃及其子女日常生活的区域,位于建筑群的后端,因此被称为"后寝"。

2. 贵族居住区

考古资料显示,在纪南城东北部和东南部地区分布着众多密集的夯土台基,这些区域是贵族的居住地。在这些区域内,已经发现了15座夯土台基,它们是楚国贵族府邸建筑群的一部分。

关于楚国王公贵族的居所,至今仍能通过文学作品和历史文献窥见其风貌。《楚辞·招魂》中记载:"高堂邃宇,槛层轩兮。层台累榭,临高山兮。网户朱缀,刻方连兮。冬有突厦,夏室寒兮。川谷径复,流潺湲兮。"这些贵族居所不仅建筑高耸,轩敞明亮,装饰华丽,而且在选址和环境布局上也颇具匠心,展现了卓越的建筑艺术。

3. 平民居住区

纪南城内的平民居住区分为两个部分:其一位于纪南城的西北角,朱河以西;其二靠近东城垣,位于龙桥河以南。在平民居住区内,未发现任何台基遗迹,这表明平民的住宅极其简朴,无须夯筑坚固的台基。

大量平民并不居住在纪南城内,而是居住在城外。在纪南城郊外的考古发掘中,发现了众多水井,总数超过一千口。据估算,这些水井在当时足以供应20万~30万人的生活用水。

4. 手工作坊区

纪南城的手工业主要集中在纺织与刺绣、竹木器制作与髹漆、青铜铸造、玉器雕琢等行业。考古人员在纪南城西北部的陈家台发现了两座铸炉。从炼炉遗迹以及与铸造相关的遗物来看，这里应是当时的一处铸造作坊遗址。

5. 商业区

春秋时期，纪南城内设有"郢市"，也就是今天所说的商业区。楚庄王时改革币制，以大币替换通行的小币，导致市场萧条。孙叔敖向楚庄王谏言恢复大币，"孙叔敖一言，郢市复"（《史记·循吏列传》）。这里所说的"郢市"，就是楚国官方管理的市场。战国时期，楚国郢市异常繁荣。汉桓谭《新论》说，"楚之郢都，车毂击，民肩摩，市路相排突，号为朝衣新而暮衣弊也"，生动地描绘了郢市的繁荣景象。

据文献记载，郢市中按货物类别分出不同的"列肆"，也可称为"专用品市场"，如有出售蒲席的"蒲胥之市"、出售咸鱼的"枯鱼之肆"（《庄子·外物》），还有"屠羊之肆"（《庄子·让王》）、"卖浆"之家（《庄子·则阳》）等。

郢市的确切位置，依据文献资料和考古发现，应位于王宫宫城的北侧以及龙桥河的南侧。从文献资料看，《周礼·考工记》中有"面朝后市"之说，其中"后市"指的是王宫的后方。从考古资料看，宫城北侧至龙桥河南侧的区域发现了丰富的文化遗迹，包括水井、陶器制作工坊、排水系统等，这些证据表明该区域曾是人口密集的活动中心。

第三节　秦汉郡治郢城

郢城遗址是我国长江中游一处重要的秦汉时期古城遗址，西北距纪南城约3千米，东南距荆州城约2千米，其地理位置介于纪南城与荆州城之间。郢城前承纪南城，后启荆州城，是荆州城市发展史上的重要一环。

城内较好地保存了城垣、道路、建筑台基、城市水系等遗迹，城外密集分布着秦汉时期的墓葬和遗迹，为研究秦汉时期长江中游的政治、经济、文化、军事等提供了重要依据。1956年11月，被湖北省人民政府公布为第一批省级文物保护单位。2013年5月，被国务院公布为第七批全国重点文物保护单位。

一、建城历史

郢城的兴建与楚国郢都纪南城的圮废有着直接的关系。如前所述，纪南城是春秋战国时期楚国的国都，也称为"郢都"。在长达400余年的时间里，楚国共有20代君王在此建都。

战国中期，秦楚两国兵争不息。公元前278年，秦国大将白起攻占纪南城，史称"白起拔郢"。白起拔郢在历史上成为楚国由盛转衰的标志性事件。

秦国在攻占纪南城之后,将其周边地区也纳入其政治版图。自此,秦国设立南郡(图4-6),任命太守,对这一地区实行有效的管治。

图 4-6 《史记·秦本纪》关于秦国始设南郡的记载

因纪南城在战争中损毁严重,秦国新建郢城作为南郡治所,并加筑城垣,以防楚人反攻。郢城城垣的始建时间与建成时间,历史上无明确记载。据相关历史资料和考古材料推测,其始建时间应在战国时期白起拔郢(前278年)之后的几年内。

郢城在东汉末年被废弃。郢城的废弃与荆州城的兴建有着密切的关联。汉献帝建安十六年(211年),刘备委派诸葛亮和关羽留守郢城,自己带领军队进入四川地区以平定蜀地。到了建安十九年(214年),诸葛亮也前往蜀地,留下关羽独镇郢城。关羽在负责守卫郢城的时期,在郢城的东南新筑了一座比郢城更大的土城,这就是最早的荆州城。

新的荆州城建成之后,开始承担更为重要的军事防御职责。与此同时,郢城的军事重要性逐渐减弱,这成为郢城最终被废弃的关键原因。

关于关羽始建荆州城的确切时间,历史文献并未明确记载。据推测,这一事件可能发生在关羽独自镇守荆州时期。建安十九年(214年),关羽被任命为荆州都督,掌管荆州的军事和政务。建安二十四年(219年),东吴将领吕蒙利用关羽北伐樊城的时机,对荆州发动了突袭。关羽回防不及，最终被东吴军队俘获并杀害。因此，关羽建立荆州城的时间应当是在建安十九年(214 年)至建安二十四年(219 年)之间。基于这一推断，郢城被废弃的时间应该是在建安二十四年(219 年)之后。郢城从始建到最终被废弃，使用时间持续了 500 年左右。

二、建制沿革

秦国设立南郡，以郢城作为行政中心，换句话说，郢城是南郡的首府。秦朝时期的南郡下辖 18 个县，其管辖的地理范围大致是：北以汉水与南阳郡分界，东以浙岭(在今江西婺源)与九江郡分界，南以洞庭湖与长沙郡分界，西北以武关(在今陕西丹凤)与汉中郡分界，西南以武陵山脉与黔中郡分界。

秦始皇统一六国后，六国的势力仍旧存在，天下人心不稳。因此，秦始皇巡视各地，震慑四方。公元前 219 年，秦始皇东巡至东海，返程途中向西南渡过淮水，抵达衡山郡郡治(今湖北黄冈邾城遗址)；再溯江而上，直至洞庭湖，在湘山(君山)遭遇大风暴。当秦始皇听随行的博士说，洞庭湖的风浪是由于湘君神所致，大为恼怒，下令三千名刑徒将湘山的树木砍伐一空。随后，他继续沿江西上，抵达南郡郡治郢城，稍作停留后，便北上返回咸阳。

汉代沿袭秦制，仍置南郡，其管辖的地理范围与秦朝大体相同。

在秦始皇巡视郢城一个多世纪后，汉武帝"巡察后土，以祈丰年"，也踏上了前往郢城的巡幸之旅。公元前 106 年冬季，汉武帝自长安启程南下巡视，直达南郡郢城，接着沿江东行。

秦汉时期，郢城三度被封为临江国。

第一次封国发生在秦末汉兴之际。公元前 206 年，项羽灭秦后，因楚国贵族后代共敖在反秦复楚的战争中攻取秦南郡有功，封其为临江王，封地为郢城，领地为故秦南郡、苍梧、黔中三郡，包括今湖北大部、湖南和贵州东部。

第二次封国发生在西汉景帝在位年间。刘阏于在景帝前元二年(前 155 年)以皇子的身份受封为临江王，封地为郢城，领地仅为南郡。刘阏于在位三年去世，因为没有后代继承王位，临江王国被废除，改置临江郡。

第三次封国也发生在西汉景帝在位年间。刘阏于去世后，汉景帝将废太子刘荣封为临江王，封地在郢城。景帝七年(前 150 年)正月，汉景帝宠妃栗姬失宠，刘荣为栗姬所生，亦被废。其后，汉武帝封王美人为皇后，立胶东王刘彻为太子。刘彻即历史上有名的汉武帝。

三、形制与规模

自 2016 年以来，经过对郢城遗址的全面勘探调查和有序考古发掘，已基本探明郢城遗址城垣堆积、水城门与陆城门分布、水系与道路走向、建筑台基分布，以及城内功能分区等基本情况,为郢城遗址的科学保护与合理利用提供了考古学的有力支持。

1. 城垣与城门

郢城城垣的始建时间与建成时间大致可定在战国晚期。郢城城垣基本保护完整,城垣为夯土结构,周长约 5500 米,面积约 191 万平方米。经勘探、计算,城垣的原始高度、面宽约为 6 米。目前已对东城垣进行局部考古勘探。东城垣整体为黏土夯筑,夯层厚 5~25 厘米,夯窝明显,直径为 6~8 厘米。

在郢城东南角、东北角、西北角的城垣上,均有圆形台基。台基高于周边城垣 1.5~2 米。这三处台基应属于建于城垣之上供瞭望观察敌情的角楼的台基。西南角遭破坏,情况不明。

郢城共设 4 座城门(图 4-7)。东城门为主城门,建于东城垣中段,通过横跨护城河的木构桥梁连接城内外道路。南城垣设有陆城门和水城门各 1 座,陆城门建于南城垣东段,水城门建于南城垣中段。北城垣中段设水城门 1 座。北城垣水城门与南城垣水城门相对,连通护城河和城内南北向河流。西城垣上暂未发现城门遗迹。

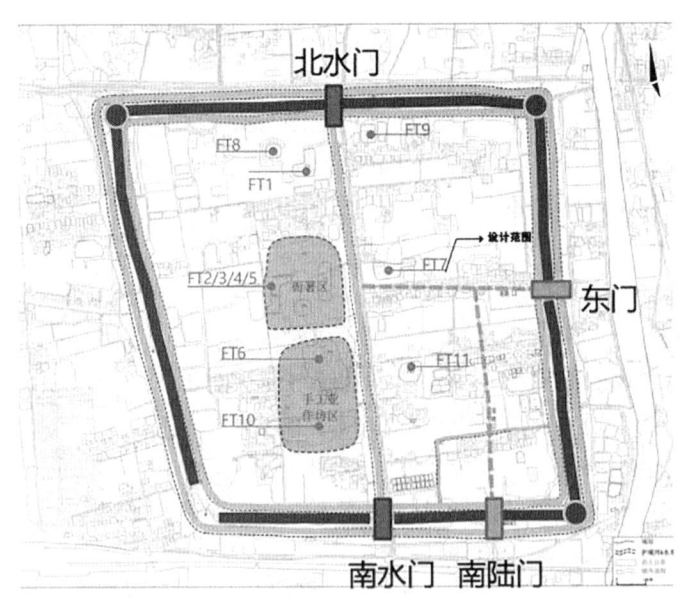

图 4-7 郢城遗址城门分布图

目前已发掘东城门。郢城东门遗址位于东城垣中段,较好地保存了护城河河道、木构桥梁、夯筑城垣、门道等遗迹。考古发掘揭示出的东城门为单门道,宽度约 4.8 米,进深约 14 米,门道上车辙和马蹄痕迹依稀可见。在东城门南侧发现柱础石和排水沟。柱础石的发现,说明东城门上原建有城楼。排水沟内的排水管用筒瓦相扣而成,其作用是将城门之上的雨水通过陶水管排至城垣护坡下。

郢城的北城垣仅设有水门,未设陆门,这与汉景帝之子刘荣有着密切关联。汉景帝中元二年（前 148 年），临江王刘荣因被指控在郢城非法占用宗庙旁的空地建造宫室，被召回长安。在刘荣启程前，他在郢城北门与送行的民众告别，并举行了祭祀路神的仪式。当刘荣登上马车准备出发时，车轴突然断裂。目睹这一幕的郢城父老感叹道："我们的国王不会再回来了。"自那以后，郢城北门便不再开启。考古学家在对郢城城垣进行勘探时，仅在北城垣发现了一座水门，而未发现陆城门。这可能是因为"临江折轴"事件后，北城门被永久封闭。

2. 护城河与城内水系

郢城水系丰富，较好地解决了城市防御、水路运输以及居民用水等诸多方面的问题。在城垣外侧有环城护城河，在城垣内侧有环城内环濠，与城垣共同构成水、陆立体防卫体系。在郢城内正中有一条南北向河流穿过全城，与南、北内环濠连通，分别经南水门和北水门流出城外。此外，在城南东南部，有一条呈曲尺形的河流，其东、南河口分别与东、南内环濠连通。据考古勘探分析，城内水系在历史上应与郢城南侧的荆襄河和北侧海子湖的自然水系保持连通关系。

3. 木构桥梁

在护城河和城内河流上发现了 3 处木桥遗迹。在郢城东门外的护城河上，考古发掘揭示出一座秦汉时期的木构桥梁遗存。桥梁正对东门门道，东西跨度 2.9 米，南北宽度 9.1 米。在护城河两侧，共发现有 70 余根排列整齐的桥桩；在桥桩与河岸之间，横向嵌有保护河岸的木挡板。这是我国目前发现的最早的木构桥梁之一，对研究中国桥梁史与城市水利设施系统具有重要价值。

在郢城内两条水系交汇处发现两座秦汉木构桥梁。一座位于南北向河流上，另一座位于东西向河流上。位于南北向河流上的木桥东西跨度 2.7 米，南北宽度 13.1 米，残存桥桩 102 根。位于东西向河流中的木桥遗迹南北跨度 2.8 米，东西宽度约 20 米，残存桥桩 113 根。这两座木桥在河流两侧均有护岸挡板，保存较好。

在郢城南北向河流与南内濠交会处发现的木构遗迹，总长 45.32 米，保存较好（图 4-8）。木构遗迹分为南北两段，南段长 33.05 米，分别由底板、墙板、盖板组成；北段长 12.27 米，分别由底板、立柱、挡板、盖板组成，仅存少量盖板。初步推测，此处木构遗迹为秦汉时期木构桥梁及排水系统。它的发现，对研究中国桥梁史与城市水利设施系统具有重要价值。

4. 建筑基址

目前已发现城内建筑基址（台基）12 处。台基有正方形、长方形、圆形、椭圆形、曲尺形等多种形制，面积最大的有 18255 平方米，最小的有 83 平方米。从台基分布来看，大型建筑台基密集分布在城址中部，位于南北向河流西侧，为圆形台基，且有壕沟环绕。这些台基，可能是衙署之类的建筑遗存。在城内南部发现有较大面积的红烧土，局部堆积厚达 1 米，这些区域可能为作坊区；城址北部建筑台基较小，有可能是居民区。

图 4-8　郢城南城垣木构遗迹全景（西北—东南）

第四节　雄州重镇荆州城

荆州古城始建于东汉末年，是我国延续时代最长、跨越朝代最多的古城，其城垣以砖墙为主、土墙为辅，被誉为"我国南方不可多得的完璧"。1982 年，被国务院公布为首批 24 座国家级历史文化名城。

一、城池嬗变

荆州城的所在地，在春秋时期是长江边的一个小洲渚。楚成王在此建立了名为"渚宫"的行宫，后来的诗人使用"渚宫"来指代荆州城。到了战国时期，这个小洲渚已经淤积成陆地。楚国在此建立了官船码头，并设置了船官来管理官船的停泊事务。在荆州城内西北角的北湖中，曾发掘出战国时期的陶豆残片，证实了这里曾是"楚船官地"的历史。

荆州城最初是采用夯土技术构筑的土城墙；到了五代时期，城墙被改建为砖砌结构。随后，在南宋、明代和清代的不断发展中，城墙逐渐演变成以砖墙为主、土墙为辅的独特结构。这座古城墙至今已历经 1800 余年的沧桑，尽管历史上多次遭受战火和洪水的破坏，但它却屡毁屡建，世代相传，至今依然巍然耸立于大地之上。

1. 东汉末年创筑土城

荆州城始建于东汉末年关羽镇守荆州期间。建安十九年（214 年），诸葛亮受刘备之命入蜀后，关羽在南郡治所郢城西南修筑了一座新的土城垣，这便是荆州城的雏形。

1997 年，考古工作者对荆州古城南垣东端进行了一次考古发掘，"发掘出的三国土城,已埋入地下三米多深,虽崭露头角,但顶部宽度仍达十余米,可见三国城墙之高大"①。在此次发掘出土的文物中,发现有12只青瓷碗和1只青瓷钵,其时代为东汉末至三国时期。这些证据都表明,荆州城的修筑时间可到关羽所处的年代。

2. 东晋时期大营楼橹

东晋永和八年(352年),荆州刺史桓温从武昌还镇江陵。为了巩固其在荆州的势力,桓温对关羽所筑荆州土城垣进行了大规模的增筑。此次增筑除了对土城垣加固外,还修建了多座城楼,这是荆州城最早修建的城楼。

桓温,字元子,晋明帝的女婿。永和元年(345年),被任命为荆州刺史,从此他的地位开始稳步攀升,直至365年,桓温让其弟桓豁接任荆州刺史一职,桓温掌管荆州前后长达二十年。

桓温增筑城垣,营建城楼,新建的东门城楼巍峨壮观。他召集宾客僚属在沙市江滨眺望城楼,对众人说:"有谁能作诗赞美城楼,当有重奖。"著名画家顾恺之脱口吟道:"遥望层城,丹楼如霞。"桓温对顾恺之的赞美诗非常满意,当即给予了奖赏。

3. 五代时期始建砖城

五代时期,后梁荆南节度使高季兴为了巩固对荆州的统治,将土城垣改造为砖城墙。后梁乾化二年(912年),高季兴动员十万劳力,挖掘了城外五十里内的墓地,取墓砖加固城墙。掘墓取砖导致荆州城北门外众多砖室墓被破坏,尸骨遍野,每至更深夜半之时,尸骨发出闪闪磷光,令人毛骨悚然。

2019年,考古人员对荆州城十一号马面进行考古发掘,发现了五代时期城墙。墙体为土城垣内外包砖结构,包砖为错缝垒砌而成。墙砖时代不一,形制各异,有东汉、西汉、六朝以及唐代的青砖,这与文献所记高季兴掘墓取砖修筑荆州城的记载完全吻合。

后梁龙德元年(921年),荆州城墙因遭受暴雨的冲刷而多处崩塌。高季兴指派都指挥使倪可福带领士兵进行修复工作。然而,当高季兴亲自上城巡查时,发现工程进展迟缓,他极为愤怒,竟以杖刑责罚倪可福。高季兴和倪可福是儿女亲家,事后他让女儿带去数百两白金送给倪可福,以此表达歉意。

后唐同光二年(924年),高季兴受封为南平王。凭借荆州城的高墙深池,高氏政权在荆州割据称王长达40年。

4. 南宋时期砖土合璧

自宋代开始,火药被广泛应用于军事领域。人们利用火药的燃烧、爆炸和抛射特性,开发出了一系列威力巨大的火器,这些新式武器对以防御为主的城防建筑构成了重大威胁。在南宋时期,荆州因其位于荆襄战区的军事要冲,战略地位尤为突出。蔡戡、赵雄、贾似道等不断向朝廷上奏,请求重建已经年久失修的江陵府城,以抵御金国南侵的威胁。

---

① 陈跃钧、张世松:《荆州城南垣东端发掘报告》,《考古学报》2001年第4期。

南宋淳熙年间，右丞相赵雄主动请求调任地方官员，担任江陵知府一职。自淳熙十二年(1185年)九月起至翌年七月，赵雄指挥江陵和鄂州两地的驻军以及地方的义勇军，重建了长达二十一里的砖城，并建造了千余间城楼和战棚。经过此次大规模的修缮工程之后，荆州城形成了外侧为砖城墙、内侧为土城墙的双重结构，这是荆州城墙发展史上的一次重要提升。

在对荆州城十一号马面的发掘过程中，考古人员发现了宋代城墙。宋代城墙分为三期：一期城墙直接在五代城墙内侧加筑夯土护坡而成，并沿用五代时期的外墙；二期城墙是在一期城墙夯土护坡上加筑夯土而成；三期城墙在二期城墙顶部加高1.06米，由砖瓦残片夹土夯筑而成，顶部有青砖铺设的墁铺。

至元十三年(1276年)，元世祖忽必烈颁布诏令，下令摧毁襄汉、荆湖等地的众多城池。荆州城由于具备防洪功能，幸运地逃过了一劫，被保留了下来。

5. 明清时期城制定型

元朝末年，吴王朱元璋指派杨璟担任湖广行省参政。至正二十四年(1364年)，杨璟负责主持了荆州城的重建工作。在重建过程中，他采用了统一规格的大型青砖，并以石灰和糯米浆作为砌筑材料，这显著增强了城墙的坚固性。

明朝万历初年，内阁首辅张居正为荆州城拨款进行修缮，参照北京紫禁城的方正笔直形制，向外拓展荆州城北城垣，将原本因地形高低起伏而曲折的城墙拉直；同时，将南城门的瓮城改造为方正、对称的布局。然而，由于墙体建在低洼地带，经常发生坍塌。在湖广佥事周应中的主持下，北城垣得以修复，恢复了原貌。

在对荆州城十一号马面的发掘过程中，首次发现明代砖墙直接修建在五代至宋代城墙之上的"墙包墙"现象，为展示荆州城墙的沿革提供了直观场景。

有清一代，荆州是节制西南的重要军事基地，清政府对荆州城共进行过17次修缮。

乾隆五十三年(1788年)六月，荆江大堤发生溃口，洪水涌入城中。乾隆皇帝命令钦差大臣阿桂和湖广总督舒常亲自前往现场勘察地形，并筹划选择远离江边的高地进行迁移重建。之后，阿桂提出了荆州城的布局和规模历史悠久，不宜轻易改变的意见。乾隆皇帝下达谕旨，决定无须迁移重建，而是在原址进行修复。

乾隆五十四年(1789年)二月起，清廷拨付二十万两白银用于修缮荆州城，工程由荆州知府张方理负责监造，耗时三年完成。此次修缮工程特别针对西城垣水津门、北城垣小北门以及城东南角的严重损毁部分，后退数十丈进行重建，而其余部分则基本保持原有地基不变；同时，还重建了东门、西门以及大、小北门的城楼。(图4-9)

二、形制与规模

在我国现存的古代城墙中，荆州城墙延续时间最长、跨越朝代最多。不仅如此，它还是我国南方水网密布地区军事堡垒建筑的典范，无论是城墙的构成与形制，还是墙体的建造技术，与北方同类型的城防工程都有着不同的特点。

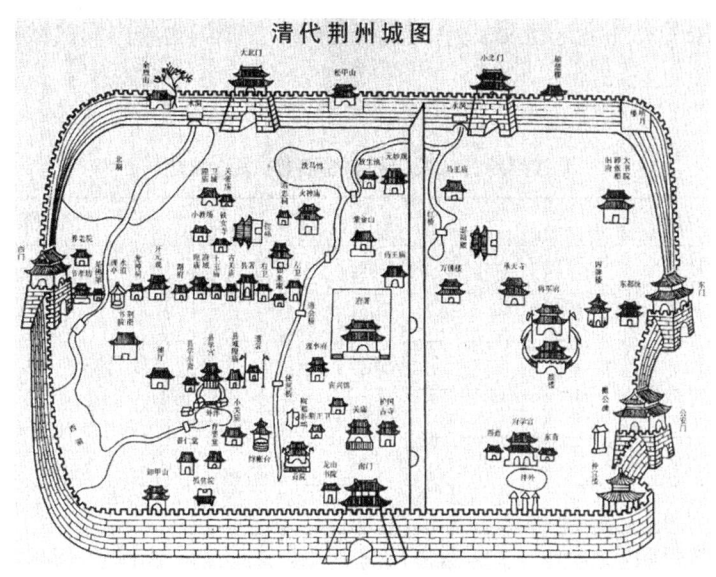

图 4-9 清代荆州城图

1. 城墙与护城河

荆州城的城墙由外层的砖砌墙体和内层的土筑城垣构成,形成了一个不规则的闭环长方形布局。其东西向的长度为 3.75 千米,南北向的宽度为 1.2 千米,总周长达到 11.28 千米。

砖城墙用青条石砌筑墙基,墙体以糯米灰浆为黏合剂,用青灰色特制墙砖砌筑,直立挺拔,坚韧难摧。砖城墙自下而上收分(向内倾斜),与土城垣紧靠在一起,相互支撑。砖城最高处 12 米,最低处近 9 米。

土城垣位于砖城墙内侧,以素黄土夯筑,底部宽 10~14 米,局部地段利用原有较高地势,宽度达 40 多米。顶部以青砖墁铺,形成了 2~4 米宽的人行道。现存土城垣建造于各个不同的历史时期,其中三国至五代时期的土城垣多为圆木夯筑,而宋明清时期则为方石夯筑。有的地段还可见石灰糯米浆干打垒墙体。

护城河,古称"城濠",是古代城防设施的重要组成部分。南朝时,荆州城外曾开掘三道护城河;隋朝时护城河可布列战船,称为"水城"。明代以来,形成环抱城垣的护城河,周长约 12 千米,河宽 20~50 米,最宽处达 200 米。

荆州城护城河外与密布的河湖连接,内与城内的水系相通,既在军事上有阻敌的作用,又发挥着运输、排涝的功用。宋明时期,经护城河、漕河可通达汉江和长江两大水运通道,是商品货物运输的重要水道。

2. 城门与瓮城

荆州城现有古城门 6 座,其中东城垣和北城垣各有 2 座城门,南城垣和西城门各有 1

座城门(表4-1)。为缓解交通压力,新开城门3座,分别是位于东城垣中段的新东门,位于南城垣西段的新南门和位于北城垣中段的新北门。古城门为单门洞式城门,新开城门则为三门洞式城门。

表4-1　　　　　　　　清代荆州古城城门和城楼名称(另附敌楼)

俗　　称	城门名	城楼名
东门	寅宾门	宾阳楼
小东门	公安门	楚望楼
南门	南纪门	曲江楼
西门	安澜门	九阳楼
大北门	拱极门	朝宗楼
小北门	远安门	景龙楼
雄楚楼(北城垣敌楼)	—	雄楚楼
明月楼(东北角城垣敌楼)	—	明月楼
仲宣楼(东南城角城垣敌楼)	—	仲宣楼

寅宾门,俗称"东门","寅宾"二字源自《尚书·尧典》中的"寅宾日出"四字,意指恭敬地迎接东方的日出。寅宾门的城楼名为宾阳楼,始建于明代,后被毁。如今的宾阳楼是1987年根据历史资料重建的。城楼结构分为两层,四周环绕着回廊,游人既可以登高远眺,又可以环楼四顾。

公安门,俗称"小东门",是古代通往长江水路的城门。一出城门,便可见到昔日的码头,那里曾是船只经水路抵达长江的重要通道。相传在三国时期,刘备从位于江南的公安驻地乘船,通过水路在此登岸并进入城内,因此得名"公安门"。考古发掘揭示出公安门内有宋、明、清时期的道路和建筑遗存,见证了公安门悠久的历史。

公安门设有吊闸天井,是荆州城上独有的防御机关。在天井南侧留有闸槽,可通过城台上的绞盘放下闸门,达到御敌或防洪的目的。当敌军攻城时,先放下闸门阻挡敌军,再从天井居高临下射杀;在洪水来袭前先放下闸门,再从天井投下沙包加固,即可阻挡洪水。

清代在公安门城台上建有城楼,名为"楚望楼",源自楚昭王的名言"江汉沮漳,楚之望也"。楚望楼现已不存。

南纪门,俗称"老南门",古时因濒临长江,扼襟控咽,依江带湖,水天一色,故以《诗经·江汉》所云"滔滔江汉,南国之纪",取"南纪"二字命名。南纪门周边分布着众多文化古迹,城门之内坐落着历史悠久的关帝庙,城门之外则是著名的息壤遗址,自古以来,这里便是官员和文人墨客游览的胜地。

安澜门,俗称"西门"。西门外的八岭山,因有古代帝王的陵墓深藏其中,又被称作

"龙山"。古代龙山是文人墨客心驰神往的胜地。由于前往龙山的必经之路是西门，因此西门也被称为"龙山门"。乾隆五十三年（1788年），西门因洪水冲毁，后来将重建的西门称为"安澜门"。安澜门原有城楼，命名为"九阳楼"，后来在战火中被摧毁。

拱极门，俗称"大北门"，是古代官宦名流北上京师的必经之地。他们从这里踏上荆襄古道，亲友常折柳相送，以"柳"音"留"的寓意表达不舍之情，因此得名"柳门"。宋代文豪苏轼在《荆州诗》中写道"柳门京国道，驱马及春阳"，正是对这座门的咏叹。明代时，它被称为"拱辰门"，而到了清代，则改称"拱极门"。名称"拱辰（极）"源自《论语·为政》"为政以德，譬如北辰，居其所，而众星共（拱）之"，引申为拱卫皇权之意。

在拱极门的城台上矗立的朝宗楼（图4-10），是荆州城古代六座城楼中唯一保存下来的建筑。朝宗楼始建于清道光十八年（1838年），并经历了数次修缮，保存至今。在古代，大臣要定时朝见皇帝，"春见曰朝，夏见曰宗"，"朝宗"一词用来指代臣子对君王的侍奉之礼。"朝宗楼"楼名与"拱极门"的城门名一样，是封建皇权思想的体现。

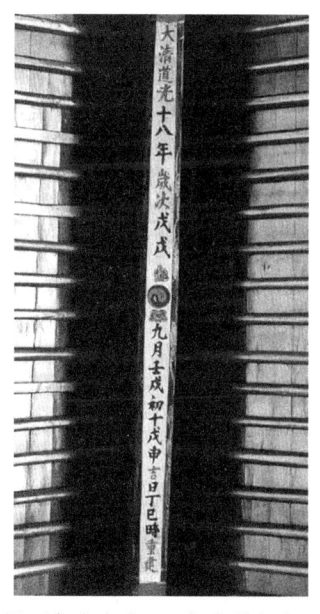

图4-10　朝宗楼脊枋下方用朱、黑两色大字书："大清道光十八年岁次戊戌九月壬戌初十戊申吉日丁巳时重建。"

远安门，俗称"小北门"。在明代初期，它被称为"维城门"，这一名称源自《诗经·大板》中的"宗子维城"四字。明太祖朱元璋的两个儿子，朱柏和朱植，先后被封为荆州的藩王，他们以"维城"来命名城门，寓意着君王的子孙后代是国家稳定的重要保障。嘉靖九年（1530年）重修时，由于该门紧邻城北的古漕河，因此城门被更名为"古漕门"。清代改名为"远安门"。

荆州城的六座古城门均配备了瓮城。瓮城位于城门的外侧，呈外凸形状，环绕着主城门，因其形状酷似陶制的瓮，故得名"瓮城"。瓮城的主要功能是保护易被敌军攻破的主城门。守城的士兵可以占据城头的有利位置，从高处俯瞰，对侵入瓮城的敌军形成一种"瓮中捉鳖"之势。此外，瓮城内还可以建造营房和其他军事设施，用来驻扎守城士兵。

在古代，瓮城门往往不会建在正对主城门的位置，而是选择在瓮城的一侧开设城门，形成"歪门斜道"的布局，以达到阻止敌军骑兵长驱直入或避开敌军火炮直射两道城门的目的。在荆州城的六座瓮城中，除了南纪门之外，其余五座均采用了这种"歪门斜道"的设计。

南纪门瓮城呈现出中正对称的布局，两侧分别设有边门。瓮城门、主城门与城内的关帝庙均位于同一条中轴线上。这种中正对称的格局，可能与对关羽的崇拜有关。关羽在明代被朝廷褒封为"协天大帝"，在清代被褒封为"关圣大帝"，为了体现关羽有帝王般的尊崇规格，故而将南纪门的城门和瓮城门修建在了关帝庙的中轴线上。

荆州城地处冲积平原，濒临长江，河湖密布。自宋代以后，因长江河床淤积，防洪压力巨大。因此，荆州城在加强御敌功能的同时，也注重防洪设施的建设。为了阻止洪水围城，在城外筑有荆江大堤和护城堤两道屏障，以保障荆州城的安全。在城门设有悬门、挡水板等设施，用以抵御洪水。

3. 敌台与敌楼

敌台，是凸出于城墙的矩形墩台，因其形状狭长似马脸，俗称"马面"。这种设计不仅增加了墙体的稳定性，而且具有战术上的优势。在冷兵器时代，守军站在凸出于城墙的墩台上，可以从前、左、右三个方向对试图攀登城墙的敌人发起攻击，有效消除了城下可能存在的视线死角。随着火炮的出现，敌台的功能也随之转变，演变成了用于安置火炮的炮台。荆州城共设有25座敌台(马面)，其中有5座是空心敌台。

空心敌台是类似于"地堡暗道"的军事设施，又称"虚台"，俗称"藏兵洞"。空心敌台自城顶到城脚呈竖井状，上与城堞连为一体，在凸出于城墙外的三面设多个单兵掩体和射击孔，构建起从城底至城顶的立体防御体系。

敌楼是建于城垣或城角之上的防御性建筑，不仅用于瞭望和抵御敌人，而且兼具登高远眺、欣赏景致的功能。荆州城历史上最负盛名的敌楼有仲宣楼、雄楚楼、南楼、明月楼等。

仲宣楼坐落于荆州城东南角的城台上，是一座历史悠久的敌楼。它之所以闻名遐迩，是因为东汉著名诗人王粲(字仲宣)曾在此登楼，并创作了著名的文学作品《登楼赋》。王粲在《登楼赋》中从环绕水系、地形地貌、历史遗迹和丰饶物产四个方面描写了登上此楼眺望的景色："挟清漳之通浦兮，倚曲沮之长洲。背坟衍之广陆兮，临皋隰之沃流。北弥陶牧，西接昭丘。华实蔽野，黍稷盈畴。"南朝梁元帝时期，已有仲宣楼。梁元帝萧绎作有《出江陵县还》诗，诗中写道："朝出屠羊县，夕返仲宣楼。"五代十国时期，荆南王高季兴对它进行了重建，并将其更名为"望沙楼"，取"眺望沙津(今沙市)"之意。北宋时期，又恢复了"仲宣楼"的原名，明清两代亦沿用这一楼名。仲宣楼后毁于战火。

雄楚楼坐落在北城垣远安门(亦称小北门)的东侧。唐代著名诗人杜甫在客居荆州期间，曾赋诗祝贺江陵节度使卫伯玉新楼落成，诗中赞颂道："西北楼成雄楚都，远开山岳散江湖",描绘出一幅雄伟壮丽的景象。到了后唐天成二年(927年),荆南王高季兴在北城垣上兴建了一座新楼,以杜甫的诗句将这座楼命名为"雄楚楼"。雄楚楼曾是荆州城上最为壮观的敌楼之一,今已不存。

在唐代,南纪门以东矗立着一座名为南楼的敌楼。唐开元二十五年(737年),中书令张九龄遭贬,出任荆州长史,他经常登上这座楼台,吟诗以抒发自己的情感。南宋理学家张栻出任江陵知府时,对南楼进行了重建。新建的城楼以张九龄的故乡曲江(今广东韶关)命名,悬挂"曲江之楼"的匾额。张栻约请著名理学家朱熹撰写《江陵府曲江楼记》,吟咏该楼。后来南楼被毁,人们便将南纪门城楼视作曲江楼。曲江楼今已不复存在。

4. 文字砖

在荆州城的城墙中,镶嵌着一些刻有文字的城砖,被称为"文字砖"。其砖文详细记载了城砖的生产日期、产地、负责的官员以及工匠的名字等信息。在城砖上刻下制造者和负责人的名字,是古代"物勒工名"质量管理制度的体现,其目的是对城砖实施质量监控,进行跟踪管理,以确保城砖的制造质量。

在荆州城墙上发现的文字砖(图4-11),其历史可追溯至宋代,延续至民国,跨越了超过八百年的历史。宋代的文字砖内容简洁,仅记录了制作场地的编号和负责官员的姓名,未标明具体年份。明代的文字砖则多出自洪武、嘉靖、隆庆、万历等时期,其中尤以洪武年间的文字砖最为常见。清代的文字砖则刻有康熙、乾隆、道光、咸丰等朝代的年号。这些带有纪年的文字砖为研究荆州城墙的历史提供了珍贵的原始资料。

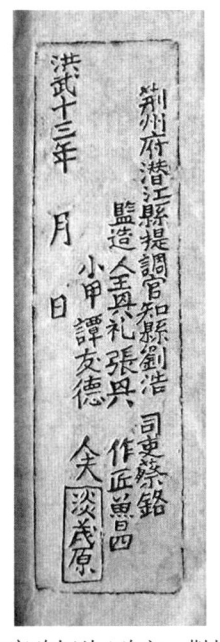

图4-11 明朝洪武十三年(1380年)文字砖拓片(砖文:荆州府潜江县提调官县丞张铭,司吏蔡铭,监造人王兴礼、张兴,作匠鲁四,小甲谭友德,人夫淡茂原,洪武十三年 月 日。)

荆州城文字砖上的铭文,对城砖的来源有详细的记载。明代洪武年间的城砖全部来自当时的湖广行省(即今湖南、湖北两省)下属9府、10州、36县。其中荆州府各州、县较多,也有的来自湖广行省边远地区,如襄阳府均州县、沅州府靖州麻阳县、桂阳州宜章县等。

荆州城文字砖不仅具有重要的历史价值,而且具备丰富的文化内涵。它们见证了荆州城墙的修建历史和荆州地区的社会变迁,为后人研究古代城墙建筑、政治制度、社会经济等方面提供了宝贵的实物资料。

三、筑城技术

荆州城墙是从土城垣发展为以砖城为主、土城为辅的砖土结合墙体,在筑城技术上,吸取和借鉴了历代筑城技术。

荆州城土城垣和护坡使用版筑法夯筑。所谓"版筑法"是将土夹在两块木板中间,用杵捣坚实使其成为墙体的筑墙技术,民间称为"干打垒"。夯筑是指用杵或石碾将土打实的筑墙方法,类似于今天用重型机械将土碾压结实。版筑夯土法筑墙技术在先秦时期楚国的宫殿和城垣建筑中就被广泛使用。

荆州城墙广泛采用糯米灰浆作为黏合剂。糯米灰浆又称"石灰糯米浆",是将石灰、黏土、砂等按一定比例与糯米粥混合搅拌后制成的建筑黏合剂。研究表明,糯米含支链淀粉,不易切断,石灰含氢氧化钙,易形成坚硬的碳酸钙,二者结合具有黏结强度高、韧性强、防渗性好的特点。糯米灰浆最早出现在南北朝时期,在明清时期被广泛使用。

2000年8月,在维修小北门(远安门)瓮城时发现一段石灰糯米浆干打垒(版筑)墙体,长19.3米,高7.2米,夯层厚19~20厘米,采用版筑法将石灰、砂石、黏土、糯米浆夯筑于一体,一层一层夯实而成,每层之间均设有渗水孔。该墙体建于明代中期,虽历经500余年,仍如混凝土般坚固。

第五章　荆州古都文化

在中国古代历史长河中,由于王朝兴替,诸侯割据,曾出现过数以百计的都城。有的都城如转瞬而逝的流星划过历史的夜空,有的则如璀璨夺目的明星千古闪耀。荆州,古称"江陵",它在中国历代古都中正是一颗熠熠生辉的璀璨明星。江陵与安阳、西安、洛阳、开封、南京、北京、杭州、沈阳、大同并列为中国"十大古都",是国务院首批公布的二十四座历史文化名城之一。

第一节　六朝古都

著名历史地理学家陈桥驿在《论绍兴古都》一文中,提出了将现代城市认定为"古都"的两个核心标准:首要条件是该城市必须曾经作为某一独立政权的都城,无论该政权是统一全国的大朝廷,还是割据一方的小朝廷;其次,古都的地理位置须在现今城市的行政区域内。基于上述标准,我们可以确凿无疑地将荆州定位为"六朝古都"。具体而言,东周时期,荆州曾为楚国都城;秦汉交替之际,则为临江国都城;东晋时期,荆州还短暂地成为晋安帝的临时都城;进入南北朝时期,荆州又相继成为齐和帝都、梁元帝都以及萧氏西梁国都;在五代十国时期,荆州是荆南国的都城。

一、东周楚国国都

楚国是我国周代的诸侯国。周代分为西周和东周两个历史时期。东周时期,楚国以位于荆州城北的纪南城作为首都,从公元前689年迁都荆州纪南城,到公元前278年迁都陈城(今河南淮阳),在此建都共400余年。

公元前689年,楚文王继位后,将楚国都城迁徙到了湖北荆州纪南城,称为"郢"或"郢都",后世也称为"纪郢"。楚郢都纪南城地处江汉平原腹地,兼有水陆之便,战略位置重要,是春秋战国时期中国南方的政治、经济、文化中心,也是当时南方的第一大都会,为楚国的发展与强大提供了有力保障。楚国正是以纪南城作为首都期间,兼并大小数十国,使自身势力达到了极盛。

春秋中期,楚庄王即位后,加强王权,厉行法制,重用贤才,减轻民赋,兴修水利,使楚国国力不断强盛。楚庄王北伐陆浑之戎,陈兵周郊,问九鼎大小轻重。公元前597年,在邲之战中大败晋军,威震中原,从而迫使陈、郑、宋、鲁等国归附楚国,成为代晋而起的霸主。

春秋后期，楚国由于政治腐败，一度被吴国出兵占领首都长达10个月。公元前506年，吴师入郢后，对楚人苦心经营的都城造成了极大的破坏。楚昭王复国后，接受郢都亡陷的沉痛教训，重用贤臣，改革政治，与民休息，发展生产，使楚国得以迅速复苏，走上了中兴的道路。进入战国后，楚惠王在对外争战中，先后灭掉陈、蔡、杞诸国，使楚国的疆域不断扩大，国力大为增强。楚昭王和楚惠王在位时期，广施仁义，励精图治，楚国再度出现中兴的局面，史称"昭惠复兴"。

战国中期，楚宣王、威王在位期间，攻城略地，开拓疆域，西拓巴蜀，东收吴越，楚国一跃成为"地方五千里，带甲百万，车千乘，骑万疋，粟支十年"（《战国策·楚策一》）的大国，国土疆域达到了历史最大规模，楚国的政治、经济和文化都达到了战国时期的顶峰，跻身"战国七雄"之列，史称"宣威盛世"。

楚怀王、襄王时期，楚国在外交策略与军事行动上遭遇了一系列重大失误，最终导致了楚国的衰落。公元前278年，秦国将领白起率军攻陷了郢都纪南城，对这座当时中国南方最大的都市实施报复性的破坏。楚顷襄王东迁陈城（今河南淮阳）后，楚国的政治与军事力量持续衰退，难以恢复昔日的辉煌，故而历史上有楚国"都郢而强""去郢而亡"之说。

二、秦汉之际临江国国都

临江国是秦汉之际项羽所封的地方割据政权，建都荆州（古称江陵），经共敖和共尉两任临江王，历时4年。

公元前209年，陈胜、吴广发动农民起义，起兵反秦。陈胜死后，项梁为了获得楚地百姓的支持，拥立楚怀王之孙熊心为王，仍称其为"楚怀王"。共敖因出身于楚国贵族，在反秦斗争中屡立战功，被楚怀王任命为柱国。

公元前206年，共敖率起义军进击南郡。南郡为楚故都郢都所在地，是秦将白起攻占郢都后所置，其辖境包括今湖北武汉以西、襄阳以南、监利以北以及重庆巫山以东地区，郡治在郢城（在今湖北荆州）。同年，刘邦攻占咸阳，推翻了秦王朝的统治。

秦朝灭亡后，项羽以楚怀王为义帝，分封十八路诸侯（图5-1）。共敖因攻占南郡有功，被项羽封为临江王，以江陵为国都。楚汉战争爆发后，共敖虽然归附了项羽，但一直坐观待变，没有派兵参与项羽军队的作战。

公元前204年，共敖去世，其子共尉继位。共尉继位后，沿用他父亲的做法，一方面效忠于项羽，另一方面据守江陵，不派一兵一卒参战，以保存自身的实力。

公元前202年，项羽兵败垓下后，各地诸侯审时度势，纷纷归附刘邦，只有临江王共尉仍然对项羽怀有感恩之心，不愿归附刘邦。刘邦派太尉卢绾率军前去攻打临江国，一连围攻数月，都没能攻克。刘邦又派信武侯靳歙率军前去增援，继续进攻江陵。靳歙从内部瓦解临江国，招降了临江王的柱国、大司马及其部下八人，临江国不攻自破。靳歙攻入江陵后，亲自活捉了共尉，并将他押送到洛阳。刘邦下令处死共尉，废除临江国。

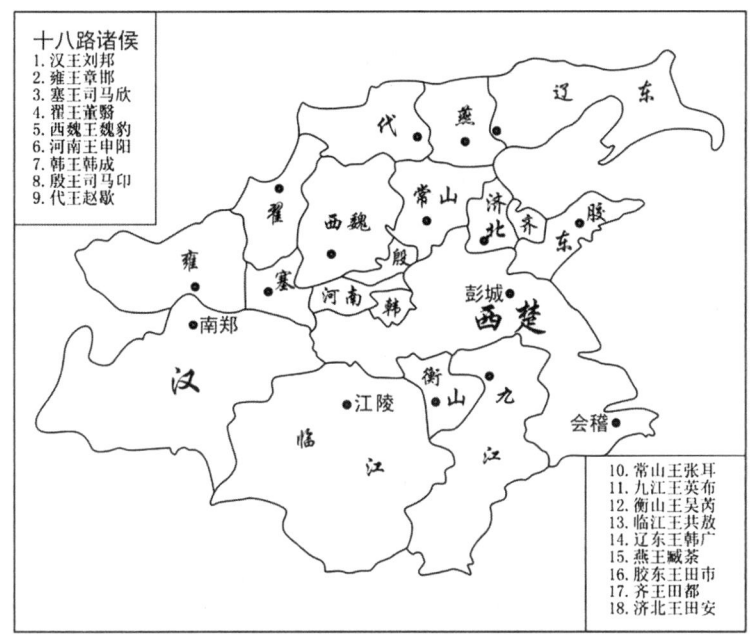

图 5-1 项羽分封诸侯示意图

三、东晋安帝江陵复位

东晋时期,安帝司马德宗在位之际,荆州刺史桓玄篡位,将晋安帝废黜为平固王,挟持至江陵(今湖北荆州)。晋安帝后得晋军援救,成功脱险,并在江陵恢复其帝位。晋安帝以江陵为都城仅持续两年,之后回旧都建康(今江苏南京)。

安帝登基后,朝政大权由其叔父会稽王司马道子执掌。桓玄利用新皇初立、政局动荡之机,率部攻陷建康,杀司马道子,从而独揽朝政。公元 403 年,桓玄废黜晋安帝,降封为平固王,并自立为皇帝,更改国号为楚。

次年,晋中兵参军(将军府参谋主官)刘裕以"讨桓复晋"为旗号起兵征伐桓玄。在刘裕的凌厉攻势之下,桓玄的军队难以抵挡,连连溃败。桓玄战败之后,为逃脱刘裕的追杀,劫持晋安帝司马德宗逃往江陵。

桓玄并未久留江陵,不久又率部逃往汉中。桓玄夜间逃离江陵时,晋安帝被遗弃在城内。荆州别驾王康产迎接晋安帝住进南郡府邸,南郡太守王腾之率领文武官员前来保护晋安帝。晋安帝在江陵恢复帝位,行使皇权;为彰显皇恩浩荡,特颁诏天下,宣布大赦之令,以示宽仁与公正。

不久,桓玄所封扬武将军桓振再次攻陷江陵,晋安帝也再次被叛军俘获。义熙元年(405 年)一月,桓振挟持晋安帝退守江津(今湖北荆州沙市)。晋军打败桓振后,晋安帝再次得到解救。随后,晋安帝再度登基复位,并昭告全国。这是晋安帝第二次在江陵复位。

同年三月，晋安帝离开江陵，返回旧都建康。

四、南朝齐和帝都、梁元帝都、西梁国都

南朝是东晋之后在南方地区相继建立的四个政权，即宋（刘宋）、齐（南齐）、梁（萧梁）、陈（南陈）四个朝代的总称。南朝共持续170年，绝大部分时间都以建康（今江苏南京）为国都，但齐和帝萧宝融、梁元帝萧绎，以及西魏扶植的后梁（西梁）政权，则是在江陵建都。

南齐末年，齐废帝萧宝卷沉溺于酒色享乐，对朝政漠不关心，其昏庸残暴的统治导致无辜者惨遭杀戮，在朝廷内外引发了恐惧与不安。雍州刺史萧衍起兵造反，率领军队攻入建康（今江苏南京），诛杀萧宝卷。

南齐中兴元年（501年）三月，萧衍在荆州城拥立萧宝卷之弟萧宝融为皇帝。萧宝融为南齐明帝萧鸾第八子，封南康王，出任荆州刺史。萧宝融在荆州即帝位后，立宗庙，设百官；下《复除荆雍义众诏》，对功臣进行封赏。萧宝融还下令将荆州城的各城门均按照旧都建康的城门名称进行命名，以此体现荆州与建康具有同等的地位。

次年，萧衍杀萧宝融，封其谥号为"和帝"。萧宝融从南齐中兴元年（501年）三月在荆州即帝位，至次年三月回建康禅位于萧衍，在位只有一年时间。

梁太清二年（548年）八月，萧梁将领侯景发动叛乱，攻占梁朝都城建康，致梁武帝被活活饿死。荆州刺史萧绎平定侯景之乱后，于梁承圣元年（552年）在荆州称帝，是为梁元帝。

萧绎是梁武帝萧衍第七子，7岁被封为湘东王，坐镇荆州城；先后两度出任荆州刺史，都督荆雍九州军事。萧绎工诗文，善书画，尤其好学嗜读，才艺超群，其诗、书、画被誉为"三绝"，有"才子帝王"之称。萧绎著述宏富，多已亡佚，仅有《梁元帝集》、《金楼子》（辑本）等少量作品存世。

位于荆州城荆北路的湘东苑是梁元帝萧绎登基前所营建的府邸园林旧址。因萧绎受封湘东王，故取园名"湘东苑"。湘东苑叠石凿池，注水造景，形成以水景为中心、以假山为依托的经典园林格局，开创了我国古代以移步换景为特色的园艺审美风情，在中国古代园艺营建史上享有盛名。

梁承圣三年（554年）十一月，西魏攻破荆州城，梁元帝被俘遇害。在荆州城破之际，萧绎下令将公私藏书共计十四万卷付之一炬，史称"江陵焚书"。

西魏攻破荆州城后，扶植梁武帝萧衍之孙、昭明太子萧统第三子萧詧登基称帝，仍以荆州城为都城，史称"后梁"；为区别于五代时朱温所建后梁政权，也称萧詧所建政权为"西梁"。西梁先后称藩于西魏、北周和隋朝，历经宣帝萧詧、明帝萧岿、靖帝萧琮三代君主，直到隋开皇七年（587年）为隋文帝杨坚所废，其国祚共计33年。

五、隋朝萧铣后梁国都

隋朝末期，罗县（今湖南汨罗）县令萧铣发兵起事，反抗隋朝统治。公元617年，萧铣

自立为梁王,将都城设立于荆州,以"鸣凤"作为年号。鸣凤政权于公元621年为唐朝所覆灭。

萧铣是后梁(西梁)政权建立者萧詧的曾孙,拥有正统的萧氏皇室血统,他打出"中兴梁祚"的口号在荆州建立的鸣凤政权,是在隋末社会动荡的背景下对后梁(西梁)政权的短暂复辟。

萧铣从起兵到建国,仅仅在一两年的时间内,势力快速发展,兵力达到了40万之众,版图横跨江汉沅湘及岭南等广大区域。由于萧铣在政治素养上的显著不足,其政权内部纷争频仍,最终致使他所创建的鸣凤政权仅维持了5年之久。公元621年,唐高祖挥师征讨萧铣,萧铣战败身死,鸣凤政权随之土崩瓦解。

六、五代十国时期荆南国都

荆南国是五代十国时期由后梁荆南节度使高季兴所建立的割据政权。公元907年,高季兴被任命为后梁荆南节度使,名义上负责管理荆南地区,然而实际上他仅掌控了荆州城这一座孤城。昔日荆南所统辖的十个州,除荆州城外,其余各州县的管辖权均已被他方势力占据。历经连年战乱,百姓四处流离,荆州城内满目疮痍,瓦砾遍地,杂草丛生。面对困境,高季兴采取积极措施广泛招揽流民,加强城防建设,并在暗中筹备割据事宜。

公元924年,后唐灭亡后梁后,高季兴获得后唐的册封,成为南平王,并以荆州城作为都城,正式建立南平国,亦称荆南国。荆南国历经高季兴、高从诲、高保融、高保勖、高继冲五代君主的统治,持续时间长达40年。直至公元963年,高继冲归顺北宋,荆南国遂告终结。

综上所述,在中国古代历史上,曾经有6个朝代的30多位帝王以荆州作为都城,总计时间有500余年。在中国众多古都中,荆州作为古都的历史之长仅次于西安、北京、洛阳,排第四位。六朝古都荆州,在中国古都史上具有重要的一席之地。

第二节 明代"三藩"

荆州为长江中游重镇,也是明代封藩的要地。明代先后有三位皇子被封荆州。洪武十一年(1378年),朱元璋的第十二子朱柏受封荆州为湘王。建文四年(1402年),朱元璋的第十五子、辽王朱植自请从辽东广宁(今辽宁北镇)改封荆州,辽藩自此在荆州延续7代,存续了100多年的时间。万历二十九年(1601年),明神宗朱翊钧第六子朱常润受封荆州为惠王。

一、湘王朱柏

朱柏为明太祖朱元璋第十二子,洪武十一年(1378年)受封湘王,时年7岁。洪武十八年(1385年),就藩荆州。

在明朝诸亲王中，朱柏以聪慧好学而闻名，嗜好读书，才学超人。他心怀"著述以开来学"的远大志向，刻苦研学，手不释卷。居家之时，常常半夜时分仍挑灯夜读；行旅途中，也不忘丝囊载书，以供随时阅览。他经常召集一批文人学士，聚集在湘王府的景元阁内，校勘古籍，注释经典；曾组织本籍饱学之士校勘《大一统志》，成绩斐然。

朱柏擅长写诗作文，每每出游，流连于名胜古迹、山水美景之间，常徘徊终日，苦吟成诗，集句成文，勒于石上。朱柏的诗尤以仙道诗见长，其"诗歌丰腴清丽，飘飘有出尘之想"，这与朱柏笃信道教有关。

朱柏不仅能作诗文，而且善书法、绘画。朱柏的书法深得晋人笔法，遒劲有力。朱元璋每有佳作，则令朱柏书写。明代大学士解缙称赞朱柏的书法"深绎晋人，精思动合矩度"。在绘画方面，朱柏"善画婴儿"，是明代画史中记载的唯一一位擅长画儿童题材绘画的画家。

朱柏平素习武，膂力过人，精通兵器，射艺精湛，驰马若飞。他对古代兵制战术也颇有研究，平时与人谈论军事，见地高明，往往能出人意表。

朱柏的军事指挥才能在打击元军降兵战事中得到了充分印证。一支投降明朝的元军在湖南常德起事后，一路向北进发，试图打回塞外老家。当他们到达公安县境内的虎渡河时，朱柏率兵果断迎击，打击元军锐气。朱柏遣将率兵一路穷追，途中数败元军，最后追击至陕西延安境内将元军悉数歼灭。由于朱柏指挥有方，深得朱元璋的赏识，先是颁令嘉奖，后又召至京城觐见。

洪武十一年(1378年)至十八年(1385年)，黔东南地区苗侗土著不堪压迫，数次爆发起义。明朝政府派兵镇压，历经数年平息起义后，设置五开卫(今贵州黎平德凤)，隶属湖广都司。洪武二十四年(1391年)，五开地区再次发生动乱，朱柏奉命征讨。朱柏率军驻入五开地区后，派人四处招谕，与起义首领和谈，最终在没有一人死伤的情况下达成和解。朱元璋大喜，专门派遣使臣慰劳朱柏，迎其回归封地。

建文元年(1399年)，明惠宗朱允炆为达到"削藩"的目的，以有人诬告朱柏私印宝钞为由，派遣兵士伪装成商人，潜行至荆州城内，包围湘王府。朱柏宁死不服，火焚王府，跨上战马跃入火中自焚，时年仅28岁。

朱柏之死，使建文帝放缓了剪除燕王朱棣的进程，为朱棣赢得了发动"靖难之役"的准备时间，从而对明初政治产生了重大的影响。建文元年(1399年)，燕王朱棣以"清君侧"的名义，率军南下，号称"靖难"之师，发动了一场明王朝统治阶级内部的皇位争夺战，历史上称为"靖难之役"。4年后，朱棣率军攻入南京，夺取了皇位，是为明成祖。

明成祖朱棣即位后，为朱柏平反昭雪，赐朱柏谥号为"献"，并赐建衣冠冢，置祠官守墓园。湘献王墓毗邻太晖观西南侧，仿地面宫殿风格建筑而成，砖石结构，由前、中、后三室，外加四个耳室组成。墓室结构别致，建筑工艺精湛。

1997年12月，盗墓分子采用炸盗的方式，炸开了湘献王墓地宫穹顶，因地宫内积水以及淤泥太深，随葬器物未被盗走，但墓葬的保存环境受到了严重破坏。为了及时抢救文物，经报请国家文物局批准，荆州博物馆对该墓进行了抢救性发掘。在对该墓的考古发掘中，在前室、中室、后室及后左右耳室中发现了大量的随葬器物，共计883件(套)。出土文物大多为明器，包括漆木器、铜器、锡器、兵器与仪仗用具，还有佩戴冠饰以及谥册、谥宝等(图 5-2)。该墓出土的文物现藏于荆州博物馆。

图 5-2　玉革带(荆州湘献王墓出土)

湘献王墓出土谥册两副，皆为明成祖朱棣所赐。在谥册中，明成祖对朱柏及其王妃吴氏的秉性品德给予了高度评价，并依谥法"聪明睿智，向惠内德，曰献"，改赐朱柏谥号为"献"，赐朱柏妃吴氏谥号为"献妃"。谥册记载了湘王朱柏及王妃蒙冤自焚而死，以及"靖难之役"后为其平反昭雪的历史事实，具有重要的文献价值。

明成祖朱棣授命翰林院学士解缙为湘献王神道碑撰文，"树石神道，永示无极"。解缙所撰《湘献王神道碑文》是记录朱柏短暂一生生平事迹最为翔实的文献，是研究朱柏其人其事和了解明初历史的重要文献资料。

二、辽王朱植

朱植是明太祖朱元璋第十五子，原封于辽东广宁(今辽宁北镇)，为辽王。永乐二年(1404 年)，明成祖朱棣将朱植改封至荆州。永乐二十二年(1424 年)，朱植薨，谥简王，葬于荆州城西北八岭山。

辽简王朱植改封荆州的原因，一是受明成祖朱棣削藩政策的影响，将边陲重镇的藩王调迁内地，以削弱其军事力量。朱植原镇守辽东，手握重兵，其军权之盛，不容小视，所以将其改封荆州，削弱其军权。二是荆州地处内地，军权较小，且当时无藩王镇守，朱棣改封朱植恰当其时。三是朱植为避免被废为庶人，自愿请辞俸禄与卫队，以示自己无意于权势之争，又请求改封荆州，保全自身。

辽简王朱植聪明贤能，改封荆州后谨慎行事，无对抗朝廷之心，辽藩得以保存并兴盛起来。朱植有十八子，均封为郡王，各成支系，郡王下再封各级将军、中尉及王子王孙等,形成庞大群体。有明一朝,辽藩郡王近百人,将军、中尉及妻妾、郡主等不计其数,到明末时辽藩家属达万人之众,宗室繁衍之盛可见一斑。

朱植于公元1424年病故后葬于荆州八岭山。1987年,文物考古工作者对辽王朱植墓进行了发掘清理。墓区占地约160平方米,墓室系砖石结构,墓室总面积约102平方米,呈"王"字形,共有5室,均为拱形顶,墙裙为磨砖对缝,工艺精细,室内地面铺有陶质方砖。墓室门前立有墓志铭。辽简王墓的规模、格局均不失为一座精美的地下宫殿。该墓在历史上虽多次被盗掘,但仍出土了近200件珍贵文物。

辽藩宗室的最后一代辽王朱宪㸅因笃信道教,受到明世宗的宠信。朱宪㸅仗着明世宗的宠信在荆州胡作非为,在明世宗去世后,辽藩迅速成为众矢之的,遭到了各地官员的检举揭发。公元1568年,朱宪㸅被明穆宗废为庶人,辽藩也被废除。仅仅两年时间,辽藩便从极盛沦落到了被废除的境地。

自1402年辽王朱植被改封至荆州,至1568年第八代辽王朱宪㸅被废黜为庶人,辽藩在荆州历经了长达166年的存续期。在此期间,辽藩世系繁盛,在政治、经济、文化等多领域内产生了深远的影响。一方面,辽藩在荆州地区的人口繁衍和增长,加重了荆州地方的财政压力,在一定程度上干预了地方政治与经济的发展;另一方面,辽藩在荆州地区积极兴办书堂,致力于藏书、刻书及著述活动,这些举措不仅有效传承了前代文化的宝贵遗产,也为后续文化的发展奠定了坚实的基础。

三、惠王朱常润

朱常润,系明神宗朱翊钧的第六子,于万历二十九年(1601年)获封惠王;天启七年(1627年),正式前往荆州就藩,并对辽藩支庶进行管辖。崇祯十五年(1642年)十二月,李自成起义军攻克荆州城,朱常润率领宗室成员逃离荆州,随后南渡避难,在湖南永州被清兵俘获遇害。朱常润在荆州的时间只有15年,对荆州地方经济与文化的影响较为有限。

第三节　建都探因

古代帝王在选定都城时,通常会综合考量自然环境、经济条件、军事战略以及社会基础等多方面因素。荆州之所以能在长达500多年的时间里成为帝王之都,与其得天独厚的自然条件、便捷的水陆交通网络、繁荣的商业经济及其在军事上的重要地位密不可分。

1. 自然环境优越

荆州坐落于江汉平原腹地,享有得天独厚的自然气候和地理优势。北部地区是荆山山脉的延伸,丘陵连绵起伏,而沿江的东郊和南部的滨湖区域则是一片广袤无垠的肥沃平原。该地区属于北亚热带季风湿润气候区,气候特征表现为四季分明、日照充足、热量充沛、降水丰沛,且雨季与高温季节同步,无霜期较长。荆州的物产极为丰富,历来以"饭稻羹鱼"闻名遐迩。优越的自然环境成为古代帝王选择在此建立都城的关键因素。

2. 水陆交通便利

在中国古代，荆州始终扮演着连接东西、南北的水陆交通枢纽的角色。早在先秦时期，荆襄古道已将黄河与长江两大流域紧密相连，构筑了一条北起洛阳，经南阳和襄阳，南至江陵的交通动脉。荆州位于江湖交汇之处，借助长江水道，可上达巴蜀，下抵吴越；同时，依托错综复杂的河湖港汊网络，水路可直达南方各地。到了唐代，荆州更是成为水陆联运的重要中转站。唐代诗人杜甫在其诗作《闻官军收河南河北》中写道："即从巴峡穿巫峡，便下襄阳向洛阳。"这里所说的正是从巴蜀经由长江水道抵达荆州，随后通过荆襄古道前往中原的水陆联运要道。

正如唐代诗人元稹《楚歌十首》中所写的那样，"江陵南北道，常有远来人"。荆州得益于其便捷的交通网络，成为经济与文化交流的枢纽，这也是荆州长久以来一直保持着开放与融会气度的主要原因。优越的水陆交通条件，同样是古代帝王将荆州定为国都的重要考量因素之一。

3. 农业经济发达

得益于得天独厚的自然环境，荆州自古就是先民生息繁衍之地，土地开发的历史悠久。远在五万年前的旧石器时代，荆州就成为远古先民的聚集地；随着新石器时代的到来，荆州见证了大溪文化、屈家岭文化、石家河文化等文化类型的兴起。在这一时期，制陶工艺、纺织手工技艺以及人工种植水稻的技术均取得了显著的进步。

春秋战国时期，楚国以荆州为其首都，苦心经营400余年，成功地将其经济发展水平推向了全国前列。进入两汉时期，随着牛耕技术的逐渐普及和铁犁的广泛使用，荆州的农业生产迎来了迅猛的发展。东汉时期，荆州沃野万里，士民殷富，具有"帝王之资"（《三国志》卷五十四）。在唐代经济兴盛时期，荆州大地出现了"处处路旁千顷稻，家家门外一渠莲"（皮日休《送从弟皮崇归复州》）的美丽景象。

4. 商业贸易繁荣

优越的交通网络为荆州成为商贸流通的枢纽提供了有利条件。商人们充分利用荆州的交通网络，无论是东至吴越，还是南至滇黔，都极其便利。古人有"贾于蜀者，道出荆襄"之说，这进一步证明了荆州商人的活跃程度。在五代十国时期，高季兴占据荆州，建立荆南国。他依托荆州的地理优势，大力发展商业经济，使得地域狭小、国力有限的荆南国得以存续50余年。

5. 军事地位重要

荆州的地理位置独特，经济条件优越，这使得它在军事上占据着极为重要的地位，自古以来便是各方势力争夺的战略要地。诸葛亮在《隆中对》中说："荆州北据汉沔，利尽南海，东连吴会，西通巴蜀，此用武之国也。"他从军事的角度指出了控制荆州的战略必要性。在历史上的南北对峙中，荆州始终是要冲之地。对于南方而言，北伐中原时，荆州是位置最佳的前进基地；而对于北方来说，若要南下统一江南，不先攻克荆州则难以进一步攻占长江下游的广大地区。

荆州位于长江中游地区，对长江上游和下游都可形成有效制约。每当中国政治重心南迁，荆州的军事重要性便愈加凸显。在东晋和南朝时期，凭借其战略性的地理位置，荆州与在扬州(今江苏南京)的政权中心形成了对峙之势。当时的人们用西周时期周公、召公"分陕而治"的典故来比喻荆州与扬州的对峙，将荆州誉为"西陕"。正如清代学者顾祖禹所言，"盖江陵之得失，南北之分合判焉，东西之强弱系焉，此有识者所必争也"(《读史方舆纪要》卷七十八)。

排除一些历史偶然性因素，主要是由于上述诸多因素，在中国的历史上，有6个朝代的30多位帝王选择以荆州作为国都，从而使荆州成为一座历史悠久的古都。

第六章　荆江水文化

水是生命的源头，也是人类文明的源泉。人类对水的利用与人类社会文明的演进紧密相连，水资源的开发与利用不仅孕育了人类文明，而且对社会经济文化的发展产生了深远的影响。

古代将长江流经古荆州地区的江段别称"荆江"。在现代水文统计资料中，通常把长江自湖北省枝江市至湖南省岳阳市城陵矶的江段称为"荆江"。荆江河道全长约400千米，在荆州市境内流经松滋市、荆州区、沙市区、公安县、江陵县、石首市、监利市等地，是长江中游的重要组成部分。荆江河道蜿蜒曲折，素有"九曲回肠"之称，是典型的蜿蜒型河道。

千百年来，荆江流域的人民逐渐学会了与水和谐共存，他们修筑了多种功能的水利工程，包括防洪、通航、调水以及战争防御等工程类型。这些工程的建设不仅增强了流域的防御能力，而且促进了航运的兴起与发展，带动了城镇的繁荣和地方经济的增长，加强了流域内各地区的交流与联系，推动了文化的融合与发展。

第一节　江汉运河

江汉运河并非指某一特定运河，而是对历史上为沟通长江中游与汉江中游而开凿的人工运河的统称。江汉运河最早可追溯至2600多年前楚令尹孙叔敖主持开凿的扬水运河。此后，历史上相继出现了西晋的扬口运河、北宋的荆襄运河、明清时期的两沙运河，以及当今的引江济汉工程，这些均被视为江汉运河在不同历史时期的具体体现。

一、扬水运河

春秋战国时期，各个诸侯国出于经济生活和战争的需要，开始有目的地开挖运河。楚国是先秦时期开凿运河最早的诸侯国。2600多年前，楚国令尹孙叔敖主持开凿的扬水运河，将长江与汉水两大水系连接起来，这是我国南方最早的运河。

位于今荆州城北纪南城的楚国郢都，其地理位置处于长江中游北岸，与汉水之间无直接的水路相连。楚人要想走水路北上中原，就要先走长江水道，再入汉水北上，绕道而行，交通极为不便。公元前613年，楚庄王继位后，楚国意欲称霸中原，与晋国为争夺霸权频繁发动战争。为了打开楚国北上中原的水路通道，楚庄王任命孙叔敖为令尹，主持开凿了扬水运河。

孙叔敖在考察了郢都周围的地理环境和水文状况后，发现只要将沮水与扬水连接起来，便可从楚郢都直接走水路进入汉水，从而缩短北上中原的里程。沮水，古代称为睢水，发源于今湖北襄阳市保康县西南的景山附近，向东南流经楚郢都西南，在今湖北当阳市东南纳漳水注入长江。扬水，是古汉水的一条支流，发源于郢都之北，向东北流经古云梦泽地区，至扬口（今湖北潜江西北）入汉水。在孙叔敖的主持下，楚人"通渠汉水、云梦之野"（《史记·河渠书》），修建水渠将长江的支流沮水与汉水的支流扬水连接起来，巧妙地实现了长江荆江段与汉水最近距离的联通。这条运河后世称为"扬水运河"或"荆汉运河"。

扬水运河的修建加强了长江与汉水之间的联系，对楚国的历史发展具有重要作用。首先，扬水运河便利了长江、汉水之间的航运，使得楚国军队、粮食和作战物资能更便捷地向北输送。其次，扬水运河的开凿提高了楚国的生产力水平，推动了楚郢都地区的农业发展，使楚国百姓殷实富足，国力增强，为楚庄王争霸中原提供了物质和交通保障。最后，扬水运河的开凿对于南北方经济和文化的交流与发展具有深远的影响，它不仅是一条物理上的水道，更是一条连接南北经济与文化的纽带。

二、扬夏运河

西晋统一后，为确保首都洛阳与江汉地区的紧密联系，在疏浚扬水运河的基础上，修通了扬夏运河。

自公元前278年秦将白起攻克郢都，楚国都城东迁至陈城以来，郢都故城遭受了严重破坏，逐渐荒废。与此同时，漕运的衰退导致扬水运河这一昔日繁华的水道也日渐衰落。加之云梦泽的南移以及江汉地区泥沙的不断淤积，部分河段出现了严重的淤塞现象。至三国初期，扬水运河已完全丧失通航能力。

西晋太康年间（280—289年），杜预镇守襄阳时，为了便利交通，利用扬水运河的故道，疏浚挖通入汉江之口的扬口与夏水，利用扬、夏水道沟通长江与汉水，史称"扬夏运河"。据《晋书·杜预传》载："预乃开扬口，起夏水，达巴陵千余里。内泄长江之险，外通零桂之漕。"扬夏运河与扬水运河故道基本无大差异，它起自扬口，流经江陵，再东北向穿路白湖、中湖及昏官湖之后，与赤湖水一起东向流经华容县（今监利东北）、潜江，最后于泽口附近汇入汉江。

扬夏运河既可以泄洪，又可以蓄水，在一定程度上减轻了长江水患压力。扬夏运河开凿后，对缓解航运压力也起到了十分重要的作用。有了扬夏运河以后，各种物资可以从汉水中游直接通达湘桂，而江陵（今荆州古城）抵达襄阳直至洛阳的航程也因此缩短了千余里，大大便利了航运，也带动和促进了运河沿线经济的发展。

三、荆襄运河

北宋时，扬夏运河因淤积而阻塞。因急需水上通道转运物资，便对扬夏运河疏浚复航，利用古故道开凿出一条运河连通长江和汉江，即荆襄运河。

北宋端拱元年(988年)，宋太宗采纳阎文逊、苗忠的建议，开凿荆襄运河。按照阎文逊、苗忠的设计，运河自江陵起，东向凿渠，经过潜江境内与汉水汇合，即在江陵与汉水之间凿开一条渠道，便利长江、汉水之间的水路交通。

荆襄运河开通后发挥了巨大的作用，使得湖广、四川以及江陵附近的物资更加方便快捷地被运输至京师，不仅减轻了水运压力，而且促进了运河沿线各地区经济、文化上的交流与繁荣。

四、两沙运河

明朝初期，依托荆襄运河与扬夏运河的既有河道，开凿了两沙运河。两沙运河因起止点分别位于沙洋和沙市而得名，主要功能是连通长江和汉江之间的航运，在一定历史时期也起到了泄洪和灌溉的作用。

两沙运河由东西两段组成，其西段的沙市便河沿用了北宋时期开凿的荆襄运河的西段部分，而东段的沙洋便河，其北段则是利用了西晋杜预所开扬夏运河的北段，将两段古运河故道疏浚后，通过长湖相连，共同构成了连接长江与汉水最为便捷的内河航道，进而实现了豫、陕、鄂、湘、川五省间水路交通的互联互通，成为南北物资流通的关键水道。

随着历史的变迁，两沙运河的命运也经历了波折。清末时期，沙洋汉江李公堤的溃决，导致沙洋至鄢家闸之间约4千米长的河段被大量泥沙淤积，最终演变为平地，运河因此而中断。此后，仅有沙市便河的部分河段尚能维持通航状态。进入民国时期，为了恢复两沙运河的通航功能，曾三度计划对其进行疏通，但遗憾的是，这些计划最终都未能得以实现。

五、引江济汉工程

引江济汉工程(图6-1)是从长江引水补充汉江下游水量的渠道工程，是我国现代最大的人工运河工程。渠首(渠道进口)位于荆州市荆州区李埠镇，出水口位于潜江市高石碑镇，渠道全长67千米。引江济汉工程是国家南水北调战略性工程中重要的一环，其主要功能是向汉江兴隆以下河段补充因南水北调中线调水而减少的水量，改善该河段的生态、灌溉、供水和航运条件，可缩短长江荆州段至汉江潜江段航程600多千米。

引江济汉工程于2010年3月在长江荆江河段正式启动建设，历经4年多的精心施工，最终于2014年9月26日顺利实现通水目标。此工程巧妙借助现有河渠资源，成功构建起一条横贯长江与汉江的人工水道，是当代中国连接长江和汉江的最长人工运河。引江济汉工程建成后，在工程沿线及汉江中下游地区的抗旱、防洪、航运、生态修复等方面发挥了积极作用。

运河的发展见证了时代的进步，也见证了文明的繁荣与发展。以通航和调水调蓄为核心功能的江汉运河，不仅有效缓解了长江水患的严峻形势，为防洪减灾工作提供了有力支

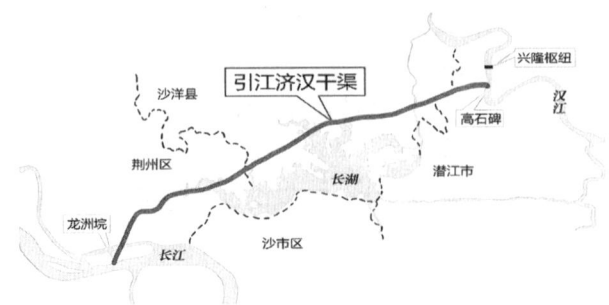

图 6-1 引江济汉工程示意图

持,而且积极促进了当地农业生产的繁荣与发展,为农民增收致富开辟了新途径。同时,它也加速了流域间经济、文化的交流与融合,为区域协调发展注入了强劲动力。

第二节 荆江堤防工程

"万里长江,险在荆江。"荆江是长江水患最为严重的河段。由于荆江段河道弯曲,尤其下荆江河段十分蜿蜒曲折,江水自上游奔腾而下,至平原地带流速减缓,加之河道曲折,水流不畅,极易引发洪涝灾害。面对洪水的肆虐,荆江流域的先民们在与洪水的长期斗争中,学会了与自然和谐共存。在此背景下,荆江大堤这一防洪水工程应运而生,成为荆江流域防洪的重要屏障。

一、金堤与寸金堤

东晋时期,荆州古城(古称江陵城)是重要的军事重镇。由于它濒临长江北岸,每到夏季汛期,江水暴涨,就会对古城造成巨大的威胁。为了有效抵御洪水侵袭,保障荆州城的安全无虞,东晋荆州刺史桓温亲自督导,组织并实施金堤的修筑工程。

东晋永和年间,桓温大力兴修水利,命令陈遵在荆江北岸沿荆州城修建堤防。据《水经注》记载:"江陵地东南倾,故缘以金堤,自灵溪始。桓温令陈遵监造。遵善于方功,使人打鼓远听之,知地势高下,依傍创筑,略无差失。"[1]陈遵深谙筑堤之道,巧妙运用声学原理,命人远处击鼓,细听鼓声回荡的差异,以此精确判断地势的起伏,从而精准规划筑堤线路。陈遵遵循科学的方法,带领百姓沿着荆州城的外围精心构筑起了一道坚固的堤防。这道护城堤坝,被命名为"金堤",意即大堤"固若金汤",可以保卫荆州城免受江水的侵袭。

金堤自东晋桓温始筑,后世又有所发展。至南朝梁代,荆州刺史萧憺主持修筑荆州城

---

[1] (北魏)郦道元原注,陈桥驿注释:《水经注》,浙江古籍出版社2001年版,第536~537页。

附近的江堤，并对一度溃决的金堤进行修复和加筑。梁天监六年（507 年），荆州发生大水，江水溃决冲坏了金堤，萧憺亲率州府的武将文臣，冒着大雨修筑堤坝。当时雨大水猛，大家都惊慌失措，有人劝萧憺先转移到比较安全的地方躲避，萧憺义正词严地拒绝道："当初王尊太守尚以自己的身躯堵住河堤的缺口，我怎么能贪生怕死呢？"水势消退之后，萧憺就组织百姓将堤坝修好并加固。五代时期，荆南节度使高季兴命令将领倪可福对金堤加以维护培修，称为"寸金堤"。南宋时期，荆南湖北路安抚使张孝祥再度组织专人修缮寸金堤。张孝祥所筑寸金堤是在旧堤的基础上修筑的，将旧堤培修作为西段，再加筑东段，连成一线成为全新的寸金堤。金堤与寸金堤作为荆州城的重要护城堤防，不仅保障了当地民众的安全，更为后世修筑荆江大堤提供了宝贵的经验与参考。

二、荆江大堤

荆江大堤横亘于荆江北岸，其起点为荆州区枣林岗，终点则延伸至监利县城之南，全线长约 182 千米，对于确保流域内广大民众的生命财产免受自然灾害威胁，具有无可估量的重要意义。作为一项至关重要的防洪基础设施，荆江大堤自其建设完成以来，历经岁月考验，在抵御洪水侵袭、保护沿岸土地与居民安全方面，发挥了极其显著的作用，是保障区域安全稳定的重要屏障。荆江大堤的形成与发展经历了以下几个时期。

1. 分筑发展时期

南北朝至宋元时期，是荆江大堤的分筑发展时期。

唐朝时，沙市的商业贸易十分兴盛，逐步发展成为一座商业重镇。为使沙市免受长江洪水侵扰，修筑江堤的需求日益迫切。唐太和四年至六年（830—832 年），荆南节度使段文昌在沙市主持修筑了"段堤"，为后续荆江大堤的完善奠定了坚实的基础。

两宋时期，鉴于宋朝与辽、金之间频繁发生的战争冲突，特别是南宋政权南迁之后，历代统治者对堤防工程的建设与修缮事宜给予了极其重要的关注和重视。因此，相较于前代，这一时期的堤防建设展现出了显著的发展与进步。具体而言，一方面，政府积极组织力量新建了诸如沙市堤、黄潭堤等重要的堤段，以增强防洪能力；另一方面，着重对既有的堤段进行了维护与修补工作，确保其防洪功能的持续有效。

宋熙宁八年（1075 年），荆州太守郑獬在沙市沿江区域兴建了一道新堤防，新堤与原有寸金堤相连，时人称之为"沙市堤"。宋绍兴二十八年（1158 年），时任监察御史都民望主持在现今沙市盐卡地区加筑黄潭堤。自此，荆州的堤防体系已初具规模，为荆江大堤的初步构建奠定了坚实的基础。

2. 合筑成型时期

明朝时期，江汉平原的人口数量相较于前代展现出了迅猛的增长态势，与此同时，垸田的开发进入了高速发展的阶段。这一变化极大地推动了农业经济的繁荣，进一步巩固了荆州地区在经济领域的重要地位。由于农业生产与居民生活的实际需要，对水利设施的建设与维护提出了更为迫切的要求。

这一时期的水利工程主要聚焦于大堤的整体加固与提升，包括对因洪水频繁侵蚀而易于溃决的堤段进行重点培修，以及对关键区域的堤段实施加高与加厚工程，以增强其防洪能力。尤为值得一提的是，明成化初年，荆州知府李文仪在黄潭堤段创新性地采用了石头垒筑的方式来构建防护堤坝，此举不仅为荆江大堤的防护开辟了新的技术路径，更被视为垒石护岸实践的先驱与典范。

在荆江北岸，各个历史时期修建的堤段有十余个，各堤段之间有穴口分隔。随着时间的推移，这些穴口逐一被实施封堵措施。至明嘉靖二十一年（1542年），位于江北的最后一个穴口——郝穴被完全堵塞，各段堤防从堆金台到拖茅埠全线相连成为一个整体的堤防工程，全长124千米，统称为"万城堤"。至此，荆江大堤的各堤段实现了全面的整合，构筑起了一个坚固且完善的堤防体系，屹立于荆江北岸之上。

3. 加培治理时期

清朝至民国初期，是荆江大堤加培治理时期。这一时期，荆江大堤溃决频繁，屡决屡修。在明末堤防的基础上，荆江大堤得以多次培修，加高加厚，整险加固，并且修筑了部分月堤，减轻堤防压力。康熙二十四年（1685年）培修加固万城堤，是荆江大堤历史上规模较大的一次修筑。乾隆五十三年（1788年），荆州遭遇严重水患，导致荆江大堤多处溃口，荆州府城亦被洪水淹没，损失极为惨重。此次溃决事件引起了朝廷的高度重视，乾隆皇帝随即下令对万城堤进行大规模的培修工程，不仅修复了溃口，而且进一步加高大堤，增厚堤身，以确保其防洪能力。

民国时期，荆江堤防没有大的兴修，基本沿用清制。1940—1945年，日本侵略中国期间，荆江大堤被严重破坏，饱受炮火的摧残。至抗战结束时，荆江大堤已残破不堪。

4. 全面治理时期

中华人民共和国成立后，党和国家开始对荆江大堤进行大规模的整险加固，掀开了荆江治理的新篇章。1951年，将堆金台至枣林岗段的原阴湘城堤划入荆江大堤。1954年大洪水后，又将江陵拖茅埠至监利城南堤段划入荆江大堤，至此，荆江大堤形成现今的规模。

荆江堤防在中华人民共和国成立后虽经数载的整险培修，防洪能力有所提升，然而原有堤防仍存在诸多安全隐患，尚不足以抵御百年一遇的特大洪水。鉴于荆江水利问题的严峻性，党和国家高瞻远瞩，确立了"确保荆江大堤，江湖两利，蓄泄兼筹，以泄为主，上下荆江统筹考虑"的治理策略，并果断启动了新中国首个大型水利建设项目——荆江分洪工程（图6-2）。

荆江大堤经过历朝历代的增修培筑，由小规模地分段修筑，到逐步地增段、维护，直至连成一线成为一个整体的防洪工程，历经了1600多年的历史，防洪能力显著提升，对洪水的抵御功能日益增强。如今，荆江大堤已经成为保卫江汉平原的一道坚实的屏障。

图 6-2　荆江分洪工程纪念碑

三、荆江分洪工程

自古以来，洪水始终是荆江两岸人民生产与生活所面临的重大威胁。荆江大堤自其初建之日起，始终坚守在保护这片土地免受洪水侵袭的最前线，有效减轻了洪水对当地造成的潜在威胁与损害。中华人民共和国成立后，党和国家认识到，单纯依赖堤防工程阻挡洪水已难以满足荆江防洪的需求，必须采取"治理"与"预防"并重的策略。为此，国家重新调整并确立了治水方针，着手建设荆江分洪工程，旨在从根本上解决荆江的防洪问题。

荆江分洪工程主要建设项目包括荆江大堤加固、进洪闸（又称北闸）、节制闸（又称南闸）和围堤培修等工程。进洪闸（北闸）位于长江南岸虎渡河太平口，有 54 个进洪孔，设计进洪流量为 8000 立方米每秒，可有效吞蓄洪水总量达 54 亿立方米，主要作用是分泄荆江上游巨大的超额洪水峰量，降低沙市水位，确保荆江大堤安全。节制闸（南闸）位于荆州市公安县黄山头东麓，有 32 个泄洪孔，设计泄洪流量为 3800 立方米每秒，控制虎渡河向洞庭湖分流量，以确保洞庭湖地区的安全。工程建成后，最终形成一个总面积 921 平方千米的分洪区。

荆江分洪工程自 1952 年 4 月 5 日起全线启动施工，并于同年 6 月 20 日提前圆满竣工。参加工程建设的 30 万军民以非凡的英勇、坚韧与牺牲精神，夜以继日地投身于建设一线，仅用75天便完成了主体工程,创造了世界水利工程史上的一个奇迹。

荆江分洪工程竣工后,很快就经受了洪水的考验,发挥了应有的作用。1954年,长江流域遭遇百年罕见的特大洪水。由于上游洪水来量大,而荆江河道安全泄洪能力有限,中央防汛总指挥部果断决定首次启用荆江分洪工程,三次开闸泄洪,科学调节洪水,减轻了长江洪水汇入洞庭湖的压力,确保了江汉平原和大武汉的安全,发挥了荆江分洪工程的巨大作用。这在长江防汛抗洪历史上是前所未有的,谱写了人类战胜自然的华章。

第三节 长江生态大保护

1998年,长江流域发生百年未遇的特大洪水。在夺取抗洪斗争伟大胜利的过程中形成的"九八抗洪"精神,极大增强和提升了民族精神品格。进入新时代,在国家"长江大保护"战略的引领下,荆江流域正迎来前所未有的生态转型与绿色发展的崭新篇章。

一、九八抗洪

1998年,长江流域遭受了全流域性大洪水的侵袭。当年汛期,长江水流湍急,肆虐难驯。荆江地区入汛时间之早、高水位持续时间之长,均达到了历史罕见水平,使得防洪形势变得异常严峻。荆江河段相继遭遇了八次洪峰的猛烈冲击,水势汹涌澎湃,两岸堤防的水位均达到了历史新高,形成了前所未有的防汛压力。

面对洪涝灾害的严峻挑战,荆江儿女与肆虐的洪魔展开了一场漫长而艰苦的斗争。在最为困难的时候,五万人民子弟兵不畏艰险,日夜奋战在抗洪一线,以血肉之躯筑起了一道坚不可摧的防线。他们日斗洪魔,夜卧长堤,身挡激流,舍生忘死,为抗洪斗争的胜利立下了赫赫战功。在最为危险和关键的时刻,党员干部挺身而出,成为抗洪斗争的中流砥柱。他们身先士卒,率先垂范,激励和带领广大群众迎难而上,共同抵御洪水的侵袭。同时,人民群众也展现出了万众一心的团结力量,积极参与抗洪斗争,为最终取得胜利奠定了坚实的基础。

在这场抗洪斗争中,党员干部、人民军队和群众百姓这三个伟大的英雄群体紧密团结在一起,用实际行动诠释了"众志成城、共克时艰"的深刻内涵。在并不完全具备战胜洪水的条件的情况下,党和国家科学决策、运筹帷幄,极致地发挥了荆江人民的抗争力量。最终,在全体抗洪将士与民众的共同努力下,我们取得了抗洪斗争的又一次伟大胜利。

在这场伟大的抗洪抢险斗争中,孕育了"万众一心、众志成城,不怕困难、顽强拼搏,坚韧不拔、敢于胜利"的"九八抗洪"精神,这一精神在中华民族抗洪斗争的史册上,书写了浓墨重彩、铿锵有力的辉煌篇章。

"九八抗洪"斗争胜利后,党和政府高度重视荆江治理和保护工作。针对灾后重建、江湖整治及水利兴修的迫切需求,党和国家从战略高度出发,未雨绸缪,制定了详尽的决策方案,并着重加强了以长江防洪工程为核心的水利基础设施体系建设。国家投入总计超过百亿元的巨额资金,用于全面提升荆江堤防工程的防洪能力。

各级政府积极响应，持续加大对荆江大堤、松滋江堤及南线大堤等关键堤段的建设与维护力度，并将荆南长江干堤、洪湖监利长江干堤以及荆南四河堤防等重要防洪设施纳入国家基本建设项目范畴，实施综合整治，以确保其稳固与安全。

随着这一系列重大工程的相继实施与完成，荆江堤防的面貌发生了根本性的变化，标志着长江治水事业实现了历史性的飞跃。荆江流域的防洪形势得到了显著改善，为区域经济社会发展提供了更为坚实的保障。

二、长江大保护

2016 年 1 月，习近平总书记在重庆召开的推动长江经济带发展座谈会上强调：长江是中华民族的母亲河，也是中华民族发展的重要支撑；当前和今后相当长一个时期，要把修复长江生态环境摆在压倒性位置，共抓大保护，不搞大开发。全国各地迅速响应，一场关于长江经济带绿色发展的新篇章悄然展开。

2018 年 4 月 25 日至 26 日，习近平总书记实地考察了长江中游的荆江两岸，亲自调研长江生态环境保护与修复工作。4 月 25 日上午，习近平总书记驱车从宜昌前往荆州，在荆州港码头登上轮船，顺江而下，实地察看长江沿岸生态环境和发展建设情况。船抵石首港后，他又驱车深入长江湖南岳阳段考察。习近平总书记在考察时指示：我强调长江经济带建设要共抓大保护、不搞大开发，不是说不要大的发展，而是首先立个规矩，把长江生态修复放在首位，保护好中华民族的母亲河，不能搞破坏性开发。要在坚持生态保护的前提下，发展适合的产业，实现科学发展、有序发展、高质量发展。

随着国家对长江经济带发展战略的深入实施，荆江流域被赋予了新的历史使命。各地积极响应号召，坚持"共抓大保护、不搞大开发"的原则，推动产业结构优化升级，大力发展绿色经济、循环经济，努力实现经济发展与环境保护的双赢。

在各级政府的引领下，一系列生态修复工程在荆江流域全面铺开。河滩湿地得到恢复，珍稀物种的栖息地得到有效保护，水质逐年改善，昔日的浑浊江水逐渐变得清澈见底。同时，沿江两岸的植树造林、岸线整治、污水处理设施建设等工作也在紧锣密鼓地进行中，一个生态宜居、环境优美的荆江新貌正逐步展现在世人面前。

如今，经过多年的建设，千里荆江堤防固若金汤，两岸茂林挺拔如诗如画。春风又绿江南岸，一江碧水向东流。"万里长江，险在荆江"已然变为"万里长江，美在荆江"。荆江安澜，民生安乐，千年的祈盼，终于变成了现实。

第七章　荆州史志文化

在古代，荆州私家修史之风盛行，曾经出现过一批在历史上颇有影响的地记、风俗志、杂史、笔记、方志等各种体例的史学著作。清代学者章学诚曾说："荆志著于古者，倍他州郡。"虽然是仅就方志而言，但其他体例的史著又何尝不是如此。兹举数例，以窥见一斑。

第一节　地记与风俗志

东晋南朝时期，盛弘之的《荆州记》和宗懔的《荆楚岁时记》是记载荆州地理、历史和文化的两部重要著作。《荆州记》以地理为纲，详细记载了荆州的山川地理、城池关隘、物产资源；而《荆楚岁时记》则以时间为序，生动地再现了荆州的风土人情和社会生活。两部著作共同勾勒出一幅生动的荆州历史画卷，使后人得以窥见古代荆楚地区的社会风貌。

一、盛弘之与《荆州记》

东晋南朝时期，一批从北方南下荆州的士人以及荆州本土籍的士人撰写了大量有关荆州的地记，据统计有35家44种之多，呈现出欣欣向荣的局面。所谓地记，是以记载某一地区的山川形胜、物产风俗、人物事迹为主要内容的专书，它是中国方志早期的主要编纂形式。地记保存了大量特定历史时期有关区域地理、历史文化方面的宝贵资料，对于历史研究和地域文化研究有着重要的文献价值。荆州地记不仅记录了荆州的历史沿革、山川形胜、行政建置、人物传记、武备兵防等资料，而且对荆州的经济物产、风俗民情、宗教信仰、异闻逸事也多有载录，为后世留下了宝贵的文化遗产。

在众多的荆州地记中，影响最大者当属盛弘之写成于江陵的《荆州记》一书。关于盛弘之其人，历史上留下的资料极少。从《隋书·经籍志》称其为"宋临川王侍郎"来看，他当是南朝刘宋时期临川王刘义庆的幕僚，出任侍郎一职。刘义庆是刘宋皇室子弟，雅好文义，喜招聚文学之士，在他的门下，常年聚集着一批文人雅士，从事编纂撰述。盛弘之正是刘义庆出任荆州刺史期间招纳入幕的臣僚之一。刘义庆于元嘉九年（432年）出任荆州刺史，镇江陵；元嘉十六年（439年）改任江州刺史，在江陵任上前后达7年。据清代学者陈毅考证，盛弘之正是于刘义庆在江陵出任荆州刺史期间撰写了《荆州记》一书。陈毅以陈运溶所辑盛弘之《荆州记》为依据，将书中所涉郡县名与正史所记晋宋时期多次对荆州区划的调整进行比照发现，盛弘之《荆州记》所记的郡县名称只与元嘉八年（431年）湘州并入荆州之后，元嘉十六年(439年)正月复立湘州之前的荆州、江州、广州行政区划相吻合，而这一时期刘义庆恰好在江陵荆州刺史任上。由此推定，盛弘之正是在江陵任刘义庆幕府的侍郎一职时著成《荆州记》一书的。另一位清代学者曹元忠则以《宋书·州郡志》比照《荆州记》，认定该书成书时间在元嘉十四年(437年)左右，这一结论与陈毅的研究结果并无相左之处。他们的研究结论都说明，盛弘之《荆州记》的成书地在江陵。

《荆州记》一书记述的地理范围是荆州所属郡县，这些郡县内的山川形胜、风俗物产、神话传说、名人轶事、历史遗存等均有涉及，是研究六朝时期荆州政治、经济、地理、文化的重要文献。以《荆州记》中对江陵县的记载为例，该书结合历史文献的记载，对县境内长江水文地质面貌进行了记述，如江州有龙州、宠州、燕尾州、中夏州，长江出入口有豫章口、中夏口、涌口，长江支流有夏水、涌水等。书中还记载了东晋桓温命陈遵建造金堤的事迹，这是历史上关于长江堤防工程的最早记载。这些记载是今天研究六朝时期长江水文的重要资料。

盛弘之的《荆州记》早已亡佚，虽然经清代学者的努力，从众多征引《荆州记》的古籍中收罗辑佚，但仅得原书四分之一，实为零圭断璧。在众多的辑本中，尤以陈运溶的《荆湘地记》辑本为佳。

二、宗懔与《荆楚岁时记》

宗懔，字元懔，南阳涅阳(今河南邓州)人，住在江陵。西晋末年永嘉之乱时，宗懔的八世先祖宗承自南阳迁居江陵，此后世居江陵。宗懔少年时聪明好学，昼夜读书不知疲倦，被人称为"童子学士"。湘东王萧绎出镇荆州时，长史刘之遴举荐宗懔出任记室，负责起草和抄录文书。萧绎移镇江州时，宗懔为刑狱参军，兼掌书记。后来，他又先后担任了临汝、建成、广晋三县的县令。直到母亲去世，他才辞去了职务，返回江陵家中为母亲丁忧。萧绎再度出镇荆州时，宗懔任荆州别驾、江陵令。萧绎在江陵即帝位后，宗懔为尚书侍郎，封信安县侯，后又经多次升迁，直到升至吏部尚书。

恭帝元年(554年)，西魏攻破江陵城，灭萧梁，用政治强权将众多文士强行迁徙到长安，宗懔亦被迁入关。因为宗懔是南土名士，入关后备受赏识，被任命为车骑大将军、仪同三司，后又进入麟趾殿负责刊定群书。最后卒于北周保定五年(565年)，享年64岁。

宗懔一生著述颇丰，著有文集二十卷。至隋朝时，有《后周仪同宗懔集》十二卷流传于世，但由于时代久远，这些著作文集多已不存。现在仅有《荆楚岁时记》一卷和四首诗存世。《荆楚岁时记》是宗懔所作的一部"记荆楚风物故事"的专书，原书共有十卷，但大多散佚，现存篇幅仅为原书十分之一，为明人从类书中辑佚所得，编为一卷。现存一卷本《荆楚岁时记》中附有隋代杜公瞻所作注释，注文除解释原文之外，还将南北民俗进行对比，对于《荆楚岁时记》的流传起到了重要的作用。

宗懔的《荆楚岁时记》是现存年代最早、保存最为完整的荆楚地区风俗志专书，书中保存了大量古代荆楚地区的岁时节令、风物故事，是研究荆楚地区民俗的珍贵资料。《荆楚岁时记》记载了一年中自元旦到除夕的主要节令时俗，凡20余条、36事，大致可分为7大类。其一是节令习俗，按月记述每月之中的节日，从中可以看出荆楚地区全年岁时民俗的主要事象；其二是农事习俗，记载不同季节里不同农事生产活动及有关习俗；其三是祭祀习俗，记载荆楚地区不同节令中祭祀祖先神灵的风俗；其四是卫生习俗，记载与讲究卫生、防病治病有关的习俗；其五是祈福习俗，介绍楚人辟除邪恶，祈求美好幸福的习俗；其六是文体习俗，记载有关文娱、体育以及旅游活动的游艺民俗；其七是神话传说以及历史掌故。《荆楚岁时记》所记载的内容涉及大量荆楚地区的民俗事象，有很多民俗直到今天仍然保留下来，具有极其顽强的生命力。

第二节　历史笔记

唐代之后，与荆州相关的历史笔记中最具代表性的是《渚宫旧事》和《北梦琐言》两部。余知古所著的《渚宫旧事》详细记载了荆楚地区的史实和掌故，孙光宪的《北梦琐言》则收录了唐代至五代时期的政治轶事和民间风俗。它们对于研究荆州的地方历史和文化都具有极其重要的价值。

一、余知古与《渚宫旧事》

唐朝发生安史之乱后，北方士人为躲避战乱，纷纷南下荆州。一时之间，荆州聚集了大量北方士人，号称"衣冠薮泽"。与这一人才聚集现象极不相称的是，在中唐四五十年间，荆州解送进京参加科举考试的人，却无一人及第，被时人讽刺为"天荒解"。直到刘蜕科举及第，打破了"天荒解"的困局，这才有了"破天荒"之说。在刘蜕之后，又有余知古、关图、常修等人相继科举及第，荆州这才涌现出了一批本土人才。晚唐杂史著作《渚宫旧事》的作者余知古便是其中之一。

历史上关于余知古的生平事迹，只有个别文献零星提及。《新唐书·艺文志》著录《汉上题襟集》十卷，署名为"段成式、温庭筠、余知古撰"。余知古与段成式、温庭筠唱和往来，他们三人当同为晚唐时人。又据孙光宪《北梦琐言》记，余知古与常修、关图等人"皆为荆州之居人也，率有高文，连登上科"，由此可知余知古为荆州人，科举进士出身。自唐中叶以后，"秀才"是进士的通称。段成式有一封写给余知古的书信，题为《寄余知古秀才散卓笔十管、软健笔十管书》。书信中，段成式称余知古为"秀才"，可见余知古确为科举及第的进士。《登科记考》卷二十三录常修为唐懿宗咸通六年（865年）进士及第，余知古应是此年前后及第的进士。余知古及第后曾在朝为官，官至将仕郎守太子校书。余知古的著述存世的除《渚宫旧事》一书，另有《谢段公五色笔状》一文保存在《全唐文》中，是为感谢段成式赠送五色笔而写的书简。

《渚宫旧事》是余知古所撰写的一部杂史性质的著作。书名"渚宫"二字，出自《左传·文公十年》，是春秋时期楚成王在楚郢都南郊外长江边所建的行宫名。战国时期，"渚宫"称为"江陵行邑"，其旧址即今荆州古城所在地。在唐诗中，"渚宫"成为江陵的代名词。如诗僧齐己有诗作题名《渚宫江亭寓目》，贯休的《寄景地判官》诗中有"渚宫江上别"句，这些诗题或诗句中的"渚宫"都指的是江陵。余知古以"渚宫"命名《渚宫旧事》，一是因为书中大部分内容与荆楚历史有关，二是因为他自己是江陵人，以书名寄寓自己对家乡的怀念。

《渚宫旧事》原书十卷，今本仅五卷，另附补遗一卷。五卷中，前三卷所记内容为春秋战国时期楚国君臣事迹，第四卷为汉魏时期人物事迹，第五卷则以记晋朝人物事迹为主。第一卷首篇是"周代概述"，对楚国自商周之际鬻熊为周文王师，至楚襄王自楚郢都迁都陈城的历史进行了简要概述，又对自楚文王至楚襄王四百年间楚国出现的人才进行了分类列举，共分为"贤相""将帅""奉法""正谏""忠烈""默识""待士""进贤""文章""筹策""应对""高让""隐逸""武勇""伎术"15类，列举人物计122人。由此不难看出，余知古撰作《渚宫旧事》的目的，是将楚国君臣事迹传诸后世，以励来者。

二、孙光宪与《北梦琐言》

以记录历史掌故、社会逸闻、民情风俗为主要内容的历史笔记在唐代蓬勃发展，走向成熟。历史笔记的作者在写作之初虽然"始有意为小说"，但由于他们多具备"以备史官之阙"的历史意识，其作品多"能与正史参行"（刘知幾《史通·杂述》），从而受到史家的重视。晚唐五代十国是历史笔记的勃兴期，这一时期出现的一部重要的历史笔记《北梦琐言》正是成书于五代十国时期的江陵县内。

《北梦琐言》的作者孙光宪是五代时期割据江陵的荆南国的属吏。孙光宪，字孟文，自号葆光子，陵州贵平县（今四川仁寿向家乡）人。后唐天成元年（926年），孙光宪因得到荆南国重臣梁震的推荐而谋得书记一职，此后成为荆南国高氏政权五代君主的主要谋臣，时间长达37年。

孙光宪平时喜好收藏经籍文献，所藏图书有数千卷之多，其中有的图书是经他亲手抄录的。在抄录的过程中，他对这些图书进行校雠整理，孜孜不倦，终老不废。他的著作有《北梦琐言》《荆台集》《橘斋集》等，现存作品仅有历史笔记《北梦琐言》以及词作84首。《北梦琐言》现存二十卷，后人从其他书中所辑佚文四卷、补遗一卷，共有438条。

孙光宪在《北梦琐言》的序言中，对该书命名的由来、写作的态度以及写作目的有一个明确的交代。书命名为《北梦琐言》，是因为孙光宪是割据江陵的荆南国的属吏，江陵位于长江之北，遂依《左传》上"畋于江南之梦"之语，称江陵为"北梦"。

《北梦琐言》所记内容以唐五代的政事遗闻、士人言行轶事及风俗人情等为主，多来源于唐五代史籍和笔记小说，也有的是作者亲身的经历或见闻。历史笔记虽然不同于正史，无须对历史进行考证，但孙光宪在写作时，却俨然以写作正史般的严谨态度进行认真求证和校勘，用他自己的话来说，"每聆一事，未敢孤信，三复参校，然始濡毫"（《北梦琐言序》）。由此可见，孙光宪在写作时秉持着严谨的态度，追求所写内容的历史真实性，这无疑大幅提升了《北梦琐言》的可信度。

《北梦琐言》保留了晚唐五代十国之际不少史料，尤其是书中关于前蜀、荆南等十国历史的记载，可以补正史之不足，对于研究晚唐五代十国的政治、经济、文化以及社会风俗都有着重要的价值。《北梦琐言》还是不少史籍、类书的重要文献来源,如《资治通鉴》《旧五代史》《十国春秋》《太平广记》都不同程度地援引过《北梦琐言》中的材料,可见《北梦琐言》的史料价值极高。

第三节　官修与私修志书

志书,又称"地方志",是指全面、系统地记述地方行政区域内包含自然、政治、经济、文化、社会等各方面情况的资料性文献。根据编纂主体分类,可分为官修志书和私修志书。官修志书是官方编纂的地方史志,由地方政府负责组织编纂,具有一定的权威性。私修志书是由个人或民间团体编纂的地方志性质的著作,因不受官方限制,能提供独特的历史视角和细节,对地方文化传承和学术研究有一定的价值。

一、清乾隆《荆州府志》

明清时期,荆州地方政府重视修志,编纂了多部《荆州府志》。这些志书按照成书时间顺序排列,有明嘉靖十一年版、明万历二十二年版、清康熙二十四年版、清乾隆二十二年版以及清光绪六年版。明万历二十二年《荆州府志》已经失传,其他四部《荆州府志》至今仍有存本。在现存《荆州府志》中,清乾隆二十二年《荆州府志》引证准确,辨证精妙,"在湖北诸志中,最称善本"①。

乾隆二十二年《荆州府志》共五十八卷,由湖北分巡荆宜施道来谦鸣、荆州知府叶仰高担任总裁,聘请钱塘贡生施廷枢主持编纂,这部志书因此也被称为"施志"。该志书详尽地记录了荆州府及其下属各县的自然景观、地理边界、历史变迁、政治经济、文化教育、礼仪习俗、城市建筑以及历史人物和古迹等,被誉为"荆州的百科全书"。这些翔实的记录为研究当时荆州地区的自然地理、政治制度、经济发展和社会文化提供了宝贵的原始资料。

"施志"广泛搜集并引用了大量珍贵的荆州地方史志资料,这些资料具有极高的史料价值。该志书搜罗众多古籍,从中辑录了关于楚国政治、经济、军事、文化等各个方面的资料,为我们研究楚国历史提供了极大的便利。此外,该志书"江防类"详细记载了从唐五代至乾隆二十年长江堤防的修筑情况,为我们研究长江堤防的历史提供了丰富的资料。

"施志"还保存了一些极为珍贵的荆州历史地理资料。《荆州方舆书》是明代学者雷思需所著的一部关于荆州历史地理的专著,遗憾的是它没有独立的单行本流传于世,而是后来被收录在清代康熙年间编纂的大型类书《古今图书集成》中。由于《古今图书集成》属于皇家藏书,普通民众难以有机会翻阅。幸运的是,"施志"卷五十三"艺文三"收录了《荆州方舆书》,使得更多的人能够一睹其真容。

"施志"的编纂体例和内容对后续的地方志编纂工作产生了显著的影响,成为荆州地区地方志编纂的范本。它对于我们研究荆州的历史与人文,以及推动荆州文化旅游事业的发

---

① (宣统)湖北通志局编著:《湖北艺文志附补遗(上)》,湖北教育出版社2002年版。

展，都具有极其重要的价值。

二、孔自来与《江陵志余》

孔自来，字伯靡，江陵人。明太祖朱元璋九世孙，辽简王朱植八世孙，原名俨镶，字启宇。明朝灭亡后，为躲避清廷对明皇族宗室成员的迫害，改名换姓，迁居于江陵三湖，居处雅号为"东湾草堂"，自号"句曲山人"。

孔自来一生著述极丰，见于记载的有28种之多，其中有史书《读史问疑》《江陵先贤传》《江陵志余》《荆变纪略》《金陵志余》《郢书》等，游记《两都游记》《豫章游记》，诗集《咏物诗》《句曲山人诗》，随笔《函山偶笔》《碧落山房闲笔》，医药书《药房琐录》《吕齐脞语》《金丹秘诀》。此外还有《荆雅》《鱼谱》《种树经》《艺花谱》等杂书，可惜这些著作大多已散佚不存。

在孔自来的众多著作中，影响最大、流传最广者当属《江陵志余》。《江陵志余》是一部私修江陵县志，其创作始于明崇祯十三年（1640年），成书于清顺治十年（1653年），在这十几年的时间里，先后五易其稿，倾注了作者大量的心血。《江陵志余》存世版本较多，以清顺治己丑钞本最早，另有康熙木活字本、道光二十九年吹笙阁刻本等。

古代以"志余"为书名的著作大致有两种类型：一种是官修方志中将不易归类又不宜舍弃的内容归为"志余"，另一种是对自己或他人著作的补充或续编。孔自来以"志余"作为书名，与上述两种"志余"均不相类，用他自己的话来说，就是"志而曰余，非关吏治"（《江陵志余·略例》），也就是说，他所记载的内容是与吏治无关的，如官修方志中必须写入的诸如户口、官制之类，都不会出现在他的书中。《江陵志余》所记内容主要是关于建置沿革、山川风物、名胜古迹、宫观寺庙、时令节俗等方面，起到了"存故乡之文献，补旧史之残缺"（袁坦易《江陵志余序》）的作用。因《江陵志余》史料翔实，引证丰富，被清代官修志书广为征引，如清代《大清一统志》《湖广通志》《湖北通志》等志书都引用过该书。

《江陵志余》广泛征引资料，保存了众多珍贵的史料，其中包括一些已经散佚的文献，对于文献学和历史地理学领域具有重要价值。即便在成书百余年后，它对地方志编纂工作仍具有重要的指导意义，对地方文史研究仍具有极高的参考价值。

第八章　荆州古代文学与艺术

　　荆州的江河湖泊充满着自然的灵性，生长出来的文学与艺术之花分外绚烂，令人神往。荆州的文学艺术源远流长，展现出独特的艺术魅力。从戏剧的初步萌芽，到楚辞的璀璨辉煌，每一种艺术形式都在这片土地上得到了孕育与发展。民歌的悠扬传唱，山水画的深远意境，无一不彰显着荆州文化的深厚底蕴。唐宋诗人咏荆州诗的大量涌现，明代公安派在文学领域的崛起，更是为荆州文学艺术的繁荣发展增添了浓墨重彩的一笔。

　　楚国诗人屈原与宋玉在文学领域的杰出贡献，以及楚国在绘画、雕塑、音乐、舞蹈等艺术领域取得的辉煌成就，已经在本书第二章第二节"楚文化的六大支柱"中进行了详细介绍，上述内容在此章不再赘述。

第一节　荆州古代文学

　　荆州作为楚文化的中心，其文学传统深受楚文化的浸润。从先秦时期屈原所开创的浪漫主义辞赋，到六朝时期流行的民歌西曲歌，再到明代公安"三袁"所倡导的"性灵说"，荆州文学始终以表达个人的真情实感，追求自然和真挚的表达方式作为其一贯追求，为中国古典文学的发展不断注入新的活力。

一、优孟与戏剧的起源

　　优孟是春秋时期的楚国宫廷艺人，以表演滑稽戏闻名，擅长在嬉笑怒骂之间讽谏时事，劝谏楚王。优孟是中国古代戏剧史上的重要人物，对戏剧的发展产生了深远的影响。优孟曾通过模仿孙叔敖生前形象，劝谏楚庄王善待清官，成语"优孟衣冠"即源于此。楚国令尹孙叔敖去世后，他的妻子和儿子生活艰难，家境贫寒。优孟听说后，决定帮助孙叔敖的家人。优孟找来孙叔敖穿过的衣服、戴过的帽子，练习模仿孙叔敖。经过一年的不懈努力，他将孙叔敖的步态、坐姿以及言谈举止模仿得栩栩如生。有一天，楚庄王召见优孟进宫去表演，优孟身着孙叔敖的官服和官帽，出现在楚庄王面前。他以精湛的技艺扮演孙叔敖，无论是言语还是动作，都模仿得惟妙惟肖，仿佛孙叔敖如重生一般，令楚庄王大吃一惊。这时，优孟唱了一首歌，在歌中将孙叔敖家人的窘境告诉了楚庄王。楚庄王想到孙叔敖在世时曾尽心尽力地为国操劳，于是赐予其家人一块田地，作为他们生活的来源。

　　在"优孟衣冠"的故事中，优孟通过穿戴孙叔敖的衣冠，模仿其言行举止，成功地说服了楚庄王。这种装扮与模仿的行为，不仅展示了优孟高超的表演技巧，而且体现了戏剧表演中的基本元素——角色塑造。优孟的表演可以看作中国古代戏剧中角色扮演的早期实践，在戏剧史上具有重要意义。优孟因此被后世奉为戏剧鼻祖。

优孟的表演不仅仅局限于简单的模仿，更长于通过戏剧性的情节设计和表演技巧，将人物形象生动地呈现在观众面前。这种表演形式在当时是极为罕见的，展现了优孟作为古代戏剧艺术先驱的才华和创造力。

还有一个"优孟哭马"的故事，讲的是优孟哭谏楚庄王，让楚庄王放弃厚葬爱马的事。楚庄王对马有着特别的偏爱，不幸的是，他心爱的一匹马因肥胖症去世了。楚庄王打算以大夫的规格为它举行葬礼，这一决定激起了群臣的不满。优孟得知此事后，一副悲痛欲绝的样子进入宫中拜见楚庄王。楚庄王询问其原因，优孟说，不能以大夫之礼安葬国王的死马，要以诸侯的礼仪来安葬这匹马。当楚庄王进一步询问具体做法时，优孟提出使用美玉、梓木等珍贵材料来制作马的棺椁，并动员全城的人力和物力来举行盛大的葬礼。这时楚庄王才意识到优孟是在讽刺自己，便询问他应该如何处置这匹死马。优孟说，将马肉煮熟，用火光作为它的寿衣，然后将其葬入人们的腹中。楚庄王采纳了优孟的建议，将马肉煮熟后供群臣食用，并告诫众人今后不再提起厚葬爱马的事。

优孟用表演的形式讽谏君王，这种以戏谑的方式传达严肃主题的做法，与后来的戏剧表演有着异曲同工之妙。在现代戏剧中，这种"讽喻"精神得到了延续，而且讽刺手法被赋予了更广泛的议题。

作为中国古代戏剧的重要先驱之一，优孟的表演艺术对后世戏剧产生了深远的影响。

二、西曲歌中的荆州民歌

东晋以后，江陵凭借着独特的地理位置和特殊的政治地位，一跃成为经济发达的商贸繁荣之地，足可以与当时的政治中心南京相媲美。商业的发达和城市的繁荣，不仅带来了开放的社会风气，也带来了民间歌舞的兴盛。南朝时期，流传在以江陵为中心的江汉流域一带的民歌，因其曲调和节奏与以南京为中心的吴歌相比有着明显的差异，又因江陵在南京之西，故而称为"西曲歌"。在收入《乐府诗集》的西曲歌中，《江陵乐》与《那呵滩》是荆州民歌的代表，以其质朴的语言和真挚的情感，传唱着荆州人民的生活与情感，展现了地方文化的独特魅力。

1.《江陵乐》

《乐府诗集》收录的西曲歌中有四首《江陵乐》：

不复蹋蹋人，蹋地地欲穿，
盆隘欢绳断，踏坏绛罗裙。（其一）
不复出场戏，蹹场生青草，
试作两三回，蹹场方就好。（其二）
阳春二三月，相将踏春草，

> 逢人驻步看，扬声皆言好。（其三）
> 暂出后园看，见花多忆子。
> 鸟鸟双双飞，侬欢今何在。（其四）

《江陵乐》的歌词内容主要围绕荆州地区的自然风光、民俗风情和百姓生活展开。歌词中，既刻画了春日万物复苏、生机盎然的景致，如"阳春二三月，相将踏春草"，又表达了人们在爱情与友情上的深情厚谊，如"暂出后园看，见花多忆子"。诗中所写的"踏蹋"与"踏春草"，表现的则是荆州地区独特的民俗风情。

在《江陵乐》的歌词中，"蹋蹀"两字时分时合，频繁出现。"蹋蹀"是指在歌舞表演时以足踏地为节，这实际是一种舞蹈形式，指的是男女一起结伴挽臂，用脚踏地踩出节奏配以乐曲的舞蹈。舞者随着欢快的节奏，以强大的力度踏地，仿佛能穿透大地，踏破罗裙，展现了舞者无尽的活力与激情。由此可见，《江陵乐》最为显著的特点，是以踏蹀舞作为歌者的伴奏，以此强化歌舞的节奏感，传达出歌舞者欢快、自由、无拘无束的心态。

"踏春草"，古代又称"踏百草"，是上巳节和端午节的习俗。古时在三月三日上巳节的日子里，青年男女都会来到水边洗沐，以祓禊不祥，后来这一日子演变成了水边宴饮、郊外游春的节日，同时也是未婚男女结识、相知、相爱的日子。南朝时期荆州一带流行"踏百草"的习俗，民众在户外踏青游戏中，共同欢歌，翩翩起舞，充分展现了荆楚之地独特的浪漫主义精神风貌。

2.《那呵滩》

江津（今荆州沙市）在古代是长江中游的一个重要港口，过往船只多汇集于此，商贸繁荣，商贾云集。那呵滩位于江津湾下游不远处，是商贾与江津女的告别之地。"那呵"二字，实际上是"奈何"的谐声词。江津女与情郎在江滩分别，面临即将来临的离别，彼此间虽心生怜惜与思念，却无力改变这一既定的命运，只能徒叹奈何。因此，他们把无奈分别的江滩，称为"奈何滩"，又依方言记作"那呵滩"。至于江津女的情郎是何人，或以为是商贾，或以为是官差，或以为是船夫，难以细考。

《那呵滩》共六首，以其深情而质朴的语言描绘了情男情女之间的离愁别绪，其中第四首和第五首是江津女与情郎在离别时的唱和。《那呵滩》其四：

> 闻欢下扬州，相送江津弯。
> 愿得篙橹折，交郎到头还。

《那呵滩》其五：

> 篙折当更觅，橹折当更安。
> 各自是官人，那得到头还。

前一首是女子所唱。女子得知心上人即将前往扬州，于是来到江边相送。这里的"欢"

是对情人的爱称，体现了女子内心的亲昵与不舍。虽明知离别无可避免，然而女子内心仍怀不舍之情，从而产生了纯真的幻想，希望船上的篙(撑船的长竿)和橹(摇船的工具)折断，从而使船只无法继续前行，这样她的情郎就能留在她身边了。后一首则是情郎对江津女的回应。男子回应女子说：即使篙折了还可以再找一根，橹坏了也能换上新的，意即离别的现实不会因为女子的愿望而改变。他又解释说，并非自己不愿留下来，实在是因公事缠身，不得不与女子别离。诗中通过男子对女子深情的歉意和解释，透露出男子的万般无奈。

《那呵滩》的结构紧凑有序，每一曲都围绕着离别的主题展开，通过男女之间的唱答来推动情节的发展。同时，每一曲之间又相互关联、相互呼应，形成了一个有机的整体。《那呵滩》的语言质朴自然，没有过多的华丽辞藻和修饰，以平实之笔描绘了生活中的无奈之情、离别之际的深切痛苦，以及对重逢归期满怀的殷切期盼，展现了真挚动人的情感世界。

三、唐宋诗人的荆州诗

唐宋两朝，荆州成为连接南北、贯穿东西的重要交通枢纽，南来北往的文人墨客都不可避免地要在荆州驻足停留。在此期间，他们在荆州或抒发思古幽情，或吟咏风土人情，或感叹人生百味，或酬唱亲朋好友，创作了大量的荆州诗。

唐宋时期的荆州诗作不仅数量庞大，而且风格多样，内容丰富。据不完全统计，唐代诗人创作的荆州诗有约570首，而宋代更是超过了800首；唐代有50多位诗人创作了荆州诗，而到了宋代，这一数字激增至230多人。这些诗歌不仅展现了荆州的自然美景和人文景观，而且反映了唐宋时期的社会风貌和文化特色。

1. 李白的荆州诗

李白，字太白，号青莲居士，唐代伟大的浪漫主义诗人。他的诗歌想象奇特，充满浪漫色彩，在文学史上产生了巨大影响。李白与杜甫齐名，世称"李杜"。其又有"谪仙人""诗仙"的美誉。

李白一生曾三度造访荆州，每一次的到访均恰逢他人生的重要转折点。每次造访荆州时，他所处的境遇截然不同，对人生的感悟亦随之发生深刻变化。因此，他在荆州期间所创作的诗篇，自然而然地流露出各不相同的情感色彩。

开元十三年(725年)春，二十五岁的李白以"心雄万夫"之志，"仗剑去国，辞亲远游"，第一次前往荆州。李白离开故乡江油，乘船顺流而下。舟出西陵峡，过了夷陵(宜昌)，眼前豁然开朗。他目送着渐渐远去的荆门山，写下了到楚地后的第一首诗——《渡荆门送别》：

渡远荆门外，来从楚国游。
山随平野尽，江入大荒流。

月下飞天镜，云生结海楼。
仍怜故乡水，万里送行舟。

诗中描绘了李白乘船渡过荆门山进入楚地的所见所感。他用"山随平野尽，江入大荒流"来描绘山峦逐渐消失，江水流入广阔平原的壮丽景象。虽然诗中用了"仍怜故乡水，万里送行舟"来表达对故乡的留恋，但整体基调是明快愉悦的，展现了李白青年时期的洒脱不羁和对未知世界的好奇与向往。

在即将抵达此行的终点——江陵之际，诗人内心满怀对这座憧憬已久的古城的深切期待，再次挥毫创作了《荆门浮舟望蜀江》一诗，细腻地描绘了自己对江陵的向往之情。诗中写道："流目浦烟夕，扬帆海月生。江陵识遥火，应到渚宫城。"这里的"江陵"指的是诗人此行的目的地，即今湖北荆州。"遥火"指的则是远处江陵城中的灯火。诗人通过"识遥火"这一细节，生动地描绘了在舟中远望江陵城，看到城中灯火星星点点的情景。这一景象不仅展现了江陵城的繁华与遥远，而且暗示了诗人对即将到达目的地的期待与兴奋。"渚宫城"是指江陵城（今荆州城）。江陵城是在春秋时期楚成王时所筑渚宫旧址上修建的，故而称"渚宫城"。诗人相信，根据自己的判断，他已到达日思夜想的渚宫城。诗人在舟中远望，心中既有对未知旅程的憧憬与不安，又有对即将到达目的地的渴望与欣喜。这种复杂的情感交织在一起，使得整首诗充满了韵味。

李白此次来到江陵，最大的收获是遇到了道教宗师司马承祯。司马承祯是道教上清派第十二代宗师，也是唐玄宗亲自下制诰封的高道。在李白到达江陵时，恰逢司马承祯在江陵传播道教，李白专程前往拜访。二人见面后，司马承祯对李白大加赞赏，称赞李白有"仙风道骨"，并表示李白是为数不多的能与他一同"神游八极"的知音。

为纪念此次与宗师相会，李白创作了一首名为《大鹏遇稀有鸟赋》的寓言诗，以表达他对这次相遇的感慨以及对司马承祯的敬仰。李白在诗中以"大鹏"比喻他自己，以"稀有鸟"比喻司马承祯；大鹏象征着李白的豪放不羁和胸怀壮志，稀有鸟则寓意着司马承祯才华独特，与众不同。

李白江陵会司马是文学史和道教史上的一段佳话，对李白的一生产生过非常重要的影响，为他的诗歌创作注入了活力。在此后的时光里，李白"五岳寻仙不辞远，一生好入名山游"，创作了大量与道教相关的诗歌作品，被誉为"谪仙人"，又被尊称为"诗仙"。

相传李白乘舟抵达江陵，在沙市廖子河码头停泊后，便在附近一条小巷居住。为了纪念他，后人将他所居住的街道命名为"青莲巷"，将他所居住的房屋命名为"青莲阁"。青莲巷中有一口古井，据传李白曾在此汲取井水，故而得名"青莲井"。井口沿上留存的深深的绳索印记，默默地见证着岁月的沉淀与变迁。

李白第二次来荆州，距他第一次来已过去30多年，此时李白已近花甲之年。

在"安史之乱"之后，唐玄宗下令其第十六子永王李璘，以江陵大都督的身份起兵勤王。当永王率领的水军顺江而下，抵达江西之际，得知李白正在庐山，因仰慕其才华而聘请他加入军中，担任僚佐之职。然而，随后政局发生剧变，唐肃宗李亨自立为帝，掌握军权。为了铲除内部叛乱势力，李亨发兵平定了永王的军队，而李白也因此受到了牵连，被捕入狱。后经大将郭子仪的援手，李白得以免罪，但被判流放夜郎。

乾元元年(758年)，李白在流放夜郎途中，抵达江陵。这是李白第二次来到江陵。此时李白正是戴罪之身，自然没有留下诗作。是年冬，入三峡。

乾元二年(759年)三月，李白行至白帝城时，幸得朝廷赦免，随即急速返回江陵。这是李白第三次来到江陵。

李白历尽磨难，绝处逢生，经过艰难岁月之后，迸发出来的喜悦之情难以自禁，于是写下了那首妇孺皆知的名作《早发白帝城》：

> 朝辞白帝彩云间，千里江陵一日还。
> 两岸猿声啼不住，轻舟已过万重山。

从"千里江陵一日还"的"还"字和"轻舟已过万重山"的"已过"二字看，这首诗是李白在流放夜郎途中获得赦免后，顺流东下，穿越三峡，最终抵达江陵时所作。诗中细腻描绘了自白帝城至江陵间长江水流湍急、舟行疾速的景象。首句凸显白帝城地势之高，耸入云霄；次句则以空间"千里"之远和时间"一日"之短作悬殊对比，形容舟行迅捷；第三句写诗人出三峡时的感受，虽然两岸山影重重、猿啼声声，但身处在这如脱弦之箭、顺流直下的船上，心情十分畅快和兴奋；最后一句则是诗人内心情感的直接抒发。轻快的小舟在江面上疾驰，迅速穿过了层层叠叠的山峦，不仅展现了舟行之速，更隐喻了诗人心情的轻松与畅快。在经历了人生低谷之后，诗人终于获得解脱，心情如释重负，仿佛连周围的景物都随着心情而变得轻快起来。

李白在江陵停留数月之久，调理休养身心。这年重阳节，诗人踏上江陵城西门外的龙山落帽台，登高望远，赏秋日之景。时至晚秋，菊花盛开，金黄灿烂，李白触景生情，追忆往昔，联想到东晋时期名士孟嘉落帽的典故，心中感慨万千，遂挥毫创作了《九日龙山饮》一诗：

> 九日龙山饮，黄花笑逐臣。
> 醉看风落帽，舞爱月留人。

诗中所写的"龙山"，即江陵城西门外的八岭山。"风落帽"是化用的"孟嘉落帽"的典故。东晋时期，征西大将军桓温镇守荆州，于九月九日重阳节在龙山设宴款待部属，共赏秋菊，畅饮美酒。宴饮之间，参军孟嘉酒意渐浓，兴致高昂，以至于风吹落了帽子也浑然不知。桓温命人撰写文章嘲笑他，孟嘉即兴挥毫回应，其文才思敏捷、辞藻华丽、意境深远，令四座宾客无不叹服。此后，人们便将孟嘉饮酒落帽的高台称为"落帽台"。

重阳之日，李白登上龙山落帽台，与好友饮酒赏菊，很自然地想起历史上发生在龙山的"孟嘉落帽"的故事。孟嘉九日龙山落帽事，是魏晋名士飘逸风度的典型体现。李白在诗中以孟嘉自比，看起来写得超放旷达，但"黄花笑逐臣"一句，透出他的内心其实是很为自己的遭际感到牢落不平的。

李白于当夜醉卧龙山之中，未能及时返回城中。次日，再次登临落帽台，并写下了《九月十日即事》一诗：

> 昨日登高罢，今朝更举觞。
> 菊花何太苦，遭此两重阳。

在唐宋时期，九月十日素有"小重阳"之称。诗人以此为切入点，借菊花在连续两日重阳节中屡遭人们采摘，发出了"太苦"之叹，其实是在借菊花之苦，抒发因遭流放带来的极度苦闷。

2. 杜甫的荆州诗

杜甫，字子美，唐代伟大的现实主义诗人，被誉为"诗圣"，与李白并称"李杜"。杜甫的诗歌深具忧国忧民的情怀，多聚焦于社会现实与民众疾苦，深刻揭露了唐代由盛转衰的社会变迁，因而其诗作被誉为"诗史"。杜甫的诗歌风格以沉郁顿挫为主要特征，情感基调深沉而悲壮，展现了独特的艺术魅力。

杜甫晚年在荆州生活达半年之久，在他到荆州之前和之后，创作了大量与荆州有关的诗歌，体现了他对荆州历史、人文以及地理的广泛关注。杜甫在到荆州之前，就对荆州的历史人文与地理环境有深入的了解。代宗广德年间，杜甫写了一首《江陵望幸》，诗中描述了以荆州为中心的四通八达的交通体系：

> 雄都元壮丽，望幸欻威神。
> 地利西通蜀，天文北照秦。
> 风烟含越鸟，舟楫控吴人。
> 未枉周王驾，终期汉武巡。
> 甲兵分圣旨，居守付宗臣。
> 早发云台仗，恩波起涸鳞。

创作这首诗时，诗人虽然还没到过荆州，但他丝毫不吝啬用词，用了"雄都"和"壮丽"两个词描写荆州城。诗中"地利西通蜀，天文北照秦""风烟含越鸟，舟楫控吴人"的诗句，写出了荆州北上南下有陆路、西入东进有水路的纵横交错的交通体系，反映了荆州作为当时中国交通体系中枢纽的地位。

杜甫在客居夔州时，十分仰慕江陵的盛名，写下《峡隘》一诗表达向往之情：

> 闻说江陵府，云沙静眇然。
> 白鱼如切玉，朱橘不论钱。
> 水有远湖树，人今何处船。
> 青山各在眼，却望峡中天。

在杜甫的笔下，江陵的景色是优美的，那里的白云悠然飘荡，沙洲景色幽静。江陵的物产是富足的，那里的白鱼好像经过雕琢的白玉，朱红色的橘子挂满了枝头，一切都是丰润富饶的样子。

当杜甫听说好友李功曹将到荆州充任郑侍御的判官，他特意写了诗作《送李功曹之荆州充郑侍御判官重赠》给他送别。在诗中，同样表达了他对荆州的向往：

> 曾闻宋玉宅，每欲到荆州。
> 此地生涯晚，遥悲水国秋。
> 孤城一柱观，落日九江流。
> 使者虽光彩，青枫远自愁。

诗人说，他早就听说江陵有楚国诗人宋玉的故宅，因此常常想前往荆州。南朝发生侯景之乱时，诗人庾信从建康逃到江陵，曾居住在宋玉故宅。庾信在《哀江南赋》中说："诛茅宋玉之宅，穿径临江之府。"杜甫十分崇敬宋玉和仰慕荆州的文化底蕴，对荆州怀有特别的感情和由衷的向往。诗人接着写道，自己虽然身在夔州，但却心心念念地想着荆州水乡的清秋，这让他感到非常悲伤。他只能遥想荆州的人文与美景，来寄托对荆州的相思之情。诗人用"孤城一柱观，落日九江流"两句诗，描写了荆州城与一柱观相映成趣，落日余晖洒在江流之上波光粼粼的景色，蕴含了诗人向往荆州的特殊情感。

唐代宗大历三年（768年）春，因蜀中地区发生严重动乱，加之旧友不幸离世，杜甫在四川地区无法继续安身立命。因此，他决定购买船只，顺流东下，前往荆州投奔亲友。杜甫在荆州的生活经历是他晚年漂泊生涯中的重要一段，充满了艰辛与无奈，但也留下了丰富的诗篇和深刻的思考。

杜甫客居荆州时期，创作了大量的诗歌作品，题材广泛，涉及交际、送别、怀古、抒情等多个方面。这些作品不仅反映了他个人的生活状况和情感变化，而且深刻揭示了当时社会的动荡和人民的疾苦。

江陵节度使卫伯玉新晋城阳郡王，并在荆州开衙建府，大兴土木，新建了一幢巍峨雄壮的高楼。杜甫写了《贺城阳郡王新楼成》《又作此奉卫王》两首诗进呈节度使衙门，希望能得到卫伯玉的赏识。

在前一首诗中，杜甫赞颂了这座凌空高矗的新楼，并期待着卫伯玉能够经常在这里接待参佐僚属，共同营造"江汉风流万古情"的太平盛世。在第二首诗中，"西北楼成雄楚都，远开山岳散江湖"两句，通过高楼与"山岳""江湖"的意象，巧妙地将荆州的人文景观与自然景象融合在一起，展现了由近及远、由小及大、由具体到抽象的宏大画面。

然而，杜甫的殷切期望最终却化为了泡影。江陵节度使卫伯玉的冷漠与疏远，使得这位年过半百的诗人倍感绝望。杜甫在荆州居留了数月后，因经济极度拮据，看不到任何希望，最终决定离开荆州继续漂泊。离开荆州后，杜甫先后经过公安、岳阳等地，最终在湖南耒阳因病去世，享年五十九岁。

杜甫在荆州的诗作保持了他一贯的沉郁顿挫、忧国忧民的诗风。他通过细腻的笔触和深沉的情感,将个人的遭遇与国家的命运紧密相连,展现了一个伟大诗人的时代担当和人文关怀。

3. 苏轼的荆州诗

苏轼,字子瞻,号东坡居士,北宋眉州眉山(今四川眉山)人,是宋代文学最高成就的代表。

嘉祐四年(1059年),苏轼与其父苏洵、其弟苏辙自家乡乘舟出三峡,途经荆州,再改由陆路北上汴京(今河南开封)。苏轼一行三人于十二月八日抵江陵驿;次年正月初五,离荆州北上,在荆州停留将近一个月时间。

苏轼在荆州逗留期间寻幽访古,遍游名胜古迹,作诗抒发思古之悠情,留下了《渚宫》《息壤诗》《荆州十首》等著名作品。

荆州是春秋战国时期楚国都城所在地,楚郢都纪南城位于荆州城北5千米处,是往来荆州的名人墨客必去的寻幽访古之地。苏轼来到荆州,自然不可不去纪南城。但当他亲眼看到纪南故城破败荒凉的景象后,不禁感慨万千,于是提笔创作了《渚宫》一诗,以表达对历史的追忆与对现实的感怀:

> 渚宫寂寞依古郢,楚地荒茫非故基。
> 二王台阁已卤莽,何况远问纵横时。
> 楚王猎罢击灵鼓,猛士操舟张水嬉。
> 钓鱼不复数鱼鳖,大鼎千石烹蛟螭。
> 当时郢人架宫殿,意思绝妙般与倕。
> 飞楼百尺照湖水,上有燕赵千蛾眉。
> 临风扬扬意自得,长使宋玉作楚词。
> 秦兵西来取钟簴,故宫禾黍秋离离。
> 千年壮观不可复,今之存者盖已卑。
> 池空野迥楼阁小,惟有深竹藏狐狸。
> 台中绛帐谁复见,台下野鸭浮清漪。
> 绿窗朱户春昼闭,想见深屋弹朱丝。
> 腐儒亦解爱声色,何用白首谈孔姬。
> 沙泉半涸草堂在,破窗无纸风飕飕。
> 陈公踪迹最未远,七瑞寥落今何之。
> 百年人事知几变,直恐荒废成空陂。
> 谁能为我访遗迹,草中应有湘东碑。

《渚宫》是一首充满历史沧桑感和深刻哲理的怀古诗,通过对古代楚国宫殿渚宫的描绘,表达了诗人对世事变迁、历史兴亡的深刻感慨。渚宫是春秋时期楚成王的行宫,诗中以"渚宫"代指楚王宫殿。诗人从眼中看到昔日楚国城池宫殿留下的一片废墟起笔,"渚宫寂寞依古郢，楚地荒茫非故基"，感慨昔日繁华不再，往昔盛况难觅。诗作通过对楚国昔日辉煌与现今荒凉的对比，表达了对历史沧桑的哀叹和对文化失落的惋惜。

苏轼专程寻访了荆州老南门外的息壤遗址。息壤，是荆州南门外的一处古迹名胜。据说大禹治水时，发现此处有一个巨穴往外涌水，他断定这个孔穴暗与长江相通，便用鲧从天帝那里偷来的神土堵塞孔穴。后来，洪水退下去了，人们就在这里立祠祭祀大禹。苏轼游览荆州南门外息壤遗址时，见"有状若屋宇陷入地中，而犹见其脊者"，有感而发，写下了《息壤诗》，还在诗前写了一段100多字的序以记其事。

如果说，《渚宫》所写纪南城和《息壤诗》所写息壤是苏轼在荆州期间重点考察的两个点的话，那么《荆州十首》则反映了对荆州更为全面的观察和思考。《荆州十首》是一组描绘荆州历史人文与风土人情的五言古诗，每首由八句四十字组成，共十首。这组诗不仅描绘了荆州的人文景观和自然风光，而且蕴含着苏轼对历史兴衰更替的思考。

荆州深厚的历史底蕴与文化积淀，给苏轼带来的最为深刻的感慨，是关于历史的兴衰存亡的。他屡屡咀嚼品味着前朝的兴替衰亡，无不感慨地写道："南方旧战国，惨淡意犹存"（其二）、"江山非一国，烽火畏三巴"（其四）、"楚境横天下，怀王信弱王"（其十）、"百年豪杰尽，扰扰见鱼虾"（其四）、"慷慨因刘表，凄凉为屈原"（其二）、"废城犹带井，古姓聚成村"（其二）、"战骨沦秋草，危楼倚断霞"（其四）。作为故楚胜地、三国名邑，荆州屡遭兵火战乱之灾，苏轼在这里凭吊古代遗址，缅怀先朝前贤，不免顿生沧桑之感。

荆州的自然景色和市井生活，令苏轼大开眼界。他写下"游人出三峡，楚地尽平川"（其一）、"楚地阔无边，苍茫万顷连"（其三），以赞美辽阔无垠的江汉平原；写下"北行连许邓，南去极衡湘"（其十）、"北客随南贾，吴樯间蜀船"（其一）等，描绘荆州水陆交通的便利和商贸经济的繁盛景象；写下"沙头烟漠漠，来往厌喧卑""野市分獐闹，官船过渡迟"（其五）等，描绘沙头市（今沙市）的繁华与喧嚣。

同样令苏轼深有感触的，还有荆州的风俗人情。这一年，苏轼在荆州度过了一个新年。他目睹了荆州百姓喜度新年的场景，写下了《荆州十首》其七：

> 残腊多风雪，荆人重岁时。
> 客心何草草，里巷自嬉嬉。
> 爆竹惊邻鬼，驱傩聚小儿。
> 故人应念我，相望各天涯。

岁末之际，风雪交加，荆州百姓尤为重视这辞旧迎新的日子。在街巷之间，洋溢着孩子们嬉戏的欢声笑语。除夕，在震耳欲聋的爆竹声中，人们跳起傩舞，驱离鬼魂，祈福辟邪，吸引了一群好奇的儿童围观。当然，在这种喜庆的氛围中，客居他乡的游子，内心难免生出思亲和思乡之情，不由得发出了"故人应念我，相望各天涯"的感慨。

荆州自古"信巫鬼，重淫祀"（《汉书·地理志》），民间普遍信奉巫术，常常通过巫术来祈福消灾或预测未知。苏轼在荆州深有感触，亲眼看到"游人多问卜，伧叟尽携龟"（《荆州十首》其五）的场景，众多游客频繁地向占卜者询问吉凶祸福，那些老翁则普遍携带龟甲为人占卜。

苏轼虽然在荆州客居不足一月，但在荆州的所见所闻带给他的感受是多方面的，对其心灵的触动也是颇为深刻的。这些经历不仅为苏轼的文学创作提供了丰富的素材与灵感，而且加深了他对荆州这片土地的情感与独特认知。

4. 陆游的荆州诗

陆游(1125—1210年)，字务观，号"放翁"。南宋著名爱国诗人、词人，在中国文学史上享有崇高的地位。现存9300多首诗，是中国文学史上存诗最多的诗人。其诗多强烈抒发自己的政治抱负和炽烈的爱国热情，同情人民疾苦，思想性很强。

陆游一生有两次游历荆州。第一次是在乾道六年(1170年)。这一年陆游被朝廷征召任夔州通判，入川途中顺江西而上途经荆州。诗人于九月八日抵达荆州，九月二十七日离开荆州，在荆州逗留近二十日。第二次是在淳熙五年(1178年)，诗人出蜀东归，途经荆州。陆游两次游历荆州期间创作了大量诗歌，总计达39首之多。其中比较有影响的如《荆州歌》《初到荆州》《沙头》《沙市阻风》等，对荆州一带的风物掌故、市井时俗、交通行旅、地貌景物等多有描述，并结合自己的人生阅历、仕途况味，遣情寄兴，咏志述怀。

陆游的咏荆州诗，大致可分为怀古诗、风情诗、赠别诗几类。尤以怀古诗、风情诗具有历史人文价值和艺术特色。

陆游的怀古诗，以咏怀楚国历史，抒发对历史兴衰的感慨。如《哀郢(二首)》《塔子矶》《楚宫行》《石首县雨中系舟戏作短歌》等诗都属于这一类。《哀郢(二首)》用屈原《哀郢》旧题，是典型的怀古诗，以下是其一：

> 远接商周祚最长，北盟齐晋势争强。
> 章华歌舞终萧瑟，云梦风烟旧莽苍。
> 草合故宫惟雁起，盗穿荒冢有狐藏。
> 离骚未尽灵均恨，志士千秋泪满裳。

诗人从回顾楚国兴衰的历史着笔，先写楚国国祚长久、势力强大，再写楚国不修内政，由盛而衰，以至为秦所灭。接着由历史转向现实，"草合故宫惟雁起，盗穿荒冢有狐藏"，即为对眼前景象的描写。当年郢都宫殿，如今已是草场滩头，人迹罕至，唯见雁群起起落落；那些被盗掘的王公坟冢，也已遗弃成荒坟野窟，成了狐狸和兔子们的藏身之所。诗的最后两句总结楚国衰亡的历史教训，表达对不思恢复、求和苟安的南宋朝廷的满腔怨恨。"离骚未尽灵均恨，志士千秋泪满裳。"屈原在《离骚》中所无法尽情宣泄的家国之恨，也正是其千秋遗恨，想起国土沦丧、九州不同之情形，他顿时泪满衣裳，悲愤满腔，把报国无门、壮志难酬之沉痛和怨愤尽情地表达了出来。这首诗意旨深厚，充满爱国激情。诗人既把忧国之情寓于对楚国衰亡的历史回顾之中，又把报国之意融于景物描写之中，同时还直抒胸臆，借爱国诗人屈原一抒内心之忧愤，拳拳爱国之心感人肺腑。

陆游的《楚宫行》也是一首怀古诗。"汉水方城一何壮，大路并驰车百辆"，是指楚国表里河山，形势险固。"军书插羽拥修门，楚王正醉章华上。璇题藻井穷丹青，玉笙宝瑟声冥冥。""军书插羽"，古代插羽毛于军书上，表示是紧急军情，须迅速传递。"拥修门"，使郢都的城门为之拥塞，以示紧急军情之众多。而楚王却在悠扬的琴韵声中，醉饮于雕镂精工、彩绘华丽的章华台上。"忽闻命驾游七泽，万骑动地如雷霆"，猝然之间又下令于七泽中围猎，于是猎场中千乘万骑，声震天地如雷霆一般。"清晨射猎至中夜，苍兕玄熊纷可藉。国中壮士力已殚，秦虏东来遣谁射。"从早到晚围捕众多的兕虎熊罴，使国中壮士筋疲力尽。谁知这时秦军正在向楚国进发，还能令谁去抵挡入侵之敌呢？不由得使人想起南宋林升著名的《题临安邸》："山外青山楼外楼，西湖歌舞几时休！暖风熏得游人醉，直把杭州作汴州。"强敌虎视，不思振作，却高台琼楼、细腰曼舞、游猎嬉戏、踢球投壶，总之醉生梦死。诗人在此是在咏史还是在伤今，读者是不难领会的。

陆游咏荆州诗中的风情诗，记录了宋代荆州、沙市一带的风土人情，让我们时至今日仍能透过这些诗作看到一千多年前荆州的人文风情。

宋代在长江行驶，船舶启航时，要举行开船仪式，称为"开头"。陆游在《入蜀记》中说："舟人杀猪十余口祭神，谓之开头。"陆游在《荆州歌》和《初发荆州》两首诗中，都写到了沙市热闹非凡的"开头"仪式。

《荆州歌》写道："楚江鳞鳞绿如酿，衔尾江边系朱舫。东征打鼓挂高帆，西上汤猪联百丈。"准备出发的江船首尾相接，高帆挂起，鼓声震天，气势宏大，无论是东行顺水而下水的船，还是西行逆江而上的船，都要用红绸挂满舱门和船舷，同时准备牲猪进行祭祀。祭祀用的牲猪，又叫"汤猪"，是经过滚水烫洗并去毛的猪。准备的汤猪非常多，摆成一排足有百丈之长。

在陆游的另一首诗《初发荆州》中，也描写了船民"开头"祭神的民俗："淋漓牛酒起樯干，健舻飞如插羽翰。破浪乘风千里快，开头击鼓万人看。"祭祀仪式以牛、酒为祭品，极其盛大庄重。祭祀结束后，随着出发的鼓声响起，船只像插上羽毛在江面飞动，破浪乘风的场景极为壮观。诗中描述的"开头击鼓万人看"的场景，展现了荆州百姓击鼓助威的民俗传统，也体现了集体行动的凝聚力和向心力。

陆游的《入蜀记》对"开头"祭神仪式也做了记录。二十二日夜半过后，船工备下三牲祭品，祭祀峡神，岂料到了原定开船的时间，大风突起，行船不易，船老板决定待风停之后再开船。陆游是九月二十七日离开沙市的。他乘坐的船，是"千六百斛舟"，十分气派。开船仪式搞得热热闹闹，解缆行船之际，"击鼓鸣橹，舟人皆大噪"，沙市民众"拥堤观者如堵墙"。

《荆州歌》还描写了宋代沙市的烟火气息和人情风貌。"沙头巷陌三千家，烟雨冥冥开橘花"，这两句诗将读者的视线从江面拉回到岸边的市井生活。沙头巷陌间，千家万户错落有致，生活气息浓厚。而在烟雨蒙蒙之中，橘花悄然绽放，更添了几分清新与雅致。"倚楼女儿笑迎客，清歌未尽千觞空"，描绘了荆州人民热情好客的一面。酒楼歌女们倚楼而笑，迎接远道而来的客人，并以清歌美酒相待。她们轻歌曼舞与宾客共饮千觞的欢乐气氛，展现了荆州人民的淳朴与热情。

由于交通便利，人口往来频繁，沙市的人口构成和文化风貌呈现出多元化的特色。

"峡人住多楚人少,土铛争饷茱萸茶"(《荆州歌》),前半句揭示了当时沙市的人口构成与文化特色。居住在三峡地区的"峡人"顺江而下来到沙市,与生活在沙市的楚人和睦共处,形成了多元文化的交融。他们以土制陶罐烹煮茱萸茶款待客人,也体现了独特的民俗风情。

四、公安"三袁"与公安派文学

公安派是明代后期的一个文学派别,以公安"三袁"即袁宗道、袁宏道、袁中道三兄弟为核心。他们反对拟古主义、主张"独抒性灵"的文学主张,对后世产生了深远的影响。因公安"三袁"都是湖北公安县人,故而得名"公安派"。

1. 公安"三袁"的生平

公安派的文学主张发端于袁宗道,袁宏道实为中坚,是实际上的领导人物,袁中道则进一步扩大了它的影响。他们倡导"独抒性灵,不拘格套"的文学主张,反对模拟复古颓风,开创了一代文学新风。

袁宗道,字伯修,号石浦,是公安"三袁"中的长兄。他天资聪颖,早年便展现出非凡的才华,十岁即能挥笔成诗,二十岁考取秀才。二十七岁高中进士,被选拔为庶吉士。三年后,被任命为翰林院编修。万历二十二年(1594年),转任东宫讲官,最终官至右春坊右庶子。

袁宗道生性宁静淡泊,对尘世的纷扰和劳碌感到厌倦。万历二十八年(1600年),他决定辞去官职,南归家乡。由于积劳成疾,于这一年九月病逝任上,享年仅四十一岁。袁宗道以清廉著称,家无余财,最终依靠门生的资助,才将他的灵柩迁回公安。他的诗文作品被收录于《白苏斋类集》中。

袁宏道,字中郎,是公安"三袁"中最为著名的一位。在青少年时期,袁宏道便展现出了他在文学领域的非凡才华。十六岁时,他成为一名诸生,并在城南创立了文学社,自任社长。二十一岁考中举人,但在随后的会试中却未能金榜题名。

万历二十年(1592年),袁宏道考中进士,但并未立即获得朝廷的官职任命。直到万历二十三年(1595年),才被任命为吴县(今属江苏省)的县令。担任县令期间,袁宏道判案果断,与民方便,赢得了民众的广泛支持,也因此引起了一些当权者的不满,他在任职的次年便辞去了职务。

万历二十六年(1598年),袁宏道被起为顺天府(今北京)教授。次年,晋升为国子监助教,一年后补任礼部仪制清吏司主事。万历二十八年(1600年),由于兄长宗道去世,请求休假归乡,在公安城南构筑柳浪馆,并在此居住长达六年,直到万历三十四年(1606年)才返回京城履职。随后,升任吏部验封司主事,并官至吏部考功员外郎。万历三十八年(1610年),袁宏道以吏部验封司郎中告老还乡,在沙市建砚北楼定居下来,不久因病辞世,享年四十三岁。

袁中道,字小修,是"公安三袁"中的幼弟。他博学多才,十余岁即以《雪赋》《黄山赋》知名于世。早年受佛教出世思想影响，无意科举，直到万历四十四年（1616年），四十七岁时才考中进士。先任徽州府教授，后晋升国子监博士。不久，被调任至南京礼部担任主事。天启四年（1624年），升任南京吏部郎中。升职不久，因病请求退休，却不幸在任上去世，享年五十五岁。袁中道的诗文作品包括《珂雪斋集》《游居柿录》《珂雪斋近集》等。

公安"三袁"是一母所生的三兄弟，在明朝万历年间均先后考中进士。在文学领域，他们均有显著成就，声名显赫。他们所倡导的公安派文学，以"独抒性灵，不拘格套"为宗旨，对长期统治文坛的拟古主义进行了有力的挑战，引领了一场文学革新的潮流，影响后世数百年，对五四新文学也产生了积极影响。

2. 公安派的文学主张

公安"三袁"共同倡导的公安派文学，其主张主要包括反对拟古主义、独抒性灵、不拘格套以及推重民歌小说、提倡通俗文学等。公安派的文学理论对打破拟古主义的陈腐格局，冲击当时的复古主义思潮都起到了极大的作用，对文学理论的发展作出了积极贡献。

其一，主张"独抒性灵，不拘格套"。主张文学创作抒发自己真实独特的性情，不拘泥于任何格式套路。此原为袁宏道对其弟弟袁中道文学创作的评语，后来成为公安派的核心理论主张。公安派强调文艺源于个人性情，讲求独创性，重自由、反拘束，要求诗人不为成法所限。在当时尊古、模拟盛行的风气下，这一命题有个性解放和反传统的意义，对于当时及后代的文艺创作产生了积极影响。

其二，强调变通创新，反对盲目模仿古人。公安派针对一味模仿古人词句、固守陈规陋习的倾向，提出文学应与时俱进，顺应时代变迁而发展变化。公安派认为，时代变迁，文风亦应随之演变，不可拘泥古法，而应各自穷尽变化，展现独特魅力；同样，社会环境变迁，文学亦应随之调整；不必刻意模仿古人，此乃时代之必然趋势。

公安派主张文学内容和形式语言都要变革与演进，认为表达的自然流露与不断求新是文学发展的总体趋势。袁宏道在《雪涛阁集序》中提出："古何必高？今何必卑？"他质疑盲目遵循古人法则的做法，主张挣脱一切既定框架的束缚，倡导文学创作的自由与个性化发展。

三是肯定民歌价值，提出重"真诗"。公安派认为民间的通俗文学正是"无闻无识"的"真声"，而加以推崇，打破了传统的轻视民间文学的封建阶级偏见，大大提高了通俗文学的地位。公安派重视从民间文学中汲取营养，袁宏道曾自叙以《打枣竿》等民歌时调为诗，使他"诗眼大开，诗肠大阔，诗集大饶"，认为当时闾里妇孺所唱的《擘破玉》《打枣竿》之类，是"无闻无识真人所作，故多真声"。

第二节　荆州古代绘画

六朝时期，荆州的绘画艺术繁荣，绘画理论达到了新的高度。这一时期，荆州籍画家宗炳创作的《画山水序》，奠定了中国古代山水画理论的基础。著名画家张僧繇在荆州佛寺中创作的壁画，对后世产生了深远的影响。

一、宗炳与《画山水序》

宗炳是南朝刘宋时期著名的书画家、美术理论家、古琴乐理家，对中国绘画艺术和中国美学的发展作出了重要的贡献。宗炳的《画山水序》是中国古代山水画理论的奠基之作，其艺术思想影响深远。

宗炳，字少文，江陵人。他的祖父宗承曾担任宜都太守，因此宗家从南阳迁至江陵，并在此定居。宗炳自幼便以才华和学识著称于世。东晋末期，荆州刺史殷仲堪与桓玄分别镇守荆州时，都曾有意聘请宗炳担任主簿一职，然而宗炳均婉言谢绝。

宗炳一生志在山水，信奉佛教。东晋元兴元年(402年)，他在庐山加入佛教白莲社。宗炳的兄长、南平太守宗臧反对他皈依佛门，亲自前往庐山，试图说服宗炳返回江陵。宗炳最终听从兄长的劝说，回到江陵，在江陵三湖筑庐定居，继续他的绘画创作和写作。

宗炳对艺术怀有深厚的情感，擅长琴艺与书法，并精通绘画。《金石弄》作为一支著名的古琴曲目，在南朝刘宋时期能演奏者已屈指可数，唯独宗炳仍能娴熟地演奏这首曲子。为了使这首经典之作得以传承，刘宋太祖刘裕特命乐师杨观前往宗炳的住所，向他学习这首曲子的演奏技巧。

宗炳晚年隐居于江陵三湖期间，将他曾经游历过的山水——绘制成画，并将这些作品悬挂在室内。他卧于榻上，仰望这些山水画作，称为"卧游"。宗炳基于其长期的绘画实践撰写了《画山水序》，提出"澄怀味象"的绘画理论。他主张画家净化心灵中的杂念，以深刻感悟自然山水之美，折射出浓厚的佛教思想。

在《画山水序》中，宗炳将绘画艺术与人的品德、自然宇宙的法则相融合，视之为绘画艺术的终极目标。他主张绘画的核心目的在于"畅神"，这不仅指精神上的审美愉悦，而且涵盖了通过山水画来领悟和掌握宇宙之道的内涵。

宗炳还提炼并总结了山水画的技法理论。他提出了"竖划三寸，当千仞之高；横墨数尺，体百里之迥"的观点，对如何在有限的画幅内展现自然山水的形态进行了方法论上的归纳。此外，宗炳还研究了绘画的透视问题，总结了透视的基本法则，极其难能可贵。

《画山水序》在中国绘画史上占据至关重要的地位，它不仅是首篇系统论述山水画的理论作品，而且在中国山水画理论的发展历程中具有里程碑意义，标志着中国山水画在5世纪中叶已经超越了其萌芽阶段的水平，对绘画形式的各个方面进行了深入的探索，并且确立了相对成熟的形式结构和理论框架。

南朝宋武帝刘裕之子、衡阳王刘义季曾亲自到宗炳的住所拜访他，与他畅饮欢聚。宗炳于南朝宋元嘉二十年(443年)在江陵三湖逝世，享年六十九岁。宗炳逝世后，刘义季在致江夏王刘义恭的信中称赞宗炳"清履肥素，终始可嘉"，高度赞扬了宗炳一生的高尚品德。

宗炳曾著有文集共十六卷，这些作品现已散佚。目前，仍能在《全宋文》中找到他的《明佛论》《答何衡阳书》《又答何衡阳书》《寄雷次宗书》等七篇作品。此外，还有两篇与绘画相关的文章《狮子击象图序》和《画山水序》得以流传至今。

宗炳故居遗址坐落在江陵县三湖管理区宗家台。宗炳故宅早已毁圮，后世曾在遗址上建起楼亭，树立宗炳雕像，以此来纪念这位历史人物。目前，宗炳故居遗址仅剩下一块 30 米见方的正方形土台，还有一棵生长了千年的古槐树，依旧枝叶繁茂，生机勃勃。1986 年，江陵县人民政府正式将宗家台列为"古文物保护地"。

二、张僧繇的佛教绘画

六朝至唐代，是荆州佛教最为繁盛的时期。在这一时期，来自不同地区的画家纷纷前往荆州，在众多佛寺中留下了丰富的佛教主题壁画作品。据《贞观公私画史》记载，在晋朝时期所建的龙宽寺内，史道硕绘制了壁画；在梁朝时期所建的长庆寺内，江僧宝的作品被视为杰作；同样在梁朝时期建立的光相寺内，丁光的壁画为时人所称道；在陈朝时期所建的终圣寺内，董伯仁的壁画作品同样备受瞩目；而在齐天皇寺，解倩的壁画作品亦是不可多得的艺术珍品。在这些杰出的画家中，南梁的张僧繇在荆州佛寺创作的壁画尤为著名。

梁武帝天监年间，张僧繇负责管理宫廷秘阁中的皇家图书和字画，官职升至右军将军、吴兴太守。他擅长绘画，尤其以描绘云龙和人物著称。梁武帝对佛教极为推崇，并注重佛寺的装饰艺术，因此多次指派张僧繇在佛寺中绘制壁画。

张僧繇曾在荆州天皇寺创作壁画，他在柏堂画完舍那佛的画像后，又添上了孔子及其弟子的肖像。梁武帝对此感到好奇，询问为何要在佛寺中绘制孔子的画像。张僧繇回答说："将来孔子的画像将保护这座佛寺。"正如他所预言，后周武帝时期，儒家受到尊崇，全国的佛教寺院被下令焚烧，但荆州天皇寺因张僧繇所绘的孔子像而没有被焚。

初唐时期，著名画家阎立本在游历荆州期间，偶然间在荆州佛寺墙壁上发现了张僧繇的画作。初次目睹后，他轻率地评论道：张僧繇不过徒有虚名。然而，当他第二次细致地审视这幅画时，他深有感触地赞叹：张僧繇确实是一位绘画大师。第三次造访时，他情不自禁地赞道：张僧繇的名声果然名副其实。阎立本甚至躺在那幅画作之下，夜以继日地仔细观摩，连续观摩十多天后才依依不舍地离开。

第九章　荆州古代科技与教育

荆州古代在科技与教育领域取得了辉煌的成就，对中国古代文化的发展产生了深远的影响。在科技领域，荆州的丝织与刺绣、青铜冶铸、髹漆技艺以及数学、医学等均处于领先地位；在教育领域，荆州古代的官学与私学教育培养了众多优秀人才，在历史舞台上大放异彩。

第一节　荆州古代科技

先秦时期楚国在丝织与刺绣、青铜冶铸以及髹漆技艺等方面所取得的成就，在第二章第二节"楚文化的六大支柱"中已作介绍，此不赘述。先秦两汉时期，荆州的数学和医学取得了可喜的成就，并得到广泛应用。至唐代，随着长江航道的全线开通，地处长江中游的荆州成为造船工业的重要基地，荆州的造船技术居于当时的领先水平。

一、数学

在荆州秦家嘴楚墓出土的《九九术》是我国现存较早的乘法口诀实物之一，它的出土证明了我国在数学领域有着悠久的传统和深厚的基础。在荆州张家山汉墓中出土的《算数书》则是我国已知最早的数学著作，它的发现进一步证实了中国古代数学的辉煌成就。这两部珍贵的文献不仅为研究中国古代数学提供了宝贵的实物资料，而且为了解古代社会提供了重要的窗口。

1.《九九术》

九九乘法口诀是数学运算的基本计算规则，其起源和早期形态一直备受关注。荆州秦家嘴出土的《九九术》为我们提供了古代乘法口诀实物的重要证据，有助于了解我国古代数学文化发展状况。

2023 年，在荆州秦家嘴墓地出土的楚简中，发现了乘法口诀的实物——《九九术》。从《九九术》的扫描图片可以看出，虽竹简已变形，字迹有些模糊，但经过释读已可确认部分简文内容，如"五七卅=（三十）又五，四七廿=（二十）又八，三七廿=（二十）又一"等。这些简文展示了古代乘法口诀的具体形式，与我们今天所用的乘法口诀基本一致。

在《九九术》面世之前，最早的乘法口诀是出土于湖南里耶秦简的《九九表》，其中有"三五十五""二八十六"之类的口诀。秦家嘴楚简《九九术》的年代是战国中期，比里耶秦简《九九表》要早约一个世纪。

楚简《九九术》的出土是中国古代数学史和文化史上的一次重要发现，为研究先秦时期的数学教育提供了宝贵的实物资料。

2.《算表》

在清华大学收藏的战国竹简（简称"清华简"）中，有一篇题作《算表》的文献，是目前所见到的中国最早的数学文献实物。《算表》中的数码字以战国楚文字书写，成书时间大约在战国中期偏晚。《算表》计数采用十进制，计算时应用了乘法的交换律、乘法对加法的分配律等数学原理和概念，能够快速计算100以内的两个任意整数的乘积。它不仅能直接用于两位数的乘法运算，而且可用于除法运算，并能对分数1/2或含有1/2的分数进行运算，可能还可以用于开平方运算。

《算表》未见于传世古籍及以往出土文献，是中国数学史乃至世界数学史上的一项重大发现，填补了先秦数学文献的空白，是目前所见到的中国最早的数学文献实物。

3.《算数书》

1983年，在江陵县张家山二四七号西汉墓中出土了一部数学专书，经过整理研究后，被命名为《算数书》。《算数书》共有200多支竹简，7000余字，抄写字体为隶书。根据二四七号汉墓中出土的文物，可以推断出该墓的下葬年代为西汉初年的吕后时期（前189—前185年），距楚国灭亡之年（前223年）仅相隔40年左右，由此可以推测，《算数书》的成书时间可能早至战国时期。

《算数书》书名记于全书第一题的末简背面。全书有60多个小标题，如相乘、分乘、增减分、约分、合分、径分、金价、春粟、息钱、贾盐、程禾等，其内容涉及整数和分数的运算、几何级数、利息计算、税率计算、几何计算、兑换、产量、用盈不足术求平方根近似值等。《算数书》反映了我国在战国晚期至西汉早期的数学发展水平，在数学史上占有十分重要的地位。

依照现代数学的分类，可将《算数书》的内容分为算术和几何两大类。

算术部分涉及整数、分数、比例、盈不足的计算。在整数运算方面，《算数书》已经运用到了多位数相乘的简洁算法，即以一位数替代多位数相乘和以加法替代多位数相乘的算法，"里田"题就是运用这种算法的最早实例。《算数书》对分数及其运算法则有系统的归纳和解说，并列有各种运算实例，这说明《算数书》对分数已有相当成熟的认识。

《算数书》的几何部分涉及体积、面积的计算。其中列举了各种体积的求解方法，如果不考虑其中一些解法因圆周率取值而造成的误差，这些求解方法都是正确的。书中提出的简明便捷的"除"（或称"羡除"）的体积求解公式在数学史上属于首创。①

张家山汉简《算数书》涉及秦汉时期社会经济生活的方方面面，如共买、关税、女织、田租、金价、羽价、漆价、丝价、息钱、米率、米价、负重等问题，对中国古代经济史的

---

① 彭浩：《张家山汉简〈算数书〉注释》，科学出版社2001年版，第24、25页。

研究具有一定的价值。从《算数书》中所列举的算题不难发现，这些算题的提出与秦汉时期县级政府的管理职责，如对土地和租税的管理、对仓储物资的管理、对劳役和工程的管理等有着密切的关系。《算数书》是当时官吏为了解决管理中的实际问题而学习数学知识的读本，是具体工作中不可缺少的常用参考书。

《算数书》与传世的《九章算术》都属于数学问题集，从内容上看二者大同小异，两书的体例也很相似，但《算数书》的成书年代要比《九章算术》早得多，它代表着我国在公元前2世纪的数学发展水平，对后世中国数学著作产生过极大的影响。

二、医学

秦汉时期，荆州人极为注重身体健康与养生之道。荆州周家台秦墓出土的《病方》是存世最早的与医学相关的竹简文献，对研究古代病名、医方、诊疗具有重要价值。荆州张家山汉墓出土的《引书》和《脉书》是两部重要的医学文献，对于研究古代医学的发展具有重要意义。

1.《病方》

在考古发掘出土的简牍文献中，医学类简牍文献是记录我国医学的重要历史材料，承载着丰富的历史信息，具有重要的研究价值。1993年，考古人员在荆州市沙市区西北郊周家台三十号秦墓发现一批秦代医简，定名为《病方》。秦简《病方》有10条，抄录在17枚竹简上。

《病方》属于民间流传的医用药方，提到的病名有肠澼（即痢疾）、瘅病（即热病）、恒吹（即哮喘）、瘕（即腹中硬块）、痿病（即肌肉萎缩）、齲（即龋齿）、病心（谓患心痛之疾）、痈（即脓肿）等，并给出了治疗方法，其中有的药方采用中草药治疗，具有一定医疗价值。周家台秦简309简、310简完整地记录了一个治疗肠澼之症的药方，配制和服用方法是，将黑豆装入肥牛胆中，悬挂于室内阴干备用；取用时，拿出10余粒黑豆煮粥喝下，即可起到治疗痢疾的作用。在当代民间验方中，也有以牛胆与黑豆为药方的，据顾奎琴主编《家庭药膳全书》记载，将黑豆、橘红末放入牛胆内，拌匀，放置在阴凉处，阴干后制成药丸，具有清热消炎，化痰止咳的功效，可用于治疗急慢性支气管炎。[①] 秦简《病方》的发现，证实古人在治疗"肠澼"方面已做过积极的探索。

由于时代的局限性，周家台秦简《病方》中有的医方采用祝由术（以祝祷符咒治病的方术）治病，这是古代巫医不分的产物。

2.《引书》

1984年在荆州张家山二四七号汉墓出土的《引书》是养生导引学专著，被誉为"天下气功第一奇书"。《引书》共有112枚竹简，书名题写于首简背面。《引书》之"引"即导引之意。导引是一种类似于气功的养生术，重在通过调整呼吸和活动肢体来增强人的体质。

---

① 顾奎琴主编：《家庭药膳全书》，现代出版社1999年版，第395页。

《引书》的主要内容是讲解"导引之术",重点记载将呼吸运动和身体运动相结合的导引术式以及用导引术治疗疾病的方法,共记载导引术约110种,其中用于治病的约50种,可见当时人们在运用导引治疗和预防疾病方面已经积累了相当丰富的经验。

长沙马王堆三号汉墓出土的《导引图》用图画的形式讲解导引术,没有文字说明。张家山汉简《引书》没有图画,只用文字记述导引术。一图一文,二者可以互相参证。如马王堆帛书《导引图》中有"龙登",画的是一人上举双臂伸展肢体。这与《引书》中记载的"龙兴"大致相同。

《引书》全篇由三部分组成:

第一部分叙述四季养生之道。《引书》认为人要遵守"春生、夏长、秋收、冬藏"的自然法则,并对人在春夏秋冬四季的养生提出了不同的要求。如春天早起后要先"弃水"(小便),再"澡漱"(洗漱)、"洒齿"(刷牙)、呵气,披发缓行,承受地上的清露,吸取天空的精气,还要饮水一杯,认为这些做法是有助于健康长寿的。

第二部分记载导引术治疗疾病的方法。《引书》详细记载了35个导引式的名称、动作要领与一些导引式对身体的功用。另外,叙述了一些用导引术治疗疾病的方法,以及一些常见病的发病原因与预防方法。

第三部分阐述导引养生的理论。内容包括24个导引术式的名称及其功效,但没有记载具体动作。这一部分的结尾是关于气的论述,强调气与人体的关系,指出呼吸新鲜空气对增强人的体质、预防疾病具有重要作用。

《引书》是迄今发现的最早的一部记录导引术的著作,是一部较为完整的养生古籍,对于研究战国秦汉时期的引导术,乃至研究中国医学史都具有十分重要的意义。

3.《脉书》

在张家山二四七号汉墓出土的医学古籍除了《引书》,还有《脉书》,这也是一部十分重要的古代佚书。《脉书》由五种古医佚书组成,即《病候》《六痛》《阴阳十一脉灸经》《阴阳脉死候》《脉法》。① 前两种不见于传世文献和出土文献,后三种见于湖南长沙马王堆汉墓出土的古医书。

《病候》是现已发现的最早的疾病症候学专著,共记有67种疾病,按照头部、上肢、躯干、下肢及全身的先后顺序排列,每种疾病均简要记有症状及其病名。这些疾病按照传统中医学的分类法,分别属于内科、外科、妇科、儿科、五官科、神经科等,表明当时的诊断医学已达到了一定的水平。

《六痛》全文为四言韵文,共111字。《六痛》以人体的骨、筋、血、脉、肉、气为序,依次阐述各组织的生理机能及其疾病特征,强调积极预防,以免疾病滋生。

《阴阳十一脉灸经》记载了人体经脉的走向及所主治病症,其内容比马王堆汉墓帛书本更为完整。

《阴阳脉死候》是一部诊断类的古医书,主要论述三阳脉的一种死亡证候和三阴脉的五

---

① 张继兴:《张家山汉简〈脉书〉中的五种古医籍》,《中医杂志》1990年第5期、第6期。

种死亡证候。

《脉法》论述了脉的重要性，脉气的生理规律和治疗原则，脉气病所用灸和砭的治疗方法，以及痛脓病用砭石"启脉"的理论与方法。《脉法》最后介绍了诊脉方法及六种脉象，针对脉名（部位）提出诊脉的要求。

张家山汉简《脉书》提出的养生理论和相脉方法，对于养生和保健至今仍有指导意义。《脉书》第52、53简以"流水不腐，户枢不蠹"说明运动对于身体的重要性，同时强调"乘车食肉者"在春秋季节要保持肠道通畅，使脉象虚实平衡，保持在平静的状态。《脉书》强调数病并发，要择先发病症先治，择病重之症先治，这些治疗的基本原则在今天看来仍不失为科学的处理方法。

4.《医方》

2018年11月至2019年3月，在荆州纪南生态文化旅游区岳山村胡家草场M12墓发掘出土了大批西汉早期简牍。这批简牍保存状况较好，共4642个编号，内容分为岁纪、律令、历日、日书、医杂方、簿籍和遣策七类，是迄今为止在单座墓葬中出土简牍数量最多的一次，对研究战国秦汉史、天文历法、法律制度、社会生活、中医药、文献学等具有重大学术价值。根据随葬器物的形制特征以及竹简上的"岁纪"记录，初步推断这批简牍的下葬时间应为西汉早期，不早于汉文帝前元十六年（前164年）。

胡家草场出土的医方及杂方类简包括450枚竹简和4件木牍。竹简分为两卷。第一卷的内容相当广泛，涉及种植、畜牧、冶金、胎产以及巫祝等多个领域，暂命名为"杂方"。第二卷的主要内容是关于各种疾病的疗法，每个方剂都有对应的编号，暂命名为"医方"。《医方》简同样没有卷标，但有目录，目录部分由6枚简组成。医方简经过了系统的整理和汇编，是目前所知出土资料中时代最早、体例严谨的医方文献。

在这批医方简中，发现了众多治疗各种疾病的方剂，其中不少内容能与里耶秦简等出土文献以及传世医书中的医方进行对读，部分医方与《伤寒论》《金匮要略》中的"经典名方"在药物组成和功用主治上有着极高的相似度，把传世经方的临床应用历史提前了300余年。此外，简文中还记载了"黄连""甘遂"等药物，这在出土医学文献中均属于首次出现。胡家草场医方简的发现为探究中医"经方"的学术源流、本草学的起源以及相关医药名物的训诂等问题，提供了宝贵的新资料。

这批医方简除了阐述疾病的成因和症状，还详述了药物的种类、产地、药性、采摘等信息，为中药品种的考证、用药历史研究和植物考古提供了珍贵的文献资料。如简839记"泽桼（漆），其叶类柳、赤茎，折之，其汁白而出茎中，居好生水畔若泽旁"，详细描述了泽漆的形态特征及生境，为厘清泽漆的品种提供了最早的证据。

简文中还记述了服用药物时应注意的事项，诸如药物应在饭前或饭后服用等。医方简强调药物的剂量应根据病人的体质强弱及体形进行适当的调整，如简851记"人壮者以六，其次以五，老弱以四"，针对不同身体条件的患者提出有针对性的用药方案。此外，医方简还强调在服药期间，患者应避免食用鲜鱼、荤肉等食物，以确保药效不受影响。

总的来说，这批医方简数量庞大、内容丰富，并且篇目结构清晰。它们对于了解秦汉时期的医药文献编纂与分类，以及当时的医疗理念和医疗水平具有重要的学术价值。

三、造船

荆州位于长江航道荆江段，自古就是长江航运的转运港。独特的地理位置使得荆州的水运以及水陆联运十分发达，也使得荆州的造船技术一直居于较高的水平。

在唐代，荆州成为重要的造船基地。李皋是唐太宗幼子曹王明的玄孙，他在任荆南节度使期间，受江汉平原灌溉农田用的脚踏水车的启示，发明了以轮带桨的桨轮船。他在船的舷侧和尾部装上大型的带叶桨轮，桨轮外装有呈放射状的拨水板，依靠人力踩动桨轮轴，带动轮轴上的桨叶拨水推动船身前进。桨轮船是后世轮船的雏形，它的发明，是我国造船技术的一次巨大进步。

至唐代末年，荆州已有制造巨型战舰的能力。荆南节度使成汭耗费三年时间，打造了一艘巨型战舰，号曰"和州舰"，取"和荆州皆载其上"（《资治通鉴》卷二百六十三）之意。此外，还打造了"齐山舰""截海舰""辟浪舰"等巨型战船，每艘战舰上除可载士兵千人外，还可装载超过士兵一倍人食用的稻米，足可见江陵造船技术的发达程度。

四、纺织

唐代江陵的丝织业较为发达，所产方纹绫被列为贡品。唐代诗人对江陵丝织业的繁荣也多有描写。李白在《荆州歌》中写道，"荆州麦熟茧成蛾，缲丝忆君头绪多"，描述了荆州丝织业的繁荣景象。杜甫在《后出塞》诗中写道，"越罗与楚练，照耀舆台躯。"他将荆州产的丝织品称为"楚练"，将楚练与当时著名的越罗、齐纨等丝织品相提并论，可见荆州的丝织技术已达到同时期的先进水平。

明清时期，荆州的荆缎生产作坊进入全盛时期。荆缎以经纬纱按一定的结构方式提花织成，彩线多用红、黄、蓝等正色，花纹精致，外观瑰丽，色泽光鲜，是一种高档的服装面料。

荆缎的主要产地在荆州，又称"荆锦缎""江陵锦"。明代诗人袁宏道在《古荆篇》中写道，"采桑陌上青丝笼"，"织成锦席迷蝴蝶"，生动地描绘了荆缎的高超织造技艺。

清宣统《江陵县乡土志》载："荆缎、荆菱绸概由本处织成，行销京城各地，最为驰名，是其特产。"位于荆州城内惠城街（今荆州城荆中路）的张全盛机坊，其经营规模之大，工艺水平之高，居同业之首。

第二节　荆州古代教育

荆州作为中国古代南方的教育重镇，在中国教育史上占据着举足轻重的地位。这片土地培育了政治、经济、文化、军事等各个领域和行业的无数杰出人才，伟大的爱国诗人屈原、著名的改革家张居正，都是荆州培育出来的历史文化名人。荆州的教育传统自古以来从未中断，弦歌不辍，薪火相传。

一、官学教育

荆州古代的教育有官学教育、私学教育和书院教育等多种形式。官学是由官府所办的学校，相当于现代教育中的公立学校。

1. 楚国官学教育

春秋战国时期，荆州是楚国国都的所在地，楚国在此建有成熟的官学体系。楚国在以荆州纪南城作为都城的400多年时间里，涌现出众多杰出人才。这些人才成为楚国强盛的基石，支撑着楚国在诸侯争霸的激烈竞争中脱颖而出，奠定了楚国在春秋战国时期举足轻重的地位。唐代荆州人余知古在其著作《渚宫旧事》中，列举了从楚文王至楚顷襄王400年间楚国的杰出人物，包括贤相、将帅在内的各类人才有120余人。楚之所以能培养出如此众多的优秀人才，得益于其建立的相对完善的教育体系。

楚国确立了一套完善的公族教育体系，负责对王室成员、贵族子弟以及士大夫进行教育。楚国继承了周朝的制度，设置了太师、太保、太傅等官职，这些职位主要负责太子的教育工作以及向国君提供规谏。兰台宫是楚国设置的集教育和学术研究功能于一体的文化中心，在当时的地位足以与齐国稷下学宫媲美。

1993年，在纪南城以北9千米处发掘的荆门郭店楚墓中，出土了一件耳杯，其上有"东宫之师"四字铭文，证实该墓墓主是楚国太子的老师。在该墓出土了800多枚战国楚简，共有13种古籍，其中属于儒家的有《缁衣》《五行》等11种，属于道家的有《老子》《太一生水》2种，这些著作应该都是当时对太子进行教育的教材。

2021年，在荆州王家咀七九八号楚墓中，出土了《孔子曰》以及部分《诗经》的内容，还包括前所未见的先秦乐谱。这些珍贵的出土文献，作为楚国的教育教材，成为荆州悠久教育历史的实物见证。

2. 汉代经学教育

东汉初年，自西汉武帝独尊儒术之后，各地民间私学多以传授儒家经学为主。东汉时期，荆州开始出现传授儒家经学的私家授徒讲学活动。经学家、教育家刘昆被举为孝廉，他不愿接受举荐，隐居荆州教授生徒。光武帝刘秀闻其名后，任命他为江陵县令。汉桓帝在位时，经学家马融任南郡太守。他在郢城设绛帐讲授经学，儒家经学教育在荆州一时蔚然成风。

马融长期从事古文经学教育，慕名投师的人遍及全国，弟子有1000多人。大学者郑玄、名臣卢植等都是他的学生。马融授课时，在讲席周边挂上一圈绛红色围帐。他端坐帐中，帐后有女子乐队奏乐。只有高才生才可以入帐，当面听他传经布道，其他弟子由高才生负责传授学业。人们把马融的这种教学做法，称为"绛帐授徒"。后以"绛帐授徒"一词代指师长设立讲席，传授生徒。

东汉著名经学家、画家赵岐,娶马融侄女为妻。赵岐熟读经书,学识渊博,他撰写的《孟子章句》是汉代诸家《孟子》注中仅存的一部,收入《十三经注疏》中。赵岐晚年寓居郢城著书立说,他为自己修了一座坟墓,亲自在自己的生圹中作画,在画中间主位画上自己的像,在两边客位画季札、子产、晏婴、叔向四个贤人的像,都作有赞颂之辞,以此显示自己像"四贤"一样卓尔不群。赵岐年逾九十而卒,葬于郢城内。

东汉名相胡广,是荆州经学教育培养出来的杰出人才。胡广,字伯始,出生于东汉南郡华容县(今属荆州监利)。年轻时,他在郢城担任散吏(有官名而无固定职事之官),得到南郡太守法雄的赏识,被推举为孝廉。通过策试,他以第一名的成绩脱颖而出。汉安帝在读了他所撰写的章奏后,对其文采大加赞赏,称其为"天下第一"。胡广在东汉顺帝、质帝、桓帝、灵帝时期担任宰相一职,被誉为"不倒翁宰相"。他去世后,被赐予"文恭"的谥号,其追赠和葬礼的规格,在东汉的大臣中是最为隆重的。

3. 历代州府官学教育

东汉末年到魏晋时期,荆州为兵家必争之地,战事频发,经济与教育受到极大的破坏。南朝至唐宋时期,荆州地方官府开办学堂,招收生员,培养人才。

南朝时期,荆州一跃而成为与扬州(今江苏南京)并重的军事重镇。这一时期,驻守荆州的地方长官,无一例外都是皇室的显贵。他们的到来,为荆州教育的复兴带来了希望。豫章王萧嶷创立学馆,安成王萧秀兴办学校,湘东王萧绎则建立宣尼庙(即孔庙),这些举措标志着荆州城内早期官学教育的诞生。

南齐时期,豫章王萧嶷对文化和教育极为重视。在他担任荆州刺史期间,在江陵县南蛮园东南创立了一所学馆,专门招收官宦子弟就读,培养官僚和贵族后代。为了确保教育质量,萧嶷还特别设立了儒林参军、文学祭酒、劝学从事等职位对学校进行管理。

南梁时期,荆州的官办教育机构进一步发展。荆州刺史安成王萧秀非常重视教育,不仅创办了学校,而且亲自撰写《临荆州下招隐逸教》,广泛招募全国各地的杰出人才来荆州从事教学。

太清元年(547年),湘东王萧绎任荆州刺史,作《请于州立学校表》上奏皇帝,在荆州城内建宣尼庙(即孔庙)作为州学,这是荆州最早出现的州学。州学招收生员30人,由公家提供粮食之类的生活物资。大儒贺革出任江陵令时,萧绎延请贺革为儒林祭酒,讲授《三礼》,荆楚一带的士大夫纷纷前来聆听讲学。

隋朝以后,荆州开始出现府学、郡学和县学等官学教育机构。隋朝初年,江陵设有府学。唐武德七年(624年),江陵府、县乃至乡里,均普遍设学,教育盛极一时。北宋宝元元年(1038年),江陵郡又立官学。北宋大观年间(1107—1110年),江陵府学生员达700多人,学校之盛,甲于荆湖。

南宋著名理学家胡安国高中进士后,被拜为江陵府学教授。他初到任时,江陵府学颓废不堪,各级管理部门放任贪官贪污公粮,全不履行教学之责。胡安国果断废除所有弊习,制定了新的规范制度,这在当地产生了很大震动,一时前来江陵府学求学者甚众,江陵府学也逐渐摆脱了颓废之势。

明清两朝，荆州形成了官学、私学与书院共同构成的较为完备的教育体系，标志着这一时期荆州教育多元化格局的形成。

明清两朝，荆州府开办供生员修业的官办教育机构，称为"荆州儒学"或"荆州府学"。明洪武二年（1369 年），荆州知府周政在元代官学旧址上创设府学，后经明清两朝多次重建与修缮，府学建设初具规模。府学旧址位于今荆州城东城内，在今文笔峰（俗称"三管笔"）遗址以北，主体建筑由大成殿、崇圣祠、奎文阁、明伦堂等组成。今已不存。（图 9-1）

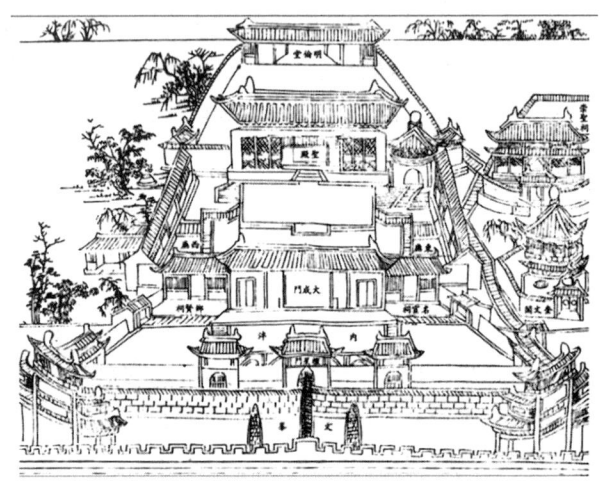

图 9-1　荆州府学宫图（取自清乾隆《荆州府志》）

文笔峰，又称"文峰"，位于荆州城南城垣东段，是明嘉靖年间为兴文运、昌科举而修建的儒学（府学）附属建筑，由形似三支笔锋朝天的毛笔状建筑组成，俗称"三管笔"。文笔峰毁于 20 世纪 70 年代，基址尚存。

明代中期，荆州府学生员张居正科举考中进士。此后，张居正的长子张敬修也以荆州府学生员的身份考中进士，荆州府学因此而声名鹊起。张居正进京后，其次子张嗣修、三子张懋修也随之进京，以国子生身份考中进士。张居正父子四人"一门四进士"，创造了科举时代的奇迹。

元明清三朝都设有江陵县学。清代江陵县学位于荆州城内西南，建有大成殿、东西庑、崇圣祠、名宦祠、乡贤祠等。乾隆九年（1744 年），增建明伦堂、尊经阁、奎文阁，凿内、外泮池，建棂星门。大成殿和棂星门仍存，为省级文物保护单位。

二、书院教育

书院是古代集教学、研究和藏书功能于一体的教育组织形式，最早起源于唐代。南宋时，随着书院教育在各地兴起，荆州也出现了书院这种新型的教育组织。书院教育与官学、私学并行不废，成为重要的教育组织形式。

荆州最早的书院出现于南宋。淳祐四年（1244年），南宋名将、京湖安抚制置使孟珙兼任江陵知府。此时，因金兵屡犯中原，大批襄阳籍士人为避战乱南下聚于江陵城中。次年，孟珙以没收的田舍开办书院，命名为"南阳书院"，招收襄阳籍士人在书院研读。取"南阳"作为书院之名，乃是取诸葛亮躬耕南阳之意。书院建成后，孟珙专门上书宋理宗，奏请皇帝题写书院匾额。

荆州兴办时间最长的书院是龙山书院。龙山书院始建于明嘉靖年间。清乾隆十八年（1753年），江陵知县曹銮捐资在城东择址重建，延师训课，招收本县子弟在此习业，文风大振。乾隆四十九年（1784年），荆州知府廷毓将龙山书院与荆南书院合并，移建于城西。今荆州实验中学所在地是其旧址。

荆州最有影响的书院要数荆南书院。清康熙五十八年（1719年），荆州知府邱天英捐资筹建荆南书院，并购置土地，以土地租金作为荆南书院的教育开支经费来源。清乾隆五十年（1785年），荆州知府廷毓将龙山书院与荆南书院合并。清光绪二十九年（1903年）改为荆州府中学堂，内设师范及高等小学堂。荆南书院从始建到改制，共持续184年。

清光绪年间，荆州驻防八旗在荆州开办辅文书院，专门招收驻防八旗子弟，培养军事人员。清光绪四年（1878年），由荆州驻防将军希元会同湖广总督李瀚章、荆州知府倪文蔚等捐廉劝募兴建。因书院的宗旨是强调"有文事者，必有武备，驻防尤不可偏废也"（希元《辅文书院碑记》），因而题书院名为"辅文"。辅文书院于光绪三十年（1904年）停办，改为中学堂，并附设高等小学堂。

书院作为有别于官学的一种独立存在的教育系统，为近代教育的发展奠定了基础，最终为新式学堂所替代。

第三节　荆州古代体育

在古代荆州，无论是官方还是民间，对体育与娱乐活动都表现出了极大的热情。这些活动，有的是节令性的，有的是游戏性的。丰富多彩的体育与娱乐活动既是健身、休闲的生活方式，又是江陵本土民风民俗的表现形式。

一、龙舟竞渡

荆州自古有每年农历五月初五举行划船比赛的传统，称为"竞渡"或"端午竞渡"。千百年来，每到端午佳节，荆州的河湖之中鼓声不断，桡片飞扬，岸上观者如蚁，人声鼎沸，充分显示了龙舟竞渡的无穷魅力。

端午竞渡起源于纪念楚国伟大的爱国主义诗人屈原。据南梁宗懔《荆楚岁时记》记载，五月初五"是日竞渡"，隋代杜公瞻注曰："五月五日竞渡，俗为屈原投汨罗日，伤其死，故并命舟楫以拯之。"由此可见，南朝时端午龙舟竞渡在荆州已然成风。

到隋唐时，荆州竞渡之风更为昌炽。《隋书·地理志》载："习以相传，为竞渡之戏。

其迅楫齐驰，棹歌乱响，喧振水陆，观者如云，诸郡率然，而南郡、襄阳尤甚。"这里所说的竞渡之风"尤甚"的南郡即指江陵。唐元和年间，诗人元稹被贬江陵为官，在观江陵龙舟竞渡后写下了气势宏大的《竞渡》一诗，堪称唐诗中写竞渡篇幅最长、用力最著的诗作。诗人用原始战争的场景来比喻龙舟竞技的非凡气势，"壮哉龙竞渡，一竞身独尊"，体现出龙舟竞技的崇高感和使命感。

有明一代，荆州竞渡之风经年不衰。明代公安派诗人袁中道在《午日沙市看龙舟》一诗中写道，"龙甲铺江丽，神装照水鲜。万人齐著眼，看取一舟先"，描写了当时沙市龙舟竞渡的盛大场面。

二、拔河

拔河是一种民间对抗性的体育活动，将参与人员分为对等的两组，双方各执长绳一端进行角力，以将对方拉出中线为胜。拔河起源于"钩强"，最早是战国时期楚国舟师为对付越国舟师而制作的一种作战工具。据《墨子·鲁问》记载，楚、越两国水师在长江上交战。楚国舟师位于上游，易于顺江而下，却难于逆水而退；而越国舟师却刚好相反，难于逆水而上，而利于顺水而退。越国舟师往往见时机有利就出击，见交战不利，就顺江而下快速逃离，多次将楚人打败。当时，著名工匠公输般为楚国设计出了一种适用于水战的兵器，称为"钩"。钩为竹制，顶端有弯曲的刃。当两军战船靠近时，可以用钩将敌船推开不让靠近；当敌船战败逃跑时，又可以用钩将敌船钩住不让逃跑。由于有了这种新式武器，楚军很快在与越国的舟师交战中占据了优势。钩在舟师交战时的主要作用是"退者钩之，进者强之"，因而又称为"钩强"。明代茅元仪在《武备志》中又称钩强为"钩镰刀"，并说"须竹长而轻，刃弯而利，乃得实用"。

楚国使用"钩强"战败越国之事，后来在楚郢都一带演变成为一种竞技活动，称为"施钩之戏"。据南梁宗懔《荆楚岁时记》记载，楚地有"施钩之戏"。杜公瞻注云："施钩之戏，以绠作篾缆相胃，绵亘数里，鸣鼓牵之。"由此可见，早期的"施钩之戏"将楚国舟师所用的钩强改为篾缆，是一种以篾缆作为竞技工具的对抗性的群众体育活动。篾缆的长度可达数里，双方对抗时人们击鼓助威，齐声呐喊，场面恢宏壮观。

隋朝时，"施钩之戏"又称为"牵钩之戏"，主要在荆州、襄阳一带流行。据《隋书·地理志》记："（南郡、襄阳）二郡又有牵钩之戏，云从讲武所出，楚将伐吴，以为教战，流迁不改，习以相传。钩初发动，皆有鼓节，群噪歌谣，震惊远近，俗云以此厌胜，用致丰穰。其事亦传于他郡。"所不同的是，此时的"牵钩之戏"增加了厌胜辟邪、祈求丰年等巫术与宗教的内涵。

到唐代，牵钩之戏才定名为"拔河"。唐代《封氏闻见记》记载："拔河，古谓之牵钩。"此后世代相传，直到今日。荆州是拔河这一群体性体育活动的故乡。如今，拔河已从荆州走向全国，成为一项全国人民喜爱的群体性体育活动。

三、藏钩

藏钩是始于汉代宫廷的一种古老的游戏，又称"藏彄"。钩、彄是一种类似于顶针的环状物。游戏时，将人员分为两组，其中一组中一人手中握钩（彄），让另一组猜对方手中有钩（彄）的人，猜中即为获胜。在猜的过程中，参与游戏的人出现种种逗笑的情态，引起满场欢声笑语，娱乐性极强。

六朝时，藏钩游戏已从宫廷传入民间，并在荆州一带流行。《荆楚岁时记》中记载，十二月初八日之后至春节前"又为藏彄之戏"，这说明在南朝时，藏钩游戏只在春节前的特定时间进行，具有岁时民俗的特点。

至唐代，藏钩游戏在荆州仍盛行不衰，并不再限于特定的时间，而是全年都可以尽兴的游戏。段成式在《酉阳杂俎·艺绝》中记载："举人高映善意彄。成式尝于荆州藏钩，每曹五十余人，十中其九。同曹钩亦知其处，当时疑有他术。访之，映言但意举止辞色，若察囚视盗也。"荆州举人高映是藏钩高手，他在100多人参加的藏钩游戏中，猜中率竟高达90%。他的窍门就是像监视囚犯和盗贼那样认真观察藏钩者的举止表情，如此方能将藏钩游戏玩到出神入化的境界。

四、角抵

角抵是一种类似于现代摔跤的运动，也称为"相扑""争交""角力"等。现在所能见到的最早的有关角抵运动的资料，是1975年在江陵凤凰山秦墓中出土的一件木篦上所绘的"角抵图"。这件木篦的正反两面都绘有用黑漆勾线，用红、黄等色敷彩的人物装饰图案，其中一面所绘的内容正是角抵的场面。画面上有三人，均赤裸上身，腰束长带，身穿短裤。其中左右两人正跨步伸臂，作搏击状，中间一人正在分开搏击中的两人，似为裁判。这一场面表现的正是古代"百戏"之中的"角抵"场面，也就是早期的"相扑"。

唐宋时期，荆州一带民间仍流行角抵。据《酉阳杂俎》记载，唐武宗会昌二年（842年），荆州百姓郝惟谅与伙伴们到郊外"角力"，这里所说的"角力"就是角抵。另据宋代调露子《角力记》记载："荆楚之间，五月盛集，水嬉则竞渡，街坊则相拂为乐。"这里所说的荆楚民间街坊"相拂"也是指角抵。

五、蹴鞠与击鞠

蹴鞠就是用脚踢皮球，是一种类似于现代足球的体育运动。蹴鞠运动在我国起源甚早，最早的源头要追溯到黄帝时期。汉唐时期，蹴鞠运动达到高潮。荆州民间在六朝时期就已有蹴鞠运动。据南梁宗懔《荆楚岁时记》记载，荆州民间在寒食节有"打毬"的运动，这里所说的"打毬"就是"蹴鞠"。早期的球是用毛绒缠结为球形制成，故而称"毬"；后来在皮囊内填充毛绒制成球，就改称为"鞠"了。

到唐代，荆州的蹴鞠运动已十分普及，普通百姓中亦不乏蹴鞠高手。据荆州人段成式在《酉阳杂俎》中记载，荆州有个普通百姓，名叫郝惟谅。他性格粗鲁直率，好打架斗殴。唐武宗会昌二年（842年）寒食节那天，他与几个伙伴们到郊外开展了"蹴鞠"活动，这说明蹴鞠运动在唐代已成为荆州底层百姓的一种娱乐活动和运动方式。

蹴鞠所用的球具易于制作，对场地要求也不高，很适合在民间流行。还有一种名为"击鞠"的运动，是骑在马上打球，也称"打马球"。这项运动要借助于马，对场地的要求也很高，故而只能是上层社会专属的体育活动。唐代盛行打马球，归因于多位唐朝皇帝爱好此项运动。元和三年（808年）至六年（811年），赵宗儒出任江陵尹、荆南节度使。他因管理球场不力，致使马球场滋生杂草，被唐宪宗责问。宪宗皇帝质问道："人言卿在荆州，球场草生，何也？"赵宗儒解释说："死罪！有之。虽然草生，不妨球子往来。"（唐李肇《唐国史补》）意思是说，因为政事繁忙，无心于马球运动，以至于球场生草，这是他的责任；但是草长得并不高，球还是照样能在草坪上滚动的。这则故事说明，在唐代荆州有官方的马球场，而且有管理草场的标准。

五代十国时期，孙光宪寓居荆州，出任荆南国掌书记一职。因常年伏案劳累，他的体力渐衰。尽管如此，他仍然很自信地对人夸耀自己"筋力不衰"。有一次，孙光宪来到马球场后，因自己体力不支不能上马，身边的人都来帮他，"扶持者甚众"（宋周羽翀《三楚新录》卷三）。可见在荆南国时期，荆州的马球场仍然是官员们锻炼身体的好去处。

第十章　荆州古代名人

古语云："惟楚有材。"荆楚大地，人杰地灵，钟灵毓秀。在历史的长河中，荆州名人辈出，灿若繁星，熠熠生辉，闪耀在历史的天空。在这些杰出的人物中，既有忠于职守、廉洁奉公的政治精英，又有思想深邃、智慧卓越的思想巨擘。他们勇于开拓，不断创新，以非凡的勇气和智慧，书写了一段段辉煌的历史篇章。

第一节　辅国良臣

在荆州的历史长河中，涌现了无数杰出的治国能臣。他们或忠君爱民，恪尽职守；或奉公守法，刚直不阿；或高风亮节，清廉自律；或直言进谏，为民请命；或毁家纾难，慷慨赴死。他们的精神和品格，足以垂范后世，启迪来者。

一、斗子文

斗子文，春秋时期楚国令尹，也是这一时期楚国著名的思想家和政治家。

楚成王初登王位之际，令尹子元掌控了朝政大权。子元怀有篡位之心，被忠于楚王室的贵族们诛杀。在平息了"子元之乱"后，斗子文临危受命，出任令尹之职。"令尹"这一职位在楚国的地位相当于宰相，仅次于楚王。

子文担任令尹期间，勤于朝政，恪尽职守，他常常"未明而立于朝，日晦而归食"（《战国策·楚策一》），意思是说，天还没有亮他就开始工作，直到天色很晚了才回家吃饭。

他在清查国库账目时发现，此时国家储备钱粮已被耗费一空，极度困难，难以为继。子文"自毁其家，以纾楚国之难"（《左传·庄公三十年》），也就是把自己家族的大宗财产捐献出来，以缓解国家的危难。这一举动很快赢得了朝臣和百姓的拥戴，在中国历史上树立了"毁家纾难"的爱国典范。

子文提出"从政者以庇民"，倡导"以民为本"的政治思想，在中国古代政治思想史上具有重要影响。

子文为官清正廉洁，以至于家中"无一日之积"。他本人时常面露饥色，连家人也一同忍受饥饿。楚成王得知子文一家生活困顿，于是每次子文上朝，他都会准备一束干肉和一筐干粮，以缓解他的困境。然而，楚成王的每次赏赐，子文都婉拒不受。有人不解地问子文："人生在世，追求财富是人之常情，而您却屡屡回避，这是何故？"子文答道："夫从政者，以庇民也。"所谓"庇民"，即"保民"，他认为保民是从政者最根本和最神圣的职责。

子文重视法制，不徇私情。有一次，他的族人因为犯法被捕，刑狱官知道这个人是令尹的族人，于是就擅自决定释放他。子文得知此事后，非常愤怒，他严厉地责备刑狱官的行为不公，并亲自押送族人回到刑狱官面前，坚定地表示，如果不依法严惩犯法之人，他宁愿选择去死。最终，刑狱官在子文的坚持下，斩杀了那个犯法的族人。国都里的老百姓知道这件事后，作了一首诗传颂子文的事迹："子文之族，犯国法程；廷理释之，子文不听；恤顾怨萌，方正公平。"盛赞子文能够顾恤百姓的怨恨，是执法正直公平的好令尹。

二、孙叔敖

孙叔敖，蔿氏，字孙叔，名敖。春秋中期楚国杰出的政治家、军事家。楚庄王在位时，孙叔敖出任令尹。孙叔敖担任令尹期间，尽心尽责，全力辅佐楚庄王治理楚国。他因势利导推动各项改革措施，通过兴修水利工程发展农业生产、整改军制、加强军备等一系列措施，使楚国迅速壮大起来，为楚国争霸中原奠定了坚实的基础。

孙叔敖注重民生，农工并重，大修水利，使百姓安居乐业。孙叔敖善于因势利导，发展经济。在秋冬季农闲之时，孙叔敖组织民众进山伐木；待到春夏季，雨水充沛，河水泛滥，他便指挥百姓利用水流将木材顺流而下，有效地减少了人力的投入。通过这些措施，民众的生活水平得到了显著提升，生计问题得到了妥善解决。

孙叔敖是一位杰出的水利工程师，主持修建了多项重要的水利工程。他主导的期思陂水利工程（在今河南淮滨），是中国最早的大型水利灌溉系统之一。他还主持修建了芍陂水利工程（在今安徽寿县），这一工程后来被列入世界灌溉工程遗产名录。连接汉水与长江的荆汉运河也是他主持修建的，该运河是中国历史上最早的人工运河。

孙叔敖是一位杰出的军事家，对楚国的军事制度进行了革新。孙叔敖制定《令典》作为楚国的军事法典，将楚军的阵形从"三军"调整为"五部"。他将楚军原来的左、中、右三军，改为前、后、左、右、中五路大军，各司其职。其中，中军负责制定作战方案，右军保护兵车前进，左军负责运输粮草，以精兵部队殿后。楚军前锋最重要，负责侦察敌情，走在大军最前面，发现敌情就举起茅草旗作为信号。楚军先锋因此被称为"前茅"，成语"名列前茅"即由此而来。

孙叔敖虑事周全，精于谋划。在负责修建沂城（在今河南正阳）的过程中，他指派专门人员来制定详尽的规划方案，通过精确计算工程总量来估算完成工程所需的时间。他细致地规划了工具的分配和运输路线，并对参与的官员实施严格的考核制度。最终，按照既定的计划，孙叔敖在一个月内成功地完成了筑城任务。

孙叔敖为官生活俭朴、清廉自守，执法严明、公正无私，被誉为"天下第一循吏"。他虽然身为一国之相，但过着十分俭朴的生活。他每天吃的是用粗粮做的粝饼，喝的是用蔬菜煮的菜羹，偶尔吃一点肉食，也只是腌制的干鱼。孙叔敖清廉俭朴的生活作风，使得他深受楚国君臣和百姓的爱戴。孙叔敖出任令尹后，按当时的礼制，他出行时应该乘坐驷马高车。可是他总是乘坐简陋的柴车，驾车的马也是母马。后来人们便用"栈车牝马"一词来形容为官清廉俭朴。

三、刘洎

刘洎,字思道,荆州人。由于他勇于直言进谏,深得唐太宗的信赖。在贞观年间,刘洎因处理政务有功,逐步升迁至门下省侍中,官拜宰相。

刘洎在隋末任萧铣鸣凤政权黄门侍郎,后来他率领军队南下攻打岭表地区,成功夺取了五十多座城池。武德四年(621年),萧铣被唐军打败,刘洎在岭南上表唐朝,表示愿意归顺,归唐后被任命为南康州都督府长史。

刘洎性情耿直,敢于直谏。贞观十一年(637年),刘洎改任治书侍御史。针对当时尚书省政务堆积的现象,他向唐太宗进言,毫不避讳地批评占据重要职位却能力不足的功臣和皇亲国戚;指出官员们因害怕流言蜚语而无法坚守公正立场。刘洎建议唐太宗谨慎挑选尚书左右丞和两司郎中,以提高政府工作的效率。他的建议得到了采纳,随后被任命为尚书右丞。

贞观十七年(643年),唐太宗册立李治为皇太子。刘洎向唐太宗进言道:太子应勤于学习,乐于提问,与师友保持良好关系。如今太子频繁出入宫廷,动辄十天半月,东宫的辅臣很少有机会与太子交流互动。刘洎希望唐太宗能够适度节制对子孙的溺爱,遵循既定的规章制度。唐太宗很重视刘洎的意见,命刘洎与岑文本等人轮流前往东宫,与太子讨论国家大事。

贞观十八年(644年),刘洎晋升为侍中。唐太宗敦促大臣们指出自己的过错。长孙无忌、杨师道等重臣均表示:"陛下无任何过失。"然而,刘洎却直言不讳地说:"近来,有人上书提出与陛下意见相悖的观点,陛下总是当面严厉斥责,使得上书者无不羞愧而退。这样做恐怕不能广开言路。"唐太宗听后表示认同,并承诺:"你所言极是,朕定会改正。"

贞观十九年(645年),刘洎因遭黄门侍郎褚遂良的诬陷,被赐自尽。武则天登基后,颁布诏书恢复了刘洎的官爵,使刘洎的冤案得以昭雪。

四、岑文本

岑文本,字景仁,是唐朝太宗时期的宰相。他的祖籍位于南阳棘阳(现属河南新野)。在后梁时期,当萧詧在江陵自立为帝时,岑文本的祖父岑善方担任了散骑侍郎和吏部尚书的职位。随着岑善方的职位变动,全家搬迁至江陵并定居下来,此后岑氏家族世居今荆州市沙市区岑河镇。

岑文本自幼聪颖过人,广泛涉猎历史与文学,擅长言辞与辩论,并且在写作方面颇具才华。他的父亲岑之象,曾是隋朝末年邯郸县的县令,不幸遭到诬陷而身陷囹圄。年仅十四岁的岑文本前往司隶府陈述父亲的冤情,让在场的官员们大为震惊。他们随即要求岑文本撰写一篇《莲花赋》,他挥笔即就,文采斐然,赢得了在场众人的高度赞誉。最终,岑文本不仅使父亲的冤屈得以昭雪,他自己也因此声名大噪。

隋炀帝大业十四年(618年)，萧铣占据荆州自立为帝，任命岑文本为中书侍郎，负责撰写官方文告。唐高祖武德四年(621年)，河间王李孝恭带领唐军征讨萧铣。岑文本为了防止江陵城遭受破坏和百姓遭受苦难，极力劝说萧铣投降。唐军进城后，军中的士兵们都想进行大规模的抢掠，但岑文本劝阻李孝恭说："自从隋朝失去道义以来，四海之内的人们都期盼着一位贤明的君主。现在，萧氏的君臣以及江陵的父老们决定投降，他们确实是希望摆脱危险，寻求安宁。如果您放纵士兵进行抢掠，这不仅违背了我们从苦难中恢复的初衷，而且可能会使长江以南、岭南地区的人民对归顺唐朝失去信心。"李孝恭认为岑文本的话非常有道理，于是立即下令禁止了抢掠行为。因此，江陵城内秩序井然，没有发生任何侵犯行为。南方的各州县听说了这一情况后，都纷纷效仿，归顺了唐朝。

唐太宗贞观元年(627年)，岑文本被任命为秘书郎。他在中书省任职期间，适逢唐太宗举行籍田典礼，岑文本适时地呈献了《籍田颂》；到了元旦，唐太宗设宴款待百官，岑文本再次呈上《三元颂》，其文辞之优美，使得他的声望日益增长。随后，得益于李靖的推荐，岑文本晋升为中书舍人，得到了唐太宗的高度关注。

贞观十一年(637年)，由于榖水和洛水的泛滥，百姓生活陷入贫困。岑文本向唐太宗上奏，强调若要实现长久统治，必须重视民众福祉和民心所向。他的见解得到了太宗的认同和赞扬，并因此被赐帛三百段。贞观十七年(643年)，岑文本被加封为青光禄大夫。他以廉洁自律、勤俭节约著称。每当官职提升，他不仅不感到欢欣，反而心怀忧虑，以"汉南一布衣"自称，始终勤勉工作，从不利用职权为自己谋取私利，因此深受唐太宗的赏识。

岑文本担任中书侍郎期间，负责处理军国要务。在事务繁忙时，他会让六七名小吏准备笔墨，随时待命，记录他口授要务，不仅提升了工作效率，而且确保了工作的高质量完成。

贞观十八年(644年)，岑文本被任命为中书令。通常人们升迁会感到喜悦，但他却显得忧心忡忡。他的母亲对此感到不解，便询问其原因。他回答说："我既无显赫功勋，亦非皇室旧臣，却过分地承受了荣耀与宠信，责任重大而地位崇高，因此感到忧虑和恐惧。"得知他升职，亲朋好友纷纷前来祝贺，他却表示："我应当接受哀悼，而不是祝贺。"有人建议他购置更多田产，他叹息道："我本是南方的一介平民，徒步进入关中，往昔的愿望不过是成为秘书郎或一县令而已。我没有在战场上立下汗马功劳，仅凭文书工作便升至中书令的高位，这已经是我所能达到的极限了。接受如此丰厚的俸禄，已让我感到极大的压力和恐惧，又怎能再考虑购买田产呢？"

贞观十九年(645年)，唐太宗远征辽东，岑文本随军出征，负责军队的物资后勤供应。抵达幽州(今北京)时，他突然患上急病，不久后病逝，享年五十一岁。朝廷追赠他为侍中、广州都督，并赐谥号"宪"，陪葬昭陵。

荆州岑氏家族以其严格的家风著称，家族中连续三代人皆荣登宰相之位。继岑文本在初唐时期太宗朝官拜宰相后，岑文本之侄岑长倩在高宗和武则天在位时也担任宰相；及至睿宗朝，岑文本之孙岑羲也曾任宰相，出现了中国历史上罕见的"一门三相"的家族传奇。

岑长倩，荆州人，唐高宗、武则天时宰相。他是岑文本之兄岑文叔的儿子，年少时丧父，由岑文本收养。唐高宗永淳年间(682—683年)，经多次升迁，官至兵部侍郎、同中书门下平章事。唐代初期,"同中书门下平章事"这一职位等同于宰相之职。

武则天侄子武承嗣想继承皇位,请求武则天改立他自己为皇太子,遭到了岑长倩的坚决抵制。岑长倩的这一举动大大违逆了武氏一族的心意,武则天对此怒不可遏,以图谋推翻武周、复兴李唐的罪名,将他投入大牢,又下令斩死。景云元年(710年),睿宗李旦复位,恢复岑长倩官爵,备礼改葬。

岑羲,字伯华,荆州人,唐睿宗时宰相。岑羲是岑文本之孙,岑长倩之侄。岑羲进士及第后为太常博士。唐中宗李显复位后,岑羲先后迁升中书舍人、吏部侍郎。唐睿宗即位后,历刑部、户部尚书,寻为侍中,官拜宰相。

此外,唐代诗人岑参,荆州人,为岑文本曾孙。岑参举进士,授兵曹参军。安史之乱后,入朝为右补阙,历太子中允、殿中侍御史、关西节度判官等职,后出任嘉州刺史,世称"岑嘉州"。岑参是唐朝著名边塞诗人,其诗作风格雄浑,意象新奇,色彩瑰丽。有《岑嘉州诗集》存世。

五、唐介

唐介,字子方。祖籍钱塘(今浙江杭州),其祖父自钱塘徙家江陵,遂落籍为江陵人。宋仁宗天圣八年(1030年)考中进士,被任命为武陵尉,因政绩突出,调入朝中担任监察御史里行,升迁为殿中侍御史。宋神宗时拜参知政事。

唐介是北宋著名谏臣,他不避权贵,秉公执法,因弹劾奸佞,被誉为"真御史"。后宫启圣院建造龙凤车,使用奢华的珠玉作为装饰。唐介上奏说:"后宫奢靡之器,不应超过等级。"宋仁宗采纳唐介的进谏,下令毁掉了龙凤车。

外戚张尧佐揽权,骤然被任命为宣徽、节度、景灵、群牧四使,唐介与包拯、吴奎等坚决反对,宋仁宗迫于压力,取消了部分任命。但过了不久,张尧佐又被任命为宣徽使,唐介再次上奏反对。

唐介还上书弹劾宰相文彦博,指其向后宫行贿才得以升迁,言辞异常激烈。宋仁宗很生气,意欲把他贬到边远地区。唐介并没有因此胆怯,反而更加从容坦然。宋仁宗对他说:"作为御史,论事是你的职责,但怎么能妄言文彦博是因为向妃嫔行贿才获得宰相职位的呢?"当时,文彦博正好在场,唐介批评他说:"如果真有此事,赶紧说出来吧!"文彦博慌忙下跪,招认了此事。宋仁宗听罢羞愤不已,一气之下,免去了文彦博的相位,同时贬唐介为英州别驾。

在唐介离开京都的那天,朝中很多官员都来为他送行,梅尧臣、李师中还专门作诗盛赞唐介。天章阁待制李师中作《送唐子方之所贬所》诗云"去国一身轻似叶,高名千古重于山",给予了唐介高度的评价。唐介以"直声动天下",士大夫都称之为"真御史"。

治平元年(1064年),宋英宗召唐介为御史中丞。次年,以龙图阁学士知太原府。在此期间,夏人多次骚扰代州边界,唐介派兵将夏人在边境修筑的堡垒全都撤掉,并派人对夏人晓以利害,夏人从此再也不敢侵犯。

宋神宗即位后,以唐介是"先朝遗直",拜为参知政事。在宋朝,"参知政事"相当于副宰相。

熙宁二年(1069年)，唐介因后背疽病发作去世，享年六十岁。神宗亲往宅第吊丧时，看到唐介遗像未画好，命取宫中所藏赠予，授礼部尚书，谥号"质肃"。归葬在荆州城西门外八岭山中。

六、杨溥

杨溥，字弘济，号澹庵，湖广石首(今湖北石首)人。明朝初年政治家、诗人，内阁首辅。

杨溥自幼家境贫寒，却勤奋好学。建文元年(1399年)，他以优异的成绩考取湖广乡试第一名(解元)；翌年，他再次金榜题名，成功考中进士，并被授予翰林院编修的职位。靖难之役结束后，明成祖朱棣登基，杨溥随即被调任洗马一职，负责侍奉皇太子朱高炽。

永乐十二年(1414年)，朱棣北征回朝，因太子迎驾迟缓，朱棣将杨溥等东宫侍从官员投入狱中。杨溥在狱中度过了十年的艰难岁月，生命时刻受到威胁，但他依然坚持不懈地阅读各种经史子集，勤学不辍。

永乐二十二年(1424年)，明成祖驾崩，太子朱高炽继位，是为明仁宗。杨溥得以释放，并被提升为翰林学士。朱高炽深知杨溥因他遭受了十年的牢狱之苦，因此对他格外怜惜。次年，仁宗在思善门旁建造了弘文阁，命令杨溥负责弘文阁的事务，并亲自授予阁印。随后，杨溥被提拔为太常寺寺卿，同时继续兼任弘文阁的职务。数月之间，连授三职，足见仁宗对于杨溥的关切之心。

杨溥为人朴实正直，清廉自守，为人谦恭谨慎，每次上朝总是沿着墙边行走，即便对待下属小官，也从不懈怠。在大臣们激烈辩论，甚至恶语相向时，杨溥总能保持平和的心态，妥善处理事务，令同僚们深感敬佩。

明宣宗朱瞻基即位后，罢设弘文阁，召杨溥入内阁，与杨士奇、杨荣等人共同主管枢机事务。后升任礼部尚书，仍以学士衔在内阁当值。明英宗正统三年(1438年)，杨溥被晋升为太子少保、武英殿大学士，与杨士奇、杨荣等人一同处理朝政，开启了"三杨辅政"的时期。

杨溥在内阁期间，他的儿子从故乡前往京城探望他。杨溥询问儿子："你此次来京途中，是否听说哪位地方官表现得不错？"儿子回答说："我途经江陵时，那里的官员待我相当简慢。"杨溥追问："此话怎讲？"儿子解释道："他对我的接待过于草率和简单。"杨溥得知儿子说的那位官员是范理，默默地记下了这个名字，不久之后便向皇帝推荐，将范理提拔为德安府知府。范理上任后，政绩斐然，深受百姓爱戴，又被提升为贵州左布政使。有人建议范理写信感谢杨溥，但范理没有写信。直到杨溥去世后，范理才哭着祭奠他，以此表达对杨溥知人善任的感激之情。

正统十一年(1446年)七月十四日，杨溥辞世，享年七十五岁。英宗皇帝为悼念他，特地辍朝一日，并追赠他为特进光禄大夫、左柱国、太师，赐予谥号文定。杨溥的遗体被送回石首安葬。1989年，杨溥墓在石首市高陵镇高陵岗村被抢救性发掘，墓中随葬除朝廷赐予的衣物外,杨溥仅佩戴了一个绣袋,里面装有 6 颗牙齿,再无他物。

七、张居正

张居正,字叔大,号太岳,荆州人。作为明朝中后期杰出的政治家与改革家,他在万历初期担任内阁首辅,辅佐明神宗推行"万历新政",使原已垂危的大明王朝得以延续,留下了不可磨灭的功绩。

嘉靖十五年(1536年),年仅十二岁的张居正参加童试,他的机智和敏锐给荆州知府李士翱留下了深刻的印象。李士翱对张居正寄予厚望,鼓励他从小树立远大志向,将来为国家尽忠,为此,他为张居正更名为"居正",寓意着为官者必须遵循正道。嘉靖十九年(1540年),十六岁的张居正通过乡试,成为举人。湖广巡抚顾璘对他的才华大加赞赏,以自己的锦带相赠,亲切地称呼他为"小友",期许他将来成为"国士"。嘉靖二十六年(1547年),二十三岁的张居正考中进士,步入翰林院成为庶吉士,三年后,他被授予翰林院编修的职位。

嘉靖三十三年(1554年),张居正以健康不佳为由向朝廷请假,返回故乡荆州。他在荆州古城东门外建造了一座园林,取名为"乐志园",在这里隐居六年。正是在这段时间里,他孕育了富国强兵、唯才是用、农商互利等一系列改革思想。嘉靖三十六年(1557年),张居正重返翰林院。隆庆元年(1567年),他被提拔为吏部左侍郎兼东阁大学士,正式进入内阁,参与国家政务。同年四月,改任礼部尚书、武英殿大学士。

隆庆六年(1572年),明穆宗驾崩,年仅十多岁的神宗继位,张居正担任内阁首辅。由于明神宗年幼,所有军政大事均由张居正主持裁决。张居正主政十年,推行了一系列改革措施,成功扭转了明王朝的衰败危机,使明朝中后期出现了"万历新政"的局面。因此,张居正被后世誉为"宰相之杰"和"救时之相",成为中国封建社会继商鞅、王安石之后最杰出的政治改革家。

张居正的改革思想初步形成于他作为庶吉士进入翰林院期间。他主动向嘉靖皇帝呈递了《论时政疏》,首次提出了朝廷存在的"血气壅阏"问题,并继而指出"臃肿痿痹"等五大弊病,阐述了他关于政治改革的观点。尽管《论时政疏》并未得到采纳,但它为张居正后来的政治革新奠定了理论基础。

隆庆二年(1568年),张居正向明穆宗呈递了《陈六事疏》,详尽阐述了他的治国理念和改革方案。所谓"六事"是指省议论、振纪纲、重诏令、核名实、固邦本、饬武备六个方面的改革主张。这些主张构成了张居正后续改革的基本纲领,标志着他的改革思想正式形成。

张居正主政十年,雷厉风行地推行了一系列重大改革措施。他推行考成法,显著提升了政府的工作效率;整顿官僚体系,淘汰冗余的官员;在全国范围内实施土地清丈,并推广"一条鞭法";对财政进行整顿,削减不必要的开支;加强国防建设,整顿边疆地区,这一系列的改革举措收到了极大的成效。

万历十年(1582年)六月,张居正病逝,神宗为之辍朝,赠上柱国,谥号"文忠"。四个月后,张居正被抄家夺谥。天启二年(1622年),朝廷为张居正复官复荫。

张居正以科举起家,其本人和他的长子、二子、三子均为进士,出现了张府"一门四进士"的家族奇迹。

张居正长子张敬修(1551—1583年),字君平,荆州人。万历八年(1580年)考中进士,后任礼部主事。张居正病逝后,政局突变,举家被籍抄。张敬修受尽严刑拷打,不堪屈辱,留下绝命书,愤慨自杀,时年二十九岁。崇祯十三年(1640年),崇祯皇帝追复张敬修礼部主事并复武荫,授张敬修之孙张同敞为中书舍人。

张居正次子张嗣修(1553—?),字景仁,荆州人。万历五年(1577年)考中进士,授翰林院编修。张居正病逝后,举家被籍抄,张嗣修被发配充军烟瘴之地,此后情况不详。

张居正三子张懋修(1555—1634年),字惟时,荆州人。万历八年(1580年)考中状元,授翰林院修撰。三年后,张居正病逝,举家被籍抄。张懋修冤愤至极,投井未死,绝食数日仍未死,被谪戍烟瘴之地。直至天启二年(1622年),张居正冤案得以昭雪,张懋修放还。崇祯七年(1634年)卒于家中,享年七十九岁。著有《墨卿谈乘》十四卷,搜集整理了《张居正全集》四十六卷。

第二节 文化名家

春秋战国时期,在王纲解纽的时代大背景下,伴随着王官之学的下移与扩散,郢都一度成为中国南方的思想与学术中心。古圣先哲的思想是我们取之不尽、用之不竭的智慧宝藏。

一、倚相

倚相,春秋时期楚国人,担任左史官职,一说他是《左传》作者左丘明的祖父。倚相精通古代历史,因其能解读上古时期的典籍而受到极高的尊敬。倚相对楚国的历史了如指掌,对楚国的《训典》有着深入的理解,每当楚国的君王和大臣遇到难题时,都会向他寻求指导。他经常利用历史典故来劝谏楚王,提醒他们不要忘记先王的基业,因此被誉为"良史""贤者",被视为"楚国之宝"。

有一次,楚灵王与大臣子革正在谈话,这时倚相从他们面前经过。由于子革来自郑国,对倚相并不熟悉。楚灵王便向子革介绍道:"这位倚相,他是一位杰出的史官,唯有他能够解读《三坟》《五典》《八索》《九丘》这些古籍。你应当对他表示敬意。"

楚昭王在位时,楚大夫王孙圉出访晋国,晋国大臣赵简子询问王孙圉:"楚国的国宝白珩还在吗?"王孙圉礼貌地回答说:"白珩确实存在,但楚国并不将其视为珍宝。楚国珍视的是贤良的人才,例如左史倚相,他精通历代君王的典籍,善于运用历史的教训来劝谏君王,擅长沟通天人关系,使得天神也对楚国心生好感,所以楚国人都将他视为国宝。"

为了维护楚国的利益,左史倚相勇于直接向资历更深、地位更高的大臣提出批评。楚灵王在位时,左史倚相请求与申公子亹面对面讨论政事。然而,子亹以自己年事已高为由，拒绝出面相见。倚相直言不讳地批评他说："正因您年岁已高，我才更希望与您会面，并向您提出忠告。您倚老卖老，只图个人安逸，不愿接受批评，如果大臣们都效仿您，楚国将面临极大的危险。"子亹听后无言以对，随即与左史倚相商讨国事。

左史倚相擅长运用楚国历史上的典故来指导现实问题的解决，他坚持道义，不盲目附和，始终将国家利益置于首位。楚昭王在位时，司马子期意图将妾室扶正为正妻，为此特意向左史倚相征求意见。倚相引述楚国历史上的正反案例后对子期说，君子的行为必须遵循道义，所有言论和行动都应以道义为最高准则。他提醒子期，作为执掌楚国政务的人，若行不义之举，实属不妥。子期在听取了倚相的分析后，立即打消了原先的念头。

左史倚相还将他深厚的历史知识应用于军事策略，为将领们提供智谋。楚惠王四年（前485年），楚国征讨陈国，吴国出兵援助陈国。吴楚两军相距仅三十里，此时连续不断的大雨降临，楚军放松了警惕。左史倚相预测吴军很可能会对楚军发起突袭，提醒主帅子期预先布阵，以备不测。吴军果然发起了攻击，但见到楚军已有准备，便撤退了。这时，左史倚相又对子期说："吴军来回奔波六十里，一旦返回，必定需要进食和休息。若我军趁机快速行军三十里，定能重创吴军。"子期采纳了这一建议，结果楚军大败吴军。

楚惠王十四年（前475年），越国在灭亡吴国之后，向楚国提出请求，希望联合出兵攻打晋国。这时，左史倚相对楚惠王进言道："越国在灭吴之后，其精锐部队遭受了重大损失。现在他们请求我们出兵协助攻打晋国，这实际上是一种策略，意在向外界展示越国依然强大，但这也暴露出他们对楚国可能趁机进攻的担忧。我们可以利用这个机会，要求在出兵的同时，分得吴国的部分土地。"正如左史倚相所预见的，越国最终不得不将露山以北方圆五百里的土地割让给了楚国。

二、申叔时

申叔时，春秋时楚国大夫，著名教育思想家、军事思想家，活动于楚庄王、楚共王时期。申叔时以其学识丰富、思想独到而得到楚国君臣的信赖，被尊称为"贤大夫"。

《国语·楚语》中收录了《申叔时论傅太子》专论，尽管其内容是针对王太子的教育，但其意义远不止于此。它全面探讨了教育的目标、内容、方法、管理等理论与实践问题，堪称我国乃至世界上最早的教育专论之一。

申叔时具有明确的教学方案和教学指导思想，指明了教育的方法和要求。特别是阐述了"春秋""世""诗""时""乐""令""语""故志""训典"等9门课程的讲授，强调对被教育者的心性、情操进行启迪的重要意义。申叔时的主要教育思想可以归纳为如下几点。

首先，强调教育在塑造人性方面的重要性，提倡以人性为核心的教育理念。在申叔时的教育观念中，心性教育占据着至关重要的位置。申叔时主张，教育应当以培养人性中的善良为首要目标，通过教育手段来提升人性中的"善"，同时遏制人性中的"恶"，从而对人的思想产生警醒和激励的作用。

其次，强调"教""导""辅"三者相结合的重要性。他为楚太子量身定制的教育方案构成了一个全面的体系，该体系分为三个阶段：首先是"教"的阶段，其次是"导"的阶段，最后是"辅"的阶段。申叔时深刻认识到"教"与"导"这两种教育方式各自独特的作用和意义。在"教"的阶段，教师以自身为本位，向学生传授知识。然而，教育不应仅限于"教"，还应激发学习者的主动性和积极性，通过恰当的引导和指导来促进知识的吸收。有些知识的获取并非仅靠传统的"教"和"导"就能实现，还应借助于"辅"的方法。所谓"辅"，指的是通过日常行为和非正式教学活动的辅助手段来学习相关知识。

最后，申叔时特别强调德育的重要性，尤其重视民本思想的培养。在他的教学体系中，德育占据了核心地位。他明确提出开设课程的教学目的就是要使未来的王位继承者"用明德于民"，即对老百姓施行德惠。

申叔时不仅是教育思想家，而且是军事思想家。他提出的"战之六器"的思想对楚庄王的武德思想进行了丰富和完善。

申叔时的战争观是一种全面的战争观，他认为，战争不是孤立的军事行为，它与政治、经济、伦理等有着密切的关系。申叔时从战争与"六器"（即德、刑、详、义、礼、信）、战争与经济、战争与民心三个方面阐述了他的军事思想。

申叔时认为"战之六器"与兵器一样在战争中发挥着作用，能成为战争取胜的武器。在"战之六器"中，德与刑居于首位，主张在战争中"德以施惠，刑以正邪"，对敌方刑德并用，恩威并施，达到瓦解敌军和打击敌军的目的。

申叔时的军事思想中也强调了"义"，即主张"义战"。申叔时强调"义"的同时，也不否认"利"，并提出了"义以建利"的命题，即强调战争中获得利益应该是建立在"义"的基础上，背离"义"而获"利"是他所反对的。

陈国大夫夏征舒杀害了国君陈灵公。楚庄王为了伸张正义，出兵伐陈，处死了夏征舒，随后宣布将陈国并入楚国，成为楚国的一个县。申叔时从齐国出使归来后，认为楚庄王此举过于贪婪，便以"蹊田夺牛"的比喻来劝谏楚庄王。他向楚庄王讲述了一个故事：有人牵牛踩了别人的田，田主因此夺走了他的牛。申叔时指出，虽然牵牛踩田有错，但因此将牛归为己有，则处罚过重。同样，夏征舒虽有弑君之罪，但楚庄王因此吞并整个陈国，也是贪得无厌，处罚过重。楚庄王听后觉得有道理，便恢复了陈国。

申叔时肯定楚庄王出兵伐陈是"义"的表现，同时他又认为，讨伐有罪之人后又取其国占为己有，正如牛践踏了他人的庄稼后，庄稼受损的人将牛收归为己有一样，其性质已经发生了变化。为"贪其富"发生战争，是为"利"而战，而不是为"义"而战，因而战争的性质也就发生变化了。由此可见，申叔时提出"义以建利"的命题，是强调在整个战争中，始于"义"而终于"义"，"利"只能建立在"义"的基础之上，而不能违背"义"。

申叔时在"战之六器"理论中，提出"礼以顺时，信以守物"，强调在战争中要信守礼与信的原则。《左传·成公十五年》记载，楚国司马子反要违反晋、楚两国既定的盟约，向中原出兵。申叔时说："信以守礼，礼以庇身，信、礼之亡，欲免得乎？"申叔时认为，战争中，作战双方要信守盟约、遵循军礼，如果在战争中不讲"礼"，也不讲"信"，那么战争的失败就不可避免。

申叔时的军事思想中虽然强调信用和诚信，但并不排除使用"诡道"[①]，以谋略取胜。

[①] 《孙子兵法·计篇》。

他首创的"筑室反耕"的兵法,就是在战争中运用"诡道"以谋取胜的明证。《左传·宣公十五年》记载,楚庄王围打宋国,久攻不克。城内的宋人易子而食,城外楚军也仅剩下数日之粮。正当楚庄王准备退兵的时候,申叔时向楚庄王献计说:"筑室反耕者,宋必听命。"让楚庄王在宋国都城外建造房舍,垦地耕作,以示不攻下宋城决不撤围的决心。楚庄王采纳了申叔时的计策,宋人大恐,主动要求媾和,并与楚国签订"城下之盟"。申叔时的"筑室反耕"之计,既动摇了敌方的军心,又巩固了己方的士气,从而达到了"不战而屈人之兵"的目的。

三、王柏心

王柏心,字子寿,出生于荆州市监利市白螺镇。清道光二十四年(1844年),时年四十五岁的王柏心考中进士,被任命为刑部主事。一年后,他以照顾年迈父母为由辞官归乡,此后主讲荆南书院数十年,桃李满天下。林则徐在担任湖广总督期间,曾亲自拜访王柏心,尊称他为"国士",并将自己的儿子送到王柏心门下受教。

王柏心的成就首先体现在诗歌创作领域。他自青年时代起便以擅长诗歌创作而闻名,直至晚年仍保持着旺盛的创作力。王柏心将其一生经历见闻、经世思想、治国方略皆写入诗文中,一生创作了近3000首诗歌,内容丰富,涵纳山水田园诗、酬赠送别诗、咏史咏怀诗、羁旅诗、社会实录诗、题物咏画诗等多种题材。其诗作或描绘自然风光和名胜古迹,或描写乡村农事与田园之乐,或记叙社会见闻与悲苦现实,或叙说家庭亲情与朋友之谊,或表达羁旅愁思和漂泊之苦,或纵论古今得失与古人际遇,兼具文学性与现实性,对晚清文学及政治产生了一定的影响力。

王柏心毕生倡导经世致用,其著作《枢言》与《续枢言》集中体现了他的经世思想。《枢言》共十六篇,是王柏心早期关于如何实践经世致用的思考,内容涵盖了君主如何确立政治制度、选拔贤才以及推行文教等多个方面。

鸦片战争结束后,王柏心对这场战败所带来的耻辱产生了强烈的反响,为此,他撰写了《枢言》的续篇——《续枢言》。《续枢言》完成于王柏心考中进士的那一年,即道光二十四年(1844年),其中对《枢言》中的观点进行了进一步阐述,针对鸦片战争后急剧变化的时局提出了具体的对策,显示出他的思想的现实针对性和成熟度。

王柏心关注民生,对荆江水患治理进行了深入研究。清道光年间江汉地区江河堤岸溃决频繁,溃堤决口给民众生命财产和社会发展稳定造成严重危害。严重的水灾给王柏心带来很深的触动,遂著《导江三议》阐述他的治水理念与策略,为决策者提供资政参考。

在《导江三议》中,王柏心针对荆江水灾以及荆江与洞庭湖的关系进行了充分论述,提出了四大治水原则,即"因势利导,疏导结合"、"南疏为主,南北并治"、"疏浚扩湖,开辟水道"、"兴利除害,体恤民情"。这些原则充分体现了王柏心以民为本的治国理念和对治水工程全局性的洞察,对荆江防洪工作产生了深远的影响。

王柏心晚年全身心投入地方志的编纂工作中,精心纂修了《黄冈县志》《东湖县志》《宜昌府志》《当阳县志》《汉阳县志》《临湘县志》《监利县志》七部地方志。这些地方史志保存了丰富的原始史料,为后来的研究者奠定了坚实的研究基础。

王柏心与荆州荆南书院渊源颇深,其一生的大部分时光均是在荆南书院中度过。清同治十二年(1873年),王柏心在荆南书院去世,享年七十五岁。王柏心去世后,经左宗棠上奏请入史馆立传,并经礼部批准入祀乡贤祠,这充分说明了王柏心在当时社会和朝廷中的影响。

王柏心一生著述颇丰,后人将这些作品汇编成《百柱堂全集》共五十三卷,总计超过一百二十万字,对研究中国近代史具有极高的参考价值。

第十一章　荆州文化遗产

　　荆州作为一座历史悠久的城市，拥有的丰富文化遗产涵盖了物质文化遗产和非物质文化遗产两大类别。物质文化遗产是具有历史、艺术和科学价值的文物，包括古代遗址、古墓、古建筑、石窟寺、石刻、壁画、近代重要史迹和代表性建筑等不可移动文物。非物质文化遗产是以无形的形式存在的、与大众生活密切相关的、代代相传的各种传统表现。口头传统，传统表演艺术，民俗活动、礼仪与节庆，有关自然界和宇宙的传统知识与实践，传统手工技能等，以及与上述传统文化表现形式相关的文化空间都包括在内。这些遗产不仅体现了荆州深厚的历史文化底蕴，而且展示了荆楚文化的独特魅力。

第一节　荆州大遗址保护片区

　　大遗址是指中国古代人类活动遗留下来的大型遗迹，这些遗迹通常具有规模宏大、价值重大、影响深远等特点。大遗址是中华文明的重要载体，承载着丰富的历史信息和文化遗产，它们不仅是研究古代社会、经济、文化、科技等方面的重要实物资料，而且是传承和弘扬中华优秀传统文化的重要载体。因此，加强大遗址保护对于维护国家文化安全、增强民族文化自信、推动文化繁荣发展具有重要意义。大遗址保护是指对具有特殊价值的大型古文化遗址进行合理的规划、管理和利用，以确保其历史、文化和科学价值得到长期保存和传承。

　　荆州大遗址保护片区是国家级大遗址保护的重要区域，位于湖北省荆州市，涉及荆门、宜昌、潜江等地市，是继西安、洛阳之后我国第三个国家级大遗址保护区，也是中国南方唯一的大遗址保护片区。2010年3月，国家文物局与湖北省人民政府正式签署了《大遗址保护荆州片区共建协议书》，旨在通过对楚纪南故城大遗址的规划、保护、展示和研究，全面提升保护管理水平，努力将荆州片区建设成为我国南方大遗址保护的重要示范区。

　　荆州大遗址保护片区是楚文化的重要发祥地和中心区域，承载着丰富的历史文化信息，具有独特的、极高的文化价值和科学价值。加强对该片区的保护，对于传承和弘扬中华优秀传统文化、推动文化繁荣发展具有重要意义。

一、楚纪南故城遗址

　　楚纪南故城遗址位于荆州市荆州区纪南镇，南距荆州城约 5000 米。城址平面呈长方形，东西长约4500米，南北宽约3500米，面积约16平方千米。楚纪南故城遗址是楚国鼎盛时期长期使用的都城遗址，规模巨大，格局保存完整，考古遗存丰富，是研究楚文化和江汉地区文明起源与发展的重要物证。本书第四章第二节已有介绍，此不赘述。

二、八岭山古墓群

八岭山古墓群位于荆州市荆州区八岭山镇，南北长8千米，东西宽5千米，总面积超过40平方千米。八岭山古墓葬密集，现存有特大型、大型及中型古墓560余座，无封土堆古墓难以计数。1956年11月被列为省级重点文物保护单位，1988年被列为全国重点文物保护单位。

八岭山古墓群的历史可以追溯到东周时期，延续至明清，时间跨度长达2000多年。据文献记载和考古资料，这些古墓葬以楚墓居多，明代墓次之。

八岭山是春秋战国时期楚国国王和高等级贵族的主要埋葬地，因此在古代也称"龙山"。据文献记载，楚庄王墓即在龙山。唐代余知古《渚宫旧事》云："庄王墓在江陵城西三十里，周回四百步，前后陪葬数十冢，皆自为行列也。"清代孔自来《江陵志余》"楚庄王冢"亦云："在龙山，前后陪葬者十冢，皆成行列。"

八岭山古墓群中的冯家冢、平头冢都是春秋战国时期的高等级贵族墓。2011年，经国家文物局批准，荆州博物馆对冯家冢进行了勘探和局部发掘。勘探结果表明，该墓形制、规模与熊家冢相当，应是楚国某一代王墓。从已发掘的7座小型墓中发现的残存人骨来看，死者可能是青少年女性。据此推断，这些小型墓的性质应为冯家冢一号墓及二号墓的殉葬墓。在编号为JBFBXM13的殉葬墓中出土的一套仿铜陶礼器，包括陶鼎、陶敦、陶缶、陶盘、陶匜，时代特征明显，其年代为战国早期晚段至中期早段。

平头冢位于冯家冢墓地北约1.4千米，封土高17米，周长260米，因封土顶部较平坦而得名。2011年，荆州博物馆对平头冢墓地进行了考古勘探，基本摸清了它的布局。该墓地由主冢、祔冢、2座车马坑、50余个祭祀坑、陵园建筑及环壕组成，但没有发现殉葬墓的存在迹象。该墓地主冢、祔冢的墓口尺寸及随葬的巨大车马坑，体量与熊家冢较为接近，应当也是一处楚王陵园。

此外，同属于八岭山古墓群的周家冢、换帽冢等大墓，也可能是楚王陵。周家冢位于冯家冢墓地正南约1.2千米处，核心为一大两小三座墓冢。大冢居中，封土高约10米；北小冢封土与大冢相连，南小冢封土与大冢间距40余米。大冢西侧有大型车马坑。换帽冢位于周家冢南2.8千米处，含一大一小两座墓冢。大冢封土高约10米，为本地区最高点。

八岭山古墓群中的其他大型墓冢如黄金冢、系马冢、李家冢等，墓坑开口长宽均在30米左右，其身份级别低于国王，属于高等级贵族墓。

八岭山古墓群不仅以周代高等级楚墓为世人瞩目，其中还有五代时期荆南国王墓和明代藩王墓，也都具有极高的历史价值。五代荆南武信王高季兴墓、文献王高从晦墓、贞懿王高保融墓三代王墓葬在龙山，明代辽简王墓、松滋安惠王墓、益阳安熹王墓、麻阳悼喜王墓、应山悼恭王墓、枝江庄惠王墓俱在八岭山，肃王贵绶墓、靖王豪盛墓、惠王恩稽墓、恭王宠绶墓、庄王致格墓也都在八岭山。1987年，考古人员发掘了辽简王墓，出土了大量珍贵文物，为深入研究明辽藩历史及文化提供了重要的实物资料。

八岭山墓群整体上保存情况较好，具有极其重要的历史价值和科学价值。

三、雨台山墓群

雨台山墓群位于荆州市纪南镇雨台村、洪圣村、九店村一带，西南邻近楚故都纪南城东城垣，南距荆州城约10千米。雨台山是一条由西北向东南走向的山岭，属纪山余脉，地势由西北向东南倾斜。南北长约8千米，东西最宽处约4千米，总面积约32平方千米。

雨台山墓群包含龙会河墓群、马房山墓群、施家洼墓群、九店墓群等十余处墓群，是我国长江流域中规模最大、古墓分布最为密集，且以中小型楚墓为主体的一个大型古墓葬群。

在雨台山墓群区域内，有大型封土堆的古墓超过30座，而不见封土堆的古墓数量则难以计数。依据在雨台山墓群已发掘的古墓葬平均密度进行估算，整个墓群预计古墓葬数量接近十万座。尽管有极少数古墓因各种原因遭受了破坏或盗掘，但绝大多数古墓仍保持着良好的保存状态，这在全国范围内实属罕见。

雨台山墓群先后进行过两次大规模的发掘。1975年，因龙桥河改道工程开展的抢救性发掘，共发掘墓葬558座。1986年，为配合荆沙铁路工程再次进行了发掘，发掘楚墓300余座。已发掘出的文物种类丰富，包括陶器、兵器、漆木器等，反映了楚国社会生产发展的水平。

雨台山墓群的历史年代久远，涵盖了从西周晚期至战国晚期的多个历史时期，其主体部分是春秋战国时期的楚国墓葬。从已发掘的近两千座墓葬来看，大部分墓葬的等级普遍较低，由此可见，雨台山墓群应为春秋战国时期居住在楚国郢都的下层贵族与平民墓地。

雨台山墓群出土了大量珍贵的文物，涵盖陶器、铜器、铁器、漆木器、竹器及丝麻织物等多种类别。作为一个平民墓群，发掘出如此多的精美文物，揭示了纪南城在距今2500多年即已展现出人口密集、市井繁荣、经济昌盛的面貌，充分印证了其作为当时政治、军事、文化及经济中心城市的地位。

雨台山墓群出土的兵器不仅种类多，数量也多，而且制作精良，保存良好。在已发掘的558座墓葬中，共发现兵器超过500件，这一发现进一步凸显了兵器在当时社会中的重要地位。其中24座小型墓葬，除了随葬有一件青铜剑外，并未发现其他随葬品，这反映了兵器在当时社会中的重要性和特殊地位。雨台山楚墓中兵器的随葬情况，作为楚国军事实力的一个缩影，从一个侧面展现了楚国兵力的强大。

在雨台山墓群的考古发掘中，发现了大量制作技艺精湛且保存状态极佳的漆木器。据统计，在已发掘的558座墓葬中，有高达224座墓葬出土了漆木器，这一比例占据了总墓数的四成以上，数量更是达到了千余件之众。

从功能分类上来看，这批漆木器涵盖了多个领域。其中，饮食类器具包括耳杯、盒、卮、尊、豆、俎等，充分展示了当时人们的饮食文化与生活习俗；日用类器具则包括几、杖等，反映了日常生活的细节与需求；乐器类更是丰富多样，有鼓、瑟、笙等，揭示了古代音乐艺术的繁荣与发展。

尤为值得一提的是，雨台山墓群出土的漆木器中不乏精品，如形象生动的鸳鸯豆、蟠蛇卮等，它们在工艺上达到了极高的水准，堪称漆器中的佼佼者。此外，一些具有独特文化寓意的器物，如虎座飞鸟、虎座凤架悬鼓、方耳杯、豆、镇墓兽等，均为楚墓中极为罕见的珍贵文物，它们不仅体现了楚文化的独特魅力，而且为研究古代历史、文化、艺术等领域提供了宝贵的实物资料。

在雨台山楚墓中，士及以上等级的贵族墓中都随葬有镇墓兽。镇墓兽是楚人敬奉的地神"土伯"的虚拟像，供奉在墓中，具有避邪和镇墓的作用，用以保护死者及财产安全。

雨台山墓群与楚故都纪南城地理位置相近，且其所属时代与纪南城也很接近。在墓群中出土的大量文物，对于研究楚都纪南城的政治格局、经济状况以及文化风貌等各个方面，均具有不可估量的重要价值。

四、熊家冢楚王陵

熊家冢楚王陵位于湖北省荆州市荆州区川店镇张场村，东南距楚故都纪南城遗址约26千米，距荆州古城约34千米。熊家冢楚王陵地处荆山余脉丘陵地带的一条南北走向的山岗上。荆山自北逶迤南下，西支为八岭山、东支为纪山，由此形成岭冲相间的丘陵地带，是不可多得的理想风水宝地。

熊家冢楚王陵是现已发现的保存最好、规模最大、布局最为完整的周代诸侯王陵，以其气势恢宏的王陵主冢、威武壮观的车马阵列、相当规模的殉葬墓群，以及精美绝伦的上古美玉，成为春秋战国时期楚文化的突出代表。

根据熊家冢主冢封土堆的规模，以及车马坑、殉葬墓的数量推断，熊家冢主冢应该是一座楚王的墓葬。在大车马坑中，发现了3辆马车，每辆由6匹马牵引，这与逸礼《王度记》中记载的"天子驾六"相吻合。熊家冢大车马坑中出现的"天子驾六"马车，反映了楚王对周礼的僭越，这进一步证实主冢墓主身份为楚王。关于熊家冢主冢墓主是何人，学术界提出了各种不同的观点，其中是楚昭王的可能性最大。

熊家冢陵园的布局依自然地势营建，由主冢、陪葬冢、殉葬墓、车马坑和祭祀坑五大组成部分构成。陪葬冢与殉葬墓以主冢为中心呈南北向分布，而车马坑则位于主冢的西侧。

1. 主冢

主冢，即楚王的陵墓，构成了熊家冢楚王陵的主体和核心。主冢是一座"甲"字形的土坑竖穴木椁墓，拥有多级台阶。墓室的开口东西向长约67米，南北向宽约70米。东侧设有斜坡墓道，长约33米，东端宽约6米，西端则宽约30米。墓口距离椁顶的深度约为14米，椁室的面积约为400平方米。主冢原本的残存高度约为5米，但在实施覆土保护措施后，目前主冢的顶部高出地面约 16 米。

2. 陪葬冢

陪葬冢是为楚王陪葬的后妃陵墓。熊家冢楚王陵的陪葬冢位于主冢北侧，为甲字形土坑竖穴木椁墓，其墓口边长约 33 米。东侧有一条斜坡墓道，长度约为 10 米。陪葬冢规模大约为主冢的一半，在实施覆土保护措施之后，现存的地面高度大约为 8 米。

3. 殉葬墓

殉葬是古代用活人为高等级贵族随葬，为其在阴间提供服务的丧葬制度，是一种残酷的、不人道的历史现象。古代统治者深信，即便肉体消亡，灵魂依然在阴间生活。为了在阴间继续享受生前的奢华与权力，他们生前安排亲信、宠妃、女乐等通过他杀或自杀的方式结束生命，在他们死后以随葬的方式陪伴自己，从而在阴间继续被他们驱使。这就是古代血腥的丧葬习俗——殉葬。

最初，殉葬多为"杀殉"，即直接杀害殉葬者。然而，随着时间的推移，这一做法逐渐演变为"杀殉"与"从死"并存的形式。到了春秋战国时期，随着人本思想的兴起，社会对这种杀殉陋习提出了强烈的批评。统治者为了平息公众的不满，不得不改变殉葬的方式，从强制性的杀殉转变为自愿从死，试图以此减轻社会的谴责。尽管如此，"从死"的做法依然是残酷无情的。熊家冢楚王陵的大型殉葬墓群，主要采用的是从死殉葬的方式，当然也不能完全排除杀殉殉葬的可能性。

熊家冢楚王陵的殉葬墓分为两个区域——主冢殉葬墓和陪葬冢殉葬墓，形成了两组触目惊心的殉葬墓群，反映了楚国曾经存在过大规模人殉现象这一残酷的历史事实。

位于主冢南侧的主冢殉葬墓群包含 92 座殉葬墓，其中 55 座已被发掘。这些殉葬墓的排列井然有序，每 4 座墓葬构成一排，总共排列成 24 排。在前 16 排殉葬墓中，出土的文物主要为玉器。在第 16 排以后的 8 排殉葬墓中，出土的文物则以兵器为主。基于这些发现，可以推测前 16 排殉葬者可能是楚王的近臣或姬妾，而后续 8 排殉葬者则可能是楚王的卫士。

陪葬冢殉葬墓群位于陪葬冢的北侧，共有 12 排 46 座墓葬，其数量恰好是主冢殉葬墓的一半，这体现了主冢与陪葬冢之间的等级差异。已发掘的 6 座墓葬为土坑竖穴墓型，其中出土了少量的玉器、铜鼎和铜壶等随葬品。无论是从墓葬的规模还是随葬品数量来看，陪葬冢殉葬墓中的个体身份等级明显低于主冢的殉葬者，他们可能是女乐、侍女、厨夫等身份较低的人员。

古代有杀狗殉葬的现象。在熊家冢主冢的殉葬墓区，第七十二号殉葬墓墓穴中埋葬着一只狗。这只狗被单独置于棺木内，并在其颈部下方发现了一件用于固定皮带的铜质带扣。这条殉狗可能是楚王生前的宠物狗或猎狗。

4. 车马坑

在诸侯纷争中，楚国凭借其强大的军事实力雄踞南方，成为"车千乘，马万匹，带甲百万"的泱泱大国。熊家冢墓地随葬的威武壮观的车马阵，正是在春秋战国时期大规模车战达到顶峰的历史背景下出现的。

车马坑位于主冢的西侧，呈南北方向纵向排列，迄今为止共发现40座车马坑遗迹，包括1座大车马坑和39座小车马坑。目前，已有12座车马坑被发掘，从中出土了47辆马车和198匹马。

大车马坑的坑口全长132.6米，宽11.4～12米，是目前为止国内发现的最长的车马坑。考古人员已经对北部79米的区域进行了发掘，该区域的面积约为950平方米。在这一范围内，共发掘出43辆古车和164匹马。大车马坑内的车马排列有序，分为前后两排，形成了整齐的队列。其中有的是2匹马驾1车，有的是4匹马驾1车，也有6匹马驾1车的。

古代天子和诸侯的车马仪仗队被称为"卤簿"。唐代余知古在《渚宫旧事》中记载"（楚）昭王墓卤簿二百"，这表明在春秋时期，楚国有随葬车马仪仗队的风俗。从大车马坑随葬的车马阵形来看，随葬的车马坑应属于楚王的车马仪仗队。

在大车马坑的东部入口下方，有一道南北走向的隔墙和三道东西走向的隔墙，这些隔墙将坑内安置的车马进一步划分为三个相对独立的区域。位于隔墙内的车马与主墓的距离最为接近，它们很可能是楚王生前使用的御用马车。

在周代，高等级的贵族死后，诸侯、群臣以及死者的亲属会赠送一定数量的财物作为随葬品。赠送车马助葬的习俗被称为"赗"（fèng），而赠送衣物助葬的则称为"赙"（fù）。位于大车马坑西侧的38座小型车马坑，均用于安放助葬的车马。其中，有5座坑中随葬的是车马组合，另外6座坑中随葬的则是单独的马匹。这些小型车马坑对于研究楚国的丧葬制度、车马的形制以及社会风俗等方面，具有极其重要的历史文化价值。

5. 祭祀坑

祭祀坑是墓主人的后代在进行祭祀活动后，用以埋藏祭品的深坑遗迹。在主冢的南侧、西侧、北侧以及车马坑的西北边，共发现有213座祭祀坑。其中，位于主冢南侧的祭祀坑分布最为密集，呈五排排列，总计超过130座。

祭祀坑的开口通常呈方形或圆形，深度在6～8米。在这些坑的底部，通常会发现一件玉璧被埋藏其中。在某些情况下，埋藏的可能是玉珩或玉人俑。然而，并非所有祭祀坑都发现了玉器。有些坑内可能曾经埋有丝绸、食品等有机物质，但由于时间的流逝，这些物品已经腐朽消失了。

熊家冢楚王陵被誉为"中国仅有，天下第一"的楚王陵典范，它为研究中国古代陵寝制度以及楚国的政治、经济、文化、思想等领域提供了宝贵的实物资料，具有重要的历史价值和社会意义。

五、江陵青山遗址

江陵青山遗址位于江陵县资市镇青山村，是第三次全国文物普查时发现的一处大型古代文化遗址。2009年12月，该遗址被江陵县人民政府确定为县级文物保护单位；2014年6月，又被湖北省人民政府确定为第六批湖北省文物保护单位。2016年2—4月，荆州博物馆对青山遗址开展了考古勘探工作，对遗址的分布范围、文化堆积情况以及文化性质有了较为详尽的了解。

青山遗址由9处台地组成，总面积约15.7万平方米。遗址分为南、北两部分，整体呈不规则的T形。南部由南无名台、朱家冢、小王台、北无名台、中王台、刘家台6个台地组成，北部由邵王台、马脑壳台、马尾巴台3个台地组成。

在青山遗址中，朱家冢存在新石器时代、东周时期以及明、清两朝的文化遗存，马尾巴台只发现了东周文化遗存，其他各台地都发现有东周时期以及明、清两朝的文化遗存。东周时期的文化遗存最为丰富，在各台地都有发现。在青山遗址中，不仅发现有豆柄、鬲足，以及罐、盆口等生活器皿的残件，而且发现有大量板瓦、筒瓦等建筑残件，这说明青山遗址可能是一处大型建筑群遗址，初步推断是战国中晚期与楚故都纪南城相关联的大型楚王行宫居址。

青山遗址保存至今仍有约16万平方米的遗址范围以及大型建筑遗迹，无论是从遗址的规模、整体布局，还是从地下文物的丰富程度而言，都是极为重要的楚文化遗址之一，对于研究江汉地区楚文化发展具有重要的价值。

第二节　荆州出土文物

在荆州大地上，地表的文物星罗棋布，地下的宝藏更是难以计数。荆州文物藏品丰富，无论是在省内还是在全国，都堪称文物大市。荆州博物馆及荆州市各县(市、区)博物馆的文物藏品时间跨度大，上自远古，下迄近现代，自成体系，具有鲜明的地方特色。荆州博物馆是国家一级博物馆。截至2021年，该馆藏品总数达到19.6万余件，其中包括国家珍贵文物17950件(套)。这座承载着荆楚文化瑰宝的文化宫殿，不仅向世人展示了荆楚文物的绚烂多彩，而且让荆州文化蜚声海内外。

一、青铜器

青铜是以铜为基础原料，加入铅或锡等金属经冶炼而产生的铜合金。青铜是人类历史上的一项伟大发明，极大地加快了人类文明前进的步伐，人类历史从此从野蛮的石器时代进入文明时代——青铜时代。在荆州市各县(市、区)博物馆，收藏着大量的历代青铜器，其中尤以荆州博物馆收藏的周代楚国青铜器最具特色。

1. 商代牺首兽面纹铜尊

公元前13世纪，盘庚迁殷后，商朝进入强盛时期。武丁统治时期，商朝国势极盛，不断发动战争，四处征伐。武丁亲率大军跋山涉水，深入江汉腹地，征服荆楚地区。《诗经·商颂·殷武》写道："挞彼殷武，奋伐荆楚。深入其阻，裒荆之旅。有截其所，汤孙之绪。"诗中描绘了商朝军队在神勇英武的武丁率领下扫荡荆楚、建立功业的事迹，比较真实地再现了商人的那一段光荣历史。武丁以后，商人进一步南进，势力达到江汉、洞庭地区，上至长江三峡一带。商朝势力南下后，将商朝的青铜文明带到了江汉地区。在江汉平原各地出土的商代青铜器，正是这一古老历史的见证。

1992年11月下旬，江陵县岑河镇庙兴村砖瓦厂的工人在生产作业取土时，意外发现了埋藏在地下的2件大型铜尊。荆州博物馆得知这一消息后，当即派出工作人员前往鉴定，确认这2件铜尊为商代遗物。随后，博物馆工作人员将2件铜尊征集入馆。不久，工作人员又在同一地点征集到1件与已征集到的2件铜尊形制相同的铜尊。3件铜尊中，有2件大尊、1件小尊。大尊通高63.5厘米，重31.3千克；小尊通高46.2厘米，重16.5千克。现均收藏于荆州博物馆。

尊是古代用于宴飨和祭祀的酒器。在甲骨文中，"尊"字由"酋"和双手形构成，本义是双手托着酒器献给神灵、长者或身份高贵的人，后又引申表尊敬和尊贵之义。

岑河镇出土的3件铜尊形制大致一样，上部像喇叭形，大敞口向上开放，颈部变细，至腹部变粗，形成折肩，下腹部呈弧形内敛。器足像一只倒扣的碗，碗底向上托住尊的底部。整个器形自上而下一波三折，线条转换变化多样。在铜尊的腹部和足部各有3道扉棱（突出于器壁之外的凸饰），在扉棱之间各有一组浮雕饕餮纹。在铜尊的颈根部饰有3道整齐规则的凸弦纹，在肩部、腹部饰有云雷纹，圈足上浮雕夔龙纹。铜尊上的饕餮纹、夔龙纹风格粗犷，给人以神秘和恐怖之感。引人注目的是，在铜尊的肩部间隔浇铸有3只鸟和3个牺首（用于祭祀的动物牺牲的头部），鸟首向外张望，鸟身呈伏卧状，牺首的正中间长出一支长角。鸟和牺首比例搭配和谐，形象生动。铜尊除口沿部比较厚实外，其他部位都比较单薄，既减轻了器物的重量，又节省了铜料。在器身和底部凸出的扉棱既增强了整体结构的承重强度，又增添了变化的美感。从铜尊的形制和纹饰来推测，这3件铜尊的铸造年代均为商代中晚期。

3件牺首兽面纹铜尊的发现，为研究商人对江汉流域的经略以及商人的宗教信仰、青铜铸造工艺等提供了珍贵的实证。

2. 西周青铜虎尊

商周时期的青铜尊形制多变，在圆形尊和方形尊两种基本形态之外，又制作出模拟鸟兽形状的仿生尊，如鸟尊、象尊、羊尊、虎尊、牛尊等，将动物形体雕塑与酒器结合起来，创造出一个个既具有艺术性、又具有实用性的青铜精品。

1993年10月，在荆州江北农场第二砖瓦厂的一个椭圆形取土坑内，出土了一件青铜虎尊（图11-1）。该器高21.8厘米，长35厘米，肩宽9.2厘米，腹深9.2厘米，重达2.9公斤，是西周中期的遗物，距今已有3000多年历史。该器现藏于荆州博物馆。

江北农场出土的虎尊铸成昂首伫立的虎形，虎首高昂，獠牙外露，双目圆瞪，双耳竖起；颈背部凸起一道扉棱，颇似鬃毛；虎的四肢较短，粗壮有力；虎尾不长，尖尾上卷。在虎的背部、小腿和尾部饰有双阴线虎斑纹，前胛和后臀部饰有大涡云纹，腹部有网格云纹。虎尊整体形象有一定的写实性，造型稳重厚实，又能给人以狰狞和威猛之感。

图 11-1　西周青铜虎尊(荆州江北农场第二砖瓦厂出土)

虎尊身体浑圆，腹部中空，正好可以用来盛装美酒。在虎的脊背上开有一个方孔，便于倒酒。方孔上安装有一个盖子，可以上下开启或关闭。在盖子上，铸有一只鸟形的钮，鸟尾上有一环，与虎背上的圆环相连，方便用手打开盖子。

青铜虎尊出土时呈青绿色，有出模的火红锈斑痕，足部有凹槽，内有泥心，有明显的合范铸造痕迹。从其周身的铸痕来看，内模应该是实体性的泥芯，根据内模的形状做出外范。以内模外范相结合铸造青铜器是当时最常用的铸造手法，我们今天所说的"模范"一词即由此而来。

虎尊在周代主要用于四时之祭。《周礼·春官·司尊彝》云："凡四时之间祀、追享、朝享，祼用虎彝。"这里所说的"虎彝"即指虎尊，"祼"是指祭祀祖先神灵时以香酒灌地的仪式。周代一年四季都要祭祀祖先神灵，春秋祭祀称为礿祭，夏天祭祀称为禘祭，秋天祭祀称为尝祭，冬天祭祀称为烝祭，四时之祭统称"时祭"。在举行时祭时，人们将祭祀用的美酒装入虎尊之内，然后灌入地下，象征众神歆享美酒。

作为百兽之王，虎在古代有着特殊的宗教意味。古人相信，猛虎可以吞噬一切妖魔鬼怪，给人带来安宁。正如东汉应劭在《风俗通·祀典》中所说的："虎者阳物，百兽之长也，能执搏挫锐，吞噬鬼魅。"虎尊以虎为原型造型，也是希望虎尊能起到吞鬼噬魅、护卫安宁的作用。

3. 东汉铜人推磨雕塑

荆州市博物馆藏的一组东汉时期的铜人推磨铜雕(图 11-2)，既具有较高的历史研究价值，又具有艺术欣赏价值。铜人推磨铜雕于 1964 年在湖北钟祥出土，由推磨人、旋转磨、斗形桶、推杆及杆座组成。推磨人身高 65 厘米，旋转磨通高 13.5 厘米，斗形桶高 8 厘米。

推磨人头戴帻(一种平民戴的帽子)，上身穿短衣，衣袖上卷，下身穿短裤，一副劳动者的装扮。他双臂平抬，手掌向下，作推磨状。推磨人神态平静，双眼盯住推杆，一副神情专注的模样。旋转磨由上、下两块圆形磨盘组成，上面一块圆磨盘连接推杆，由人推动；下面一块圆磨盘平伸出四个长方形支架，正好将磨搁置在斗形桶上，能确保上面的圆磨转动时，不会带动下面的圆磨转动。下面的圆磨与斗形桶并没有焊接起来，方便加工之后将旋转磨从斗形桶内拿出来，以取出桶内之物。斗形桶是用于承载经过旋转磨加工后的食物的，斗体较深，四角与四足铸为一体，稳重而又牢固。推杆呈 T 形，靠近手柄一端，装有一个杆座。杆座以一只乌龟为底座，在龟前上接连一个垂直的圆形柱，柱顶有丫字形装置，便于将推杆搁置在上面，以使推杆在水平方向来回移动时，垂直方向保持相对稳定。20 世纪六七十年代，江汉平原农家使用的石磨，为保持垂直方向相对稳定，是将推杆用绳子吊在上方的支架或屋梁上来实现的。相比之下，东汉铜人推磨的设计要合理得多。

图 11-2　东汉铜人推磨铜雕（湖北钟祥出土）

汉代的旋转磨主要用于制浆，而不是用于制粉。由于汉代发明了豆腐制作技术，出于将黄豆加工成豆浆的需要，推动了旋转磨的快速普及。豆类作物在上古时代并不称"豆"，而是称为"菽"，因此豆腐在发明之初被称为"菽乳"。据清梁章钜《归田琐记》记载："豆腐，古谓之菽乳，相传为淮南王刘安所造，亦莫得其详。"南宋大理学家朱熹作有《次刘秀野蔬食十三韵·豆腐》一诗，并自注云"世传豆腐本为淮南术"。可见淮南王刘安发明豆腐之说并非无稽之谈。刘安是汉高祖刘邦之孙，他醉心于追求长生不老。据说，他让门下的高士去炼长生不老之丹，高士们在八公山下用黄豆和盐卤炼丹的过程中，意外炼成了白嫩的豆腐。豆腐最初是作为长生不死之药发明出来的，很快成为上自王公贵族，下至平民百姓喜爱的食品，制作豆腐之法就此传播开来。西汉末年，为应对饥荒之年，王莽曾号召百姓制作豆腐作为主食的替代品，这更推动了豆腐制作技术的普及。正是在这一背景下，旋转磨作为快速磨浆的工具，成为家家必备的工具。

二、漆木器

荆州市是全国出土古代漆器最多的地方，荆州博物馆因此成为全国收藏古代漆器最多的单位，收藏的漆器总数超过1万件，其中绝大多数是战国时期和秦、汉两朝的漆器，尤以先秦时期楚国的漆器最多。荆州博物馆收藏的漆器不仅数量多，而且品级极高，均属于国家二级以上文物。

1. 战国双头镇墓兽

在楚国高等级的贵族墓葬中，经常会发现一种造型奇特的木雕神兽作品——镇墓兽。镇墓兽有单头和双头之分。单头镇墓兽形制简单，一般为人首或兽首头上插一对鹿角。双头镇墓兽体形较大，有两个兽首，头上插一对大型的鹿角。在古代文献中，并无镇墓兽一说。镇墓兽之名，是当代研究者为这件木雕作品所拟的名字。有研究者相信，将这样一件形状怪异、狰狞可怖的木雕神兽像放入墓中，可以起到驱逐邪魔、镇守墓葬、保护墓主人不受侵扰的作用，故而称之为"镇墓兽"。至于镇墓兽的性质及功能，当今学者们众说纷纭，莫衷一是。目前已有山神说、死神说、龙神说、土伯说等，以"土伯"一说附和者较多。

1978年，在江陵(今荆州区)天星观一号楚墓中出土了一件大型的木雕双头镇墓兽(图11-3)。镇墓兽由兽首、兽身、鹿角和底座构成，通高达170厘米。镇墓兽为双头双身，曲颈相连，朝向相背。兽首形似虎首，张口瞠目，口吐长舌。在双头之上，插着两支巨大的鹿角。鹿角向两翼张开，枝丫错出。兽身细长，造型为抽象的方柱形，分体挺胸，在腰部有浮雕腰带，下肢又连成方形体，束以方形腰带，以方形榫头插入方形底座之上。方座为正方形，上部雕刻成斜面，呈梯形。

图11-3　战国双头镇墓兽(荆州天星观一号楚墓出土)

镇墓兽是楚国幽都地府之神土伯的造像。在楚国诗人屈原的作品《招魂》中，描写过楚人信仰中的土伯形象："土伯九约，其角觺觺些。敦脄血拇，逐人駓駓些。参目虎首，其身若牛些。"在屈原的笔下，土伯长着"虎头"，头上长着尖锐的角，形体弯曲，这些特征与楚墓出土的镇墓兽都极其吻合。

楚人信仰中的土伯，具有土地神的神格。镇墓兽的造型也与土神的神格有着关联性。镇墓兽大多有"吐舌"这一特征，这是因为地神主司土地，而土地生育万物，是万物之母。《说文》云："土者，吐也，吐生万物也。"镇墓兽口吐长舌，正象征地神具有"吐生万物"的神力。此外，几乎所有的镇墓兽都有方形底座，而方形座正是大地的象征。古人有"天圆地方"的观念，故而将地神土伯造像的座基一律做成方形。楚人将地神土伯的造像放置在墓葬中，祈望土伯能守护家族的土地，保佑墓主的安宁。

作为一件宗教性质的木雕作品，双头镇墓兽造型诡异，狰狞可怖，充满着神秘的力量，给人以巨大的心理威慑和震撼，达到了威服信众的宗教目的。从艺术的视角来审视，双头镇墓兽也是一件不可多得的艺术品。在镇墓兽雕像上，除了一对鹿角取自麋鹿之外，木质部分的雕塑全部采用抽象的表现手法，忽略了神兽的细节表现，而以直线和弧线着力表现神兽的力量感和神秘性，这种表现手法已经完全脱离了原始艺术单纯地描摹对象的做法，是木雕艺术表现手法走向成熟的体现。

2. 战国漆竹扇

扇子在我国起源甚早。据西晋崔豹《古今注·舆服》记载，"五明扇，舜所作也"。按照这个说法，扇子在远古虞舜时代就被发明出来了。商周时期的扇子多用鸟的羽毛制成，如商代的"翟扇"就是用五光十色的雄雉尾羽制成的。"扇"字从"羽"，也说明早期的扇子多用羽毛制作。在荆州博物馆收藏的文物中，有一件战国时期的漆扇。但这把漆扇并不是用羽毛制作的，而是采用竹篾编制而成的。

荆州博物馆收藏的漆竹扇出土于马山一号楚墓，由扇柄和扇面两部分组成（图11-4）。扇柄是用两片宽竹片和两片窄竹片拼合而成。扇面又分为两部分，外侧扇面为单层，由竹篾编织而成，起花部分三纬一经，其余部分三经一纬。竹篾加工极为精细，每根篾宽只有0.1厘米。编织扇面的竹篾经过上漆处理，分为黑色和红色两色。编织时，经篾用红色篾，纬篾用黑色篾，黑红两色竹篾纵横交错编织成矩形和十字形花纹。内侧扇面为双层，由三段不相连接的篾制品制作，编织有长方形矩形花纹。内侧扇面一侧与扇柄相连接，另一侧通过捆绑的竹片与外侧扇面相连接。在扇面的外缘，还缝有一条2厘米宽的黑色锦缘，锦缘内侧通过红色竹片与侧面夹紧。漆竹扇加工精细，制作工艺精湛，是战国时期竹编工艺的上乘之作。

马山一号楚墓出土漆竹扇的扇柄在扇面的一侧，形制像一扇单开门，可以以扇柄为轴摇动生风，如门户绕户枢转动一般。单开门在古代称作"户"，"扇"字从"户"，可见早期的扇子都是这种"单开门"形状的。

在楚人的方言中，将竹编的扇称为"箑"。《淮南子·精神训》云："知冬日之箑，夏日之裘，无用于己。"汉高诱注曰："箑，扇也。楚人谓扇为箑。"可见，马山一号墓出土的这把漆竹扇，在当年楚国人的方言中是被称为"箑"的。"箑"字从"竹"，专指以竹制成的扇子，以区别于用羽毛制作的"扇"。

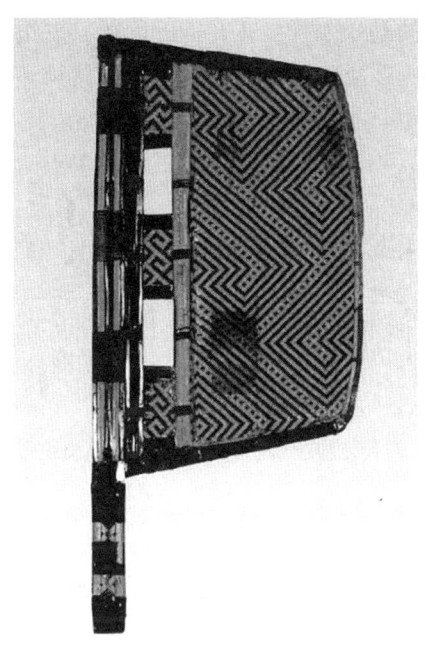

图 11-4　战国漆竹扇（荆州马山一号楚墓出土）

曹植《九华扇赋·序》说："昔吾先君常侍，得幸汉桓帝，时赐尚方竹扇。其扇不方不圆，其中结成文，名曰'九华扇'。"赋中所说汉桓帝赏赐的九华扇"中结成文"，与马山一号楚墓出土的竹扇以彩篾编织花纹正相吻合，大致应是这一类的竹扇。

扇子在古代的用途并不仅限于天热扇风，还有遮面的功用。扇子在古代又称为"便面"。《汉书·张敞传》颜师古注曰："便面，所以障面，盖扇之类也。不欲见人，以此自障面则得其便，故曰便面，亦曰屏面。"古人出于礼仪需要，用扇子遮住面部。此外，扇子还可以作为舞蹈的道具。

3. 秦代漆绘木梳木篦

梳篦，古代统称为"栉"。梳和篦有所不同，梳的齿间距较疏，用于梳理头发。篦的齿间距很密，用于除去头发上的污垢。在楚墓出土的木梳和木篦上，经常可以看到在梳篦的柄上绘有各种装饰性的图案，因受空间所限，这些图案通常画得比较简单，以装饰性的动物图案为主。入秦以后，楚地仍然保留了在梳篦上绘画的传统。

1975年，在江陵凤凰山秦墓中出土了木梳和木篦各一件，两件大小相近，组成一套梳发用具。在这两件木梳和木篦上部的弧形手柄上，正反两面都绘有用黑漆勾线，用红、黄等色敷彩的人物图案。木梳和木篦的绘画题材不同，木梳上所绘的是宴饮、歌舞场面，故称《燕乐图》（图11-5），木篦上所绘的是教练、角抵场面，故称《角抵图》（图11-6）。

木梳的正面表现的是宴饮的场景，画面左、右两侧各跪坐一人，是宴会上的主人与客人；主、客面前，各有一只高脚豆，豆中盛满食物。在两人之间，站立两位侍女，侧身向左，正在给客人添加食物。侍女头上挽髻，身着裙裳，足穿尖头鞋，栩栩如生。在木梳的背面表现的是歌舞场景，画的是一个舞女正在翩翩起舞，左边有一歌女在伴唱，右边有一乐师奏乐，场面热烈。两幅画线条流畅，所绘人物生动传神。

图 11-5　秦代木梳漆画《燕乐图》(荆州凤凰山秦墓出土)

图 11-6　秦代木篦漆画《角抵图》(荆州凤凰山秦墓出土)

在木篦的正面，共绘有 4 人，中间 2 人，左边一人身佩长剑，与右边一人双手相握，仿佛是手把手在讲解动作要领。在画面左、右两侧，另有 2 人一站一坐，正在用心观摩。木篦反面画的是角抵场面，画面上有 3 人，均赤裸上身，腰束长带，身穿短裤。其中左、右 2 人正跨步伸臂，作搏击状，中间 1 人正在分开搏击中的 2 人，似为裁判。这一场面表现的正是古代"百戏"之中的"角抵"戏，也就是早期的"相扑"。角抵作为一种竞技运动，起源于战国，秦代更名为"角抵"。《史记·李斯列传》记载，秦二世"在甘泉宫，方作觳抵、优俳之观"。"觳抵"即"角抵"。至汉代，角抵戏更是盛极一时。据《汉书·武帝纪》记载，汉武帝元封三年"作角抵戏，三百里内皆观"，可见角抵戏观者甚众，场面十分盛大。角抵在魏晋以后称为"相扑"。《太平御览》卷七五五引王隐《晋书》云："襄城太守责功曹刘子笃曰：'卿郡人不如颍川人相扑。'笃曰：'相扑下技，不足以别两国优劣。'"宋高承《事物纪原·博弈嬉戏》释"角觚"云："今相扑也。"

凤凰山秦墓出土的木梳木篦绘画，生动地再现了秦代楚地社会生活风俗，是极其珍贵的民俗风情画。画作者在梳篦柄的狭小空间内，以社会生活作为表现对象，用简练的线条表现生活场景和人物动作，画风细腻，刻画生动传神，表明这一时期楚地的写实性绘画已达到了相当高的水平。

三、丝织品

荆州博物馆收藏有130多件历代丝织品,其中绝大多数出土于战国楚墓和西汉墓葬,尤以荆州马山一号墓出土的丝织品最为珍贵,件件都是国宝级文物,堪称价值连城。

1. 战国凤鸟花卉纹绣红棕绢面绵袴

我们今天所说的"裤",自古以来就有开裆裤和合裆裤之分。古人把开裆裤称为"袴",《说文·衣部》云:"袴,胫衣也。"段玉裁注:"今所谓套裤也。左右各一,分衣两胫。"可见,"袴"是只有裤管而没有裤裆的。合裆裤称为"裈",颜师古注《急就篇》谓:"合裆谓之裈,最亲身者也。"

在马山一号楚墓出土的凤鸟花卉纹绣红棕绢面绵袴(图11-7),是我国目前保存最早的一件裤的实物,被称为"天下第一裤"。该袴下半部分是袴管,左右两只袴管各用两片拼接,其中一片是整幅绢,另一片则只用了半幅绢。袴管下部收窄,拼有一块条纹锦,做成紧口裤脚。袴管以红棕绢为面,素绢为里,面与里之间夹絮有一层薄薄的丝绵。红棕绢面上用土黄、红棕色绣线刺绣凤鸟花卉纹,间以草叶纹;凤鸟头耸高冠,双翅下张,似欲行走。袴管的拼缝处均镶嵌有十字形纹绦作为装饰,颇为讲究。

图11-7　战国凤鸟花卉纹绣红棕绢面绵袴(荆州马山一号楚墓出土)

袴管的上部通过一块长方形绢片与袴腰部分相连。裤腰高45厘米,宽95厘米,用四片灰白色绢拼接而成,在后腰处没有闭合,形成开口,露出腰部和臀部,显然这条绵袴属于开裆裤的结构。马山一号墓的墓主为一名女性,穿着这样一件开裆裤,要如何解决遮盖的问题呢?这种开裆裤并不适合外穿,而是贴身穿着起御寒作用。在绵袴之外,还会穿

裙，裙之外还会穿袍，裙和袍都能起到遮挡的作用。（图11-8）

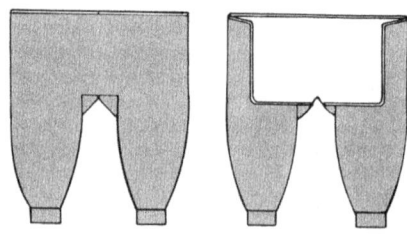

图11-8　马山一号墓出土绵袴复原图

马山一号墓出土了一件开裆裤的实物，是不是就说明先秦时期人们只穿开裆裤，合裆裤还没有发明出来呢？事实上，虽然到目前为止，还没有发现先秦时期的合裆裤实物，但是从考古发掘出土的文物资料中，还是能见到合裆裤的图像资料的。如河南信阳长台关一号墓出土漆瑟上所绘的猎人，上身穿短衣，下身穿着的就应该是合裆裤，否则就无法遮羞了。

2. 战国蟠龙飞凤纹绣浅黄绢面衾

古人睡觉时盖的被子，根据季节的不同，大小厚薄不一，名称各异。冬季盖的大被，称为"衾"，春秋季盖的单被称为"衿"。在马山一号楚墓中出土有3件衾、1件衿。3件衾分别是：编号为N2的蟠龙飞凤纹绣浅黄绢面衾（图11-9），编号为N5的凤鸟凫几何纹锦面衾，编号为N7的对凤对龙纹绣浅黄绢面衾。后两件衾只有衾面，衾里和夹絮的丝绵已被人为剪掉。只有蟠龙飞凤纹绣浅黄绢面衾保存完好，是一件实用的衾。

图11-9　战国蟠龙飞凤纹绣浅黄绢面衾（荆州马山一号楚墓出土）

蟠龙飞凤纹绣浅黄绢面衾呈正方形，长、宽都是190厘米。在被衾一端的中部，开有一个凹形的缺口。被衾上的凹口，用今天的设计理念来说，完全是基于人体工程学的设计。因为人的头部是高于双肩的，没有凹口的被衾盖在人身上后，要露出人的头部，双肩就得不到有效的覆盖，容易使肩部受寒。而在头部位置开了一个凹形缺口后，就有效地解决了这一问题。

蟠龙飞凤纹绣浅黄绢面衾的衾面由25片绣绢拼接而成，包括正中23片蟠龙飞凤纹绣绢和左右两侧各一片舞凤逐龙纹绣绢。蟠龙飞凤纹绣用棕、深红、土黄、浅黄等色线刺绣而成，针法精细，匀齐工整，绣线颜色搭配协调，给人以富丽堂皇的感觉。除凤冠、凤翅用较为稀疏的单行锁绣填充之外，其他部位都是满绣。纹样长72厘米，宽44厘米，主体为龙、凤图案，龙有大小之分，大龙与小龙呈S状相互盘绕，错综难辨。龙体身形矫健，向上升腾。一对凤鸟位于蟠龙之间，凤首相望，顾盼生姿，凤尾相接，形态婉转。龙凤穿插交叠，营造出神秘的氛围。在龙、凤之间，填以日、月、星辰、花卉一类的小图案，紧凑充实。纹样构图自由奔放，体现了生命的力量感和运动的韵律感，充分反映出楚文化神秘、浪漫的美学风格。

蟠龙飞凤纹绣浅黄绢面衾设计巧妙，绣工精湛，色泽华丽，是目前为止我国保存的最早的一件被衾，有"天下第一被"的美誉。

3. 战国田猎纹绦

在马山一号楚墓出土的绵袍上，衣领采用绦带进行了精心的装饰。绦是丝带的古称，是一种凭借简单的工具，依靠手工用丝线或纤维制成的窄带，一般用于装饰衣物。按照组织结构来分类，绦分为纬线起花绦和针织绦两类。

在马山一号楚墓出土的凤鸟花卉纹绣浅黄绢面绵袍上，其衣领外侧使用田猎纹绦作装饰，极其讲究。田猎纹绦（图11-10）采用纬线起花工艺编织，地组织经纬线为深棕色，花纬有土黄、钴兰、深棕三色。田猎纹绦的纹样经向长17.5厘米，纬向宽6.8厘米，图案由四个大菱形构成基本骨架，菱形内填充田猎纹样。四个菱形排列成上下两行。上面一行的两个菱形内的图案在内容上是相互关联的，表现的是田猎的场面。右侧图案为二人乘车追逐猎物，车上一人拉紧弓弦，引箭欲发；另一人手执缰绳，驾驭马车飞奔向前。车后的旗杆上挂着旌旗，随风飘动。在马车正前方的左侧大菱形中，正中填充象征山丘的变形菱形纹，山坡上有一只仓皇逃命的鹿，有箭矢从鹿的身边掠过。在奔鹿的身后，有一只已被箭矢射中的野兽，倒卧在地。下面一行的两个菱形内，表现的是武士搏兽图。右下方的图案表现的是武士与猛虎搏斗的场面，武士手执盾牌，挡住迎面扑来的猛虎。左下方的图案表现的是武士徒手与犀牛搏斗的场面。这两个菱形内，在人物与猛兽的下方，都以变形的菱形纹象征山丘。

楚国的绦带织造方法独特，图案设计精美，在题材的写实性、线条的节律性以及构图的严谨性方面，表现出极大的创造性，把简单的几何纹的表现力发挥到了极致，不愧是我国古代服饰文化的瑰宝。田猎纹中的人物、车马、旌旗、野兽、山丘等现实的物象，因为是编织成像的缘故，所有的曲线都变成了直线，甚至圆形的车轮也变成了六边形，装饰趣味浓厚。田猎纹绦纹样的设计和制作独具匠心，再现了田猎的紧张、场景的激烈，是丝织图案中出现田猎纹的最早实物之一，体现了楚国丝织工匠的高超技艺。

图 11-10　战国田猎纹绦（荆州马山一号楚墓出土）

4. 西汉锦缘绢地乘云绣荒帷

2007 年 11 月，位于荆州市沙市区关沮乡清河村谢家桥附近的一座古墓遭到盗掘，荆州博物馆随即对该墓进行了抢救性发掘。考古人员从谢家桥一号墓中取出了大量的陶器、铜器、漆木器、竹器、丝织品、简牍等文物，其中的丝织品是继 1982 年马山一号墓出土战国丝织品之后的又一次重要发现。在该墓中出土的 4 件质地各异、造型独特、纹饰华丽、做工精细的棺罩（荒帷），在全国是首次发现，为研究我国西汉初期的服饰、丝织品制造技术提供了极其珍贵的实物资料。①

2009 年 3 月，受荆州文物保护中心的委托，中国丝绸博物馆对谢家桥一号墓出土的一件锦缘绢地乘云绣荒帷进行了修复（图 11-11）。荒帷，俗称"棺罩"，是古代贵族死后下葬时使用的一种棺饰，是覆盖在棺上的丝织制品。盖在棺盖上的丝织制品叫"荒"，围绕在棺四周的叫"帷"。荒帷又称"墙柳"。《仪礼·既夕礼》郑玄注云："饰柩为设墙柳也"，"墙有布帷，柳有布荒"。关于棺饰荒帷的起源，郑玄在为《周礼·天官·缝人》作注时解释说："孝子既见启棺，犹见亲之身，既载饰而以形，遂以葬，若存时居于帷幕而加文秀。"由此可见，古人设置荒帷是出于对死者生前居室中帷幄一类设施的模仿。此外，荒帷还有显示富有和奢华的作用。荒帷是古代贵族身份和社会等级在丧葬礼仪上的反映。据《礼记·丧大记》记载，只有国君、大夫和士一级的贵族才能使用荒帷。我们从谢家桥一号墓出土的"告地书"中了解到，该墓的墓主人是一位名叫恚的女性，她生前育有四子一女，四子分别有五大夫、大夫、不更的爵位，可见其家族是当时荆州的名门望族。恚死后，其家人在她的灵柩上覆盖四层荒帷，以此显示其家族具有较高的社会地位和充足的财富。

谢家桥一号墓出土的锦缘绢地乘云绣荒帷由绣绢和锦缘两部分拼接而成，总长 246 厘米，宽 180 厘米。荒帷顶部的绢地乘云绣由三幅暗红色绢拼接而成，绢地均为平纹织制，用米黄和红色两种色线以锁绣针法绣出变形鸟纹图案，与长沙马王堆汉墓出土的乘云绣图案十分相近。乘云纹布局匀称，流转生韵，华丽精美，是典型的汉代绣品图案。荒帷四周

---

① 楼淑琦：《谢家桥 1 号汉墓出土"锦缘绢地乘云绣荒帷"的修复》，《文物保护与考古科学》2010 年第 3 期。

图 11-11　修复后的锦缘绢地乘云绣荒帷

以对兽对鸟几何纹锦作缘，锦为藏青色地，显浅褐色花，在几何形骨架纹样内填入相对而立的鸟、兽纹样，鸟、兽身上有小圆点作为装饰。这件荒帷的顶部用绣，四周用锦，锦绣合一，尽显奢华。

四、简牍

简牍是在纸张发明之前书写和记录文字的主要载体。在通常情况下，简是指书写文字用的竹片，形制较窄；牍是指书写文字用的木板，形制较宽。也有人将形制较宽的用于写字的竹片称为"竹牍"，将形制较窄的用于写字的木片称为"木简"。竹简、木简、竹牍、木牍统称为"简牍"。简牍作为我国早期文字的重要载体，在中华文明史上发挥过十分重要的作用。

荆州，是春秋战国时期楚国郢都的所在地，也是秦汉时期南郡的治所。在楚故都纪南城的周边地域，大批战国楚简的发现，为我们生动呈现了2000多年前楚人的手书墨迹，揭开了楚国手书历史的神秘面纱，重写了中国古代思想史和文化史。在南郡治所的腹地，考古发掘出土的大量秦汉简牍，有的是无比珍贵的官方文书档案，为我们揭开了隐藏在历史背后的真相；有的则是宗教性的神秘文字，昭示了时人对于世界的理解，以及对于美好生活的不懈向往和追求。

1. 楚简《孔子曰》

2021年，位于荆州纪南镇洪圣村的一座小型楚墓（编号为M798）被发掘。这座墓葬中出土了共计800支战国时期的楚简。经过初步整理，发现其中一部分内容与《论语》极为相似，为了与《论语》一书的书名相区别，考古学家将这批竹简拟题为《孔子曰》。

《孔子曰》现存竹简破损严重，原书约有330支竹简，但目前仅约110支简保存较为完整。根据已公布的竹简内容，该书记载的部分篇章与传世本《论语》有相似之处，但文字存在差异。同时，也有少量篇章未见于传世本《论语》，但与《礼记》《孟子》等古籍在文字内容上有相似之处。此外，还有部分篇章无法直接与传世文献进行比对，但其中涉及的人名和事件可与传世古籍相互印证。

《论语》是由孔门弟子集体编纂的一部记录孔子言行的书，因为经过了众多人手进行编纂和抄录，所以出现了内容并不完全一样的各种版本的《论语》。这可能是《孔子曰》这部"荆州版《论语》"与传世本《论语》有同有异的原因。"荆州版《论语》"的出土对研究《论语》的成书过程及儒家思想有着重要的价值。

2. 汉简《二年律令》

《二年律令》出土于江陵（今荆州区）张家山二四七号汉墓，计有500余枚竹简，题名书写于首简背面，是西汉吕后二年（前186年）颁布的法律、法令的抄本，内容包括27种"律"和1种"令"。其中"律"的部分包括了汉代法律的主体部分，涉及西汉时期的司法、政治、经济等各个方面，是极其珍贵的历史文献。

张家山汉简《二年律令》对汉初司法体系有全面的记载，严格规定了诉讼与司法程序，涉及行政法、经济法、继承法等多方面的法律，反映了汉初的刑罚体系和适用原则。《贼律》将犯罪分为5类27种罪名，将适用的刑罚分为5类18等，反映了西汉前期刑法制度的主要内容。

张家山汉简《二年律令》记载了西汉初年职官的设置、人事举荐，以及对行贿与受贿的处罚规定，可以与传世文献相互印证，弥补不足。《二年律令·置吏律》第210简是一条关于举荐责任的法律条文。按照这条法律条文，举荐他人为官的，如果被举荐的人不廉洁或不能胜任工作，则免除举荐者和被举荐者的官职。如果举荐者并非官员，则处罚金和戍边的惩罚。《二年律令·盗律》第60简是一条关于行贿、受贿罪的法律条文。这条法律规定，对于行贿与受贿者，按行贿与受贿的钱财数量多少，比照盗窃罪治罪。情节比盗窃罪严重的，要从重惩罚。

张家山汉简《二年律令》记载的有关食品安全、环境保护的法律条文，对今天仍然具有现实借鉴意义。《二年律令·贼律》第20简是一条关于食品安全的法律条文。这条法律规定，无论官府还是私人发生因食用干肉导致人员中毒生病的，要尽快将剩余干肉全部焚毁。应当焚毁而未焚毁的，对官吏和干肉所有者，要按盗窃罪惩罚。《二年律令·田律》第249简是一条关于环境保护的法律条文。这条法律规定，百姓、官吏和刑徒奴隶都不准在春夏季节砍伐树木和山林，不准筑堤堵塞河流与泉流，不准将野草焚为灰烬，不准取小鹿的角，不准杀害怀孕的野兽，不准毒杀鱼类。

《二年律令》对研究汉代经济制度史具有重要史料价值。《二年律令·钱律》规定，国家对货币进行立法管理，严厉打击制造假币、扰乱国家经济的行为。对商业的发展同样进行立法管理，不仅对市场价格进行监管，而且对商品质量也有着严格的要求。政府对商人的组织管理以及对商业税的征收都有着严密的管理措施。

3. 汉简《奏谳书》

在张家山二四七号汉墓出土的《奏谳书》是西汉时期的司法文献，共计有竹简228枚。

"奏谳书"三字书写于末简的背面。汉代司法制度规定,下级官吏在断治狱事时,如有疑难案件不能作出决断的,须逐级向上级呈报,最后奏请皇帝裁决,这种制度就是"奏谳"。将一些奏谳的案例汇编成册,就是《奏谳书》。

张家山汉简《奏谳书》汇集了部分断治狱事的典型案例,以供县、郡司法官吏学习参考之用,属于案例汇编性质的司法文献,是西汉时期为推行新的司法审判制度而颁布的指导性文献。《奏谳书》包含春秋时期的办案故事2则,秦汉时期的司法案例20件。其中收录的两则秦汉以前的办案故事,其用意在于倡导执法者要守法不阿,办案应实事求是。

在《奏谳书》列举的案例中,有的是由县(道)令(长)、丞向廷尉呈送的奏谳案例,也有的是由郡守向廷尉呈送的奏谳案例,还有郡上奏和断治的案例,对我们研究和了解西汉时期的司法诉讼制度有重要的价值。《奏谳书》第69~74简记录的"醴阳令恢盗县官米"案是一个监守自盗的案例。汉高祖七年(前200年)八月十二日,江陵县丞奏谳给南郡太守:醴阳县令恢指使属下盗卖本县公米,出卖获利,被逮捕归案。经审问,恢供认属实,与证人证言一致。南郡太守进行审问核查无误后,最终根据适用法律量刑定罪。

《奏谳书》记载了汉代律令的部分内容,以及这些法律的实际执行情况。《奏谳书》第56~57简记录的案例涉及公权私用和伪造公文两个罪名。蜀郡郡守呈请审议断决:采铁长(主管采铁的官员)山假公济私,安排为官府筑城和舂米的男女刑徒为自己种田、煮饭、做家务。而在上报的公文中,山的下属恬却说这些人是在为刑徒做炊事工作。对于此案,廷尉批复说:定恬犯伪造公文罪。

《奏谳书》是珍贵的秦汉史文献,为研究秦末汉初的职官、爵制、政区设置以及社会关系等提供了宝贵的第一手资料。《奏谳书》记载的案例,反映出汉初爵级与官级的对比关系以及军功爵制,对研究汉代赐爵制度有重要价值。

4. 木牍《中贩共侍约》

中国历史上最早的股份制出现在何时,长期以来一直存在争议。过去一般认为,宋代理学家朱熹开设书肆的本金来源于其师友门人所凑的股份,有人因此认为,这可以视为中国古代最原始的"股份制企业"。然而,地下考古材料表明,这一观点可能并不准确。

20世纪70年代,考古学家在湖北荆州的凤凰山十号汉墓中,发现了一块木牍。木牍上的文字,竟然是一份西汉时期的合股经商的契约,距今已有2100多年的历史。这是我国迄今为止所能看到的最早的股份制实物证据。

凤凰山十号汉墓的墓主人名叫张偃,他是西汉时期南郡江陵县(在今荆州郢城遗址)西乡的一名里长。在张偃墓中找到的这块木板正面写有"中贩共侍约"五个字。从字面上理解,"中贩"的意思是"中转贩卖","共侍约"则是"共同订立遵从的契约"的意思。原来,这是一份以股东入股的方式从事转手贸易的契约。

在木牍的背面,书写着合伙经商契约的全文,主要内容是:张偃与石兄、秦仲和陈伯等七人共同商议合伙经商,约定每人出资200钱入股从事转手贸易生意。

张偃是这个生意团伙的发起人,被推举担任"贩长",也就是今天企业的首席执行官(CEO)。作为股东之一的秦仲被推举担任"贩吏",应该就是今天所说的"总经理"了。契约还对"贩长"和"贩吏"各自的职责范围进行了明确的规定。

契约对入股的合伙人制定了必须遵守的规则。如果因病不能工作，要罚 30 钱；如果自带器物不齐备，则要罚 10 钱；在经营过程中，如果器物被损坏或丢失了，由所有合伙人共同承担损失。

在张偃墓中出土的还有合伙经商产生的各类账本，既有明细账、流水账、成本核算账，又有数量账、金额账等，全面反映了当时的商业活动和交易情况。当今的经济史学者看了这些账本都非常惊讶，称赞其为"世界会计史上的珍贵资料"。

国际会计界一般认为，近代复式簿记是从 13 世纪初意大利的银行账簿和转账记录开始的，而张偃的复式账簿要比它们早了 1300 多年。

五、玉器

玉作为一种温润而富有光泽的美石，凝聚了中华民族一切美好的情感。她汲天地之灵气，凝日月之光华，聚万物之精气，被视为人间瑰宝。玉文化融物质文化、精神文化、科技文化于一体，是中华文化的重要组成部分，放射出璀璨夺目的光彩，千百年来深深地影响着中国人的精神信仰、民族品性和审美追求。

荆州博物馆馆藏的玉器跨越时代极长，但绝大多数是新石器时代、东周时期以及清代玉器。

1. 东周人乘龙玉佩

在楚人的宗教信仰中，巫师是介于人与神之间的媒介，具有超乎常人的本领，他们能借助神异的动物比如龙、凤等升入天国，与诸神相会。楚人相信，人死后，人的灵魂是不死的，灵魂可以乘龙或乘凤升入天国。这些宗教信仰在楚国的造型艺术中经常有所反映，如在楚国漆画、帛画上都发现过乘龙升天图或乘凤升天图，表现的内容正是巫师升天或灵魂升天。在现存的楚国玉器中，表现乘龙升天主题的玉佩有两件，一件出土于荆州熊家冢墓地，另一件出土于荆州院墙湾楚墓。

在荆州熊家冢墓地四号殉葬墓中出土的人乘龙升天玉佩（图 11-12），玉佩用青灰色半透玉制作，主体形象为一条巨龙，龙体弯曲成"弓"字状，龙爪卷曲如凤首，表现向上升腾的态势。在龙尾上站立一人，形象与巨龙相比显得渺小。人的头部刻画五官，身穿方格曲裾袍衣，双手捧于腹部。在荆州院墙湾楚墓也出土过一件乘龙升天玉佩（图 11-13），该玉佩以左右对称的两龙为主体，两龙口衔玉璧，龙身上各栖一只小鸟。在两龙中间，一人双臂张开，扶持龙体，脚踏龙足之上，作飞升状。这两件作品，虽然表现形式上有所差异，但表现的都是乘龙升天这一宗教性主题。

2. 东周玉纽丝环

纽丝环，又称绞丝环，是指在器物表面以阴刻的技法，浮雕出螺旋状线纹的环形玉器。呈螺旋状的线纹如同扭曲的束丝，线与线之间平行旋转，循环重复，仿佛没有尽头。

图 11-12　东周人乘龙玉佩（荆州熊家冢墓地四号殉葬墓出土）

图 11-13　战国乘龙升天玉佩（荆州院墙湾楚墓出土）

在熊家冢墓地十三号殉葬墓中出土的一件纽丝环（图 11-14），器表由 38 道纽丝纹线组成，如同一束洁白的丝线旋转扭曲，线与线之间的间距大致相等，分布均匀，呈规律性的螺旋状运动。

目前所见此类玉器，最早出现在春秋中晚期楚国的墓葬中。在河南淅川下寺楚墓出土的一件玉纽丝环（标本编号为 M1∶7），直径 2.6 厘米，孔径 1.2 厘米，厚 0.25 厘米，由 10 个形状均匀的螺旋状线纹组成，线条细密规整，分布均匀。类似纽丝环一类具有规律性的复杂纹饰的玉器，过去一直被认为是古代玉匠们发挥高水平的手工技艺，通过纯手工方式完成制作的。但哈佛大学学者陆述义在对淅川下寺楚墓及其他各地墓葬中出土的玉纽丝环进行研究后发现，这些玉环上带有的精密雕刻螺旋纹，具有极强的均匀性和极高的精密度。玉环上雕刻的纹线，与用阿基米德曲线公式计算出来的螺旋线相比较，其误差均在 200 微米以内，与"阿基米德螺旋线"极为相符。要刻出这些"阿基米德螺旋纹"，必须采用精确相连的转动及直线运动，即采用复式运动才能完成。而这种复式运动是很难通过纯手

图 11-14　东周玉纽丝环(荆州熊家冢墓地十三号殉葬墓出土)

工完成的，应该是由结合了两种运动形式的复式精密机械加工而成。河南下寺楚墓出土的玉纽丝环表明，早在春秋中晚期，楚人已经发明了精密复式机械用于玉器的制作。

在荆州博物馆收藏的玉器中，还有另一件玉纽丝环，其工艺的复杂程度更高于熊家冢楚王陵十三号殉葬墓出土的纽丝环。这件在荆州天星观二号墓出土的玉纽丝环，标本编号为 M2：63-(1)，直径 6.8 厘米，孔径 5 厘米，厚 0.6 厘米，器表共雕刻有 63 道螺旋纹。根据天星观二号墓出土的文物推断，该墓下葬时间为战国中期。从该墓出土的玉纽丝环的工艺精度来看，到战国中期，楚国用于制作玉器的精密复式机械较之以前有了进一步的发展。

玉纽丝环最早出现和流行于楚地，是一种独具特色的楚式玉器。从现有考古发现的材料来看，玉纽丝环多出现在春秋中晚期至战国时期的楚墓，在受楚文化影响的其他诸侯国的墓葬中也有出土。有学者认为，玉纽丝环的制作技术最早是由楚人发明的，后来逐渐向周边地区扩散。

3. 战国玉覆面

在先秦时期的丧葬礼上，死者在入殓时，要在其面部盖上一件特制的面罩，称为"幎目"。《仪礼·士丧礼》记载："幎目用缁，方尺二寸。"汉代郑玄注曰："幎目，覆面者也。"后人据郑玄注，又将"幎目"称为"覆面"。按《仪礼·士丧礼》的记载，覆面通常是用黑色的方绢做成的，里子用红绢，中间夹层填充丝絮，通过四角的带子将覆面系在死者头部。在马山一号楚墓中出土过一件覆面的实物(图 11-15)。这件覆面为梯形，上宽下窄，由两层绢缝制而成，表层绢为深棕色，里层绢为深黄色；眼部位置开了一条窄缝，口部位置开有一个三角形的孔，以便露出死者的双眼和嘴。从其形制与颜色来看，与《仪礼·士丧礼》所记的"幎目"略有差异。

春秋战国时期，覆面的形制和材质有了新的变化，出现了在绢质的覆面之上，缝缀一件或多件玉器组成的玉覆面，有的玉覆面使用的玉器达数十种之多。在周代贵族墓葬中出

图 11-15 战国玉覆面(荆州马山镇秦家山楚墓出土)

土的玉覆面,多用璜、珩和其他各种形状的玉制品缝缀在丝麻等织物之上,并有意用玉器拼出人的五官部位。

在为数众多的出土玉覆面中,唯有江陵(今荆州区)马山镇秦家山出土的玉覆面与众不同。这件玉覆面是用一整块玉料制作而成,长 20 厘米,宽 13.9 厘米,厚 0.23 厘米,通过镂雕和浮雕、线刻等技法表现人的面部特征。玉覆面近似椭圆形,刻意模仿人脸的形状,头发、眉毛、胡须为阴刻线纹,并用阴刻线纹清晰勾勒出轮廓线。用流畅的线条勾勒出双耳和鼻子的外形,用透雕橄榄形和圆形的孔表现人的双眼、嘴部和鼻孔。在玉覆面四周还留有 8 个小孔,用以将其缝缀在丝麻等织物之上。玉覆面出土时,覆盖在墓主人面部的位置,正面向上。玉覆面上的五官比例协调,面部神态安然恬静,雕刻的手法十分娴熟,线条流畅,刀法细腻。

目前所见先秦时期的出土玉覆面,一般都是由若干块薄片玉器连缀而成的。像秦家山楚墓出土的用一块整玉雕刻而成的玉覆面,独此一件。这件玉覆面,为研究先秦时期玉殓葬习俗提供了珍贵的实物资料。

4. 明代莲花三通杯

1987 年,松滋市博物馆从民间收集到一件珍贵的文物——玉雕莲花三通杯(图 11-16)。经国家文物局专家鉴定组鉴定,该玉雕作品为明代遗物,属于国家一级文物。

玉雕三通杯以青玉制作,通高 8.7 厘米,由杯体、杯座和圈足三个部分组成。杯体由三只敞口杯组成,其中两只大杯高 3.5 厘米、口径 6.5 厘米,一只小杯呈梅花状,高 3 厘米、口径 3.7 厘米。三只杯两两相连,呈一字形排列,杯与杯之间在杯底处有小孔相通。

图 11-16　明代玉雕莲花三通杯(松滋市博物馆藏)

向其中一只杯内倒入酒水,另外两只杯内也会同时装入酒水。现将该文物定名为"三通杯",其本义是指"三杯相通"。另外,"三通杯"也暗含了李白《月下独酌》诗所说的"三杯通大道,一斗合自然"之意。在杯体外壁,满饰莲瓣纹,分上、中、下三层排列,分布均匀。

三通杯的底座透雕成一株梅树,梅树树干分出两支大枝分别托起两只大杯,另分出若干小枝托起小杯,大枝粗壮遒劲,小枝回旋盘曲,形态各异。在小枝上,还雕刻了三朵盛开的蜡梅,倒挂寒枝。梅树底座与圈足连为一体,呈椭圆形,模拟梅树根部的壅土形状。在圈足上,小篆阳刻"万寿年华"四字。从玉杯铭文来看,此杯应该是给某人祝寿而特制的庆生礼物。

三通杯玉料质地温润,柔和细腻,纯白洁净,晶莹无瑕。玉雕的构思也极具匠心,杯体饰莲瓣,杯座雕梅花,"莲令人淡","梅令人高",[①] 都是高洁的象征,寄寓了对高尚情操的向往和追求。

第三节　荆州古代宗教建筑

在古代,荆州城是佛教与道教的重要传播基地,留下了众多佛道胜迹。佛教在荆州城的传播,始于东晋南朝时期,在隋唐达于鼎盛。道教在荆州城的兴盛晚于佛教,兴于唐朝,盛于明清。

东晋南朝时期,随着大量躲避战乱的北方人口南迁,佛教也从长安、洛阳等地区南下,荆州佛教香火由此旺盛起来。隋唐时期,荆州城成为佛教的重要传播基地,在佛教发展史上具有举足轻重的地位。

道教在荆州的兴盛始于唐代。唐玄宗奉行"两教并存、道先佛后"的宗教政策,在全国大兴道观,荆州城的宫观也随之呈兴旺之势。有明一代,由于受武当山道教崛起和明代藩王崇道的影响,荆州城的道教达到了鼎盛时期。

---

① (清)张潮:《幽梦影》,青岛出版社 2010 年版,第 140 页。

一、关帝庙

关帝庙坐落于荆州古城的老南门内,与古城墙南门共处于同一条中轴线上。关帝庙始建于明洪武二十九年(1396年),距今已有600多年的历史。明万历年间,该庙宇经历了一次重建。随后,在清顺治七年(1650年)和雍正十年(1732年),关帝庙又分别经历了一次重修和一次扩建。早期庙宇建筑群雄伟壮观,包括头门、二门、正殿、三义殿和崇圣祠,以及两侧的钟鼓楼、东西廊、三元阁和真武阁等附属建筑。清雍正十年(1732年),除了主祀关羽外,关羽的曾祖、祖父和父亲也被纳入祭祀,其子关平、部将周仓以及杨仪、马良等也一同受到供奉。

清乾隆五十三年(1788年),万城堤坝决口,导致洪水泛滥,涌入荆州城。洪水退去后,乾隆皇帝下旨从国库中拨出一万六千两白银,用于重建荆州关庙。他还御赐了五件祭祀用的铜鼎、七件锦幡,并亲笔题写了"泽安南纪"的匾额以及一副对联。关羽的后裔被清朝封为五经博士,自此,荆州关帝庙由关氏的后裔负责奉祀,庙宇拥有200亩的庙田和190亩的湖地,庙内还保存有完整的关氏族谱。

清朝时期,每逢正月及农历五月十三日,荆州关帝庙都会举办盛大的庙会活动。居民会参与舞龙灯、吹奏喇叭、抬轿子、骑马射箭以及划采莲船等传统活动,为古城带来欢乐与吉祥的氛围。

20世纪40年代,荆州关帝庙不幸毁于日军的战火之中,大量文物散失,几无幸存,只有两株古老的银杏树奇迹般地留下来。1987年,相关部门出资,按清乾隆《江陵县志》所载古关帝庙建筑布局图样,在原关帝庙遗址上重建关帝庙。

经过重建的关帝庙,沿着中轴线依次建有仪门、正殿、三义殿和陈列楼等建筑,占地面积约4500平方米。整个庙宇的建筑风格仿照了原关帝庙,统一采用灰瓦红墙,飞檐翘角,展现出宏伟的气势。仪门上方悬挂着清乾隆皇帝御赐的匾额"泽安南纪";正殿正门上方,悬挂着清同治皇帝御赐的"威震华夏"匾额;在殿内,悬挂着清雍正皇帝御赐的"乾坤正气"匾额。

正殿矗立于约3米高的青石台基之上,四周环绕的回廊立柱上雕刻着石狮,栏板则装饰着汉画像石的图案。正殿之内,摆放着关羽夜读《春秋》的巨型塑像,周仓手持大刀、关平手捧官印的塑像则分别站立在两侧。

在三义殿内,矗立着桃园结义的刘备、关羽、张飞的巨型雕塑。刘备端坐中央,正襟危坐,展现出英武的风采。关羽蚕眉凤目,美髯飘逸垂至胸前。张飞则双目圆睁,气势威猛,令人敬畏。殿内后壁以桃园为背景,东西两壁则装饰着描绘"三顾茅庐"等历史故事的浮雕。

荆州关帝庙是全国四大关帝庙之一(另三座分别在山西解州、湖北当阳、河南洛阳),与其他三地并称为中国四大关公纪念地。关公的忠义精神已深深植根于荆楚大地,并随着时代的发展而不断被赋予新的内涵。

二、开元观

开元观位于荆州古城西门内北侧,现存主体建筑由山门(图 11-17)、雷祖殿、三清殿、祖师殿组成,是一组自成体系、保存较为完整的道教建筑,占地约 5000 平方米。

图 11-17　开元观山门

开元观始建于唐代开元年间。唐玄宗奉行"两教并存、道先佛后"的宗教政策,在全国大兴道观。荆州开元观与唐玄宗崇道有直接关系。据《江陵县志·古迹》记载,开元二十九年(741 年),唐玄宗夜梦巨人,梦中巨人对唐玄宗说:"吾欲出,建道场。"不久,荆州奏报,在荆州城内从地底涌出一座铁铸的天尊像,唐玄宗认为铁铸天尊像是梦中巨人现身,于是下诏在荆州建开元观供奉。依此而论,开元观已有 1200 多年的建观历史。

在"一门三殿"的建筑结构中,尚存有 32 个覆盆式莲花柱础,这些柱础充分展现了唐宋时期覆盆式莲花柱础的独特风貌。自宋、元时期以降,覆盆式莲花柱础的使用已极为罕见。这些柱础是开元观始建于唐代的有力佐证。

开元观经后世历代修葺重建,主体建筑和格局较为完整地保存下来。现存建筑主要为明、清两朝重建,在形制与做法上保持了明清建筑的特色。现存祖师殿为明代重建。祖师殿上檐构件题记记载,重建时间为"大明万历戊戌岁拾贰月吉旦",捐资人有"□藩远安奉国""辽藩□□□"等人,从题记可知该殿重建于明万历二十六年(1598 年),捐资建殿者为明代辽藩远安王贵燮之孙奉国将军恩铋等人。现存雷祖殿为清代嘉庆年间重建。雷祖殿上方枋子上题记记载,该殿重建于清嘉庆二十四年(1819 年),领修者有熊学亮等 17 人。

中华人民共和国成立后,荆州地方政府多次对开元观进行修缮。2006 年,国务院公布"荆州三观"(开元观、玄妙观、太晖观)为第六批全国重点文物保护单位。

开元观坐北朝南,"一门三殿"沿中轴线依次排列,层叠递进,有一种引人入胜、登高远眺之感。观内结构设计和造型精巧稳重,突出了我国古代南方平原建筑的特征,具有较高的科学价值。

祖师殿矗立于4米高的高台之上，展现了平原地区道教宫观的独特风貌。高台四周精心采用城砖砌筑，并以勾缝工艺加固，内部则回填素黄土并夯实，具有建筑防水、防潮、防腐的实用功能，有一定的科学价值。目前我国南方平原地区此类高台建筑遗存稀少，开元观建筑群能够保存至今，实属难能可贵。

祖师殿月台上的栏板两面均刻有精细入微的浮雕，内容涵盖人物故事、花卉草木及飞禽走兽，其中仙鹤、麒麟、飞凤、走鹿等题材的浮雕，雕工细腻，线条流畅，展现出高超的艺术造诣与深厚的文化底蕴。

2017年，为配合开元观环境整治项目开展工作，荆州博物馆对开元观首次进行考古发掘，揭示出了开元观内明清时期的中轴线甬道、道观偏殿附属墙基遗迹及相关历史遗迹，为科学保护和展示开元观提供了重要的依据。

三、玄妙观

玄妙观坐落于荆州城内荆北路，其历史可追溯至唐代开元年间，至元代达到鼎盛时期。元代至元五年（1339年），玄妙观住持唐洞云主持修建新宫，以供奉道教尊神九老仙都君。新宫落成后，元惠宗亲笔题写匾额，赐名为"九老仙都宫"。

唐洞云，元代荆州人，是宋代名臣唐介的后裔。早年于江陵佑圣堂与紫府观潜心修道，后晋升为荆襄道教都提点所掌书记，被朝廷授予"诚明中正玄静法师"的封号，承旨住持玄妙观，同时兼领荆州各地宫观事务。至元五年（1339年），唐洞云主持修建玄妙观新宫，以供奉道教尊神。

至正三年（1343年），元代著名学者欧阳玄撰写了《中兴路初建九老仙都宫记》，文中详细记载了元顺帝册封唐洞云为继八仙之后的第九位仙人的史实。大书法家危素亲自书写碑文，并镌刻于石。现立于玉皇阁右前方的"九老仙都宫记"碑，为清康熙年间所重刻。该石碑作为研究道教历史的重要史料，具有极高的学术价值。

现存主体建筑前设山门，中有玉皇阁，后连三天门与玄武殿，是明代经火灾后重建的。

玉皇阁在重建时做了扩建，面阔三间，进深三间，略呈正方形；采用了三重飞檐与斗拱的设计，三重檐顶逐层递减，宛如一座精巧的三层塔，体现了传统建筑的层次感。屋顶采用钻尖式设计，尖端之上托举着一座青铜莲花座，直插云霄，气势恢弘。尖顶之上，镌刻有"大明万历庚辰吉旦"的字样，见证了该建筑悠久的历史与深厚的文化底蕴。屋面覆盖着黄绿相间的琉璃瓦，在阳光的照耀下金光闪闪，熠熠生辉，与不远处的玄武殿交相辉映，共同构成了一幅壮美绚丽的画卷。

三天门与玄武殿位于玉皇阁北侧，建在高6.1米、边长10.2米的崇台之上，是荆州三大高台建筑之一。其建筑风格古朴而典雅，气势恢宏庄严，仿佛引领着人们穿越天门，步入超凡脱俗的仙境之中。三天门为三楼牌坊式，以砖砌而成，牌楼正中悬挂"三天门"匾额（图11-18）。玄武殿采用重檐歇山式屋顶，面阔与进深均为三间，覆盖着黄琉璃瓦顶，更显其庄重与尊贵。

图 11-18 玄妙观三天门

四、太晖观

太晖观位于荆州古城西门外，是明太祖朱元璋之子湘王朱柏所建。朱柏笃信道教，道号"紫虚子"。洪武二十七年（1394年），朱柏修建太晖观供奉道教诸神。据民间传说，太晖观原本是朱柏修建的王宫，因正殿前后檐共使用了6根石雕蟠龙柱，僭越了礼制，朱柏因此而被朝廷问罪，遂自焚而死。此说流传甚广，但实为误传。太晖观祖师殿建于8米多高的高台之上，系以高台模拟道教仙山。从形制上看，祖师殿也是典型的道教建筑，而非王宫建筑。

太晖观坐北朝南，占地约1万平方米。原建有主体殿阁5座，偏殿、左右厢房，殿宇高大，规模宏伟。时人称赞太晖观"遍数琳宫，独此雄甲荆楚"。现存建筑有山门、三清殿、钟鼓楼、朝圣门、金殿等。

金殿为太晖观的主体建筑，又名祖师殿（图11-19），坐落在高8米、宽20米、长25米的高台之上，是江汉平原现存为数不多的高台建筑之一。金殿是供奉武当道教主神真武神的神殿。殿内雕梁画栋，熠熠生辉，有"小金顶""赛武当"之称。

金殿殿内装饰华丽，雕梁画栋，色彩斑斓的彩绘遍布各处，令人目不暇接。飞檐四周竖有十二根青石廊柱，其中正面四根与背面两根廊柱透雕蟠龙，鳞甲片片，状若正在蟠游；龙头伸出柱面，仿佛要突破柱面束缚，呈现出腾云驾雾、欲飞冲天之态。

第三节 荆州古代宗教建筑

图 11-19　太晖观金殿

金殿四周设有两米多高的围墙，围墙上镶嵌五百灵官浮雕，造型生动。五百灵官浮雕人物造型在形体上呈现出简洁凝练的特点，手法写实而粗犷。每尊灵官姿态各异，有的身着铠甲、手握兵器，有的身穿道服、手持仙家之物。五百灵官无一雷同，千姿百态。有的动态夸张，有的比较平和，两相对比，丰富了人物形象的表现与塑造。

五、铁女寺

铁女寺位于荆州城内三义街深巷中，始建于唐太宗贞观年间（627—649 年），原为祭祀孙氏孝女的祠庙，名为"铁女庙"。后引入佛教，改为"铁女寺"，成为融合儒家与佛教的独特宗教场所。

相传在唐代荆州城里，有一位负责冶铁的官员名叫孙坤，中年时失去了妻子，膝下只有两个女儿。这对姐妹聪明伶俐，美丽动人，对父亲也极有孝心。有人指控孙坤背着朝廷私自制造武器，官府将他逮捕，并要处以死罪。姐妹俩为了父亲的清白四处申诉，但始终未能得到公正的回应。于是，她们决定以死明志，以救父亲，两人一同跳入了炽热的熔铁炉中，化作了两尊铁像。朝廷得知消息后，最终赦免了孙坤。当地百姓为了纪念这两位孝女，专为她们建庙祭祀，供奉两尊铁女像，以怀念她们的英勇和孝心。

铁女寺在元末遭受了毁坏。明洪武年间，辽王朱植主持重建。寺内现存的建筑建于晚清时期，包括山门、韦驮殿和大雄宝殿等建筑。山门内耸立着一块高 2 米多的巨石碑，正面刻有一个与人同高的巨大"佛"字，背面铭刻辽王朱植所撰写的《铁女寺碑记》，详细记载了铁女寺的历史和相关传说。在大雄宝殿内，摆放着两尊铁女像，它们的高度分别为 132 厘米和 90 厘米。

"铁女寺"虽然规模不算宏大，但其背后动人的历史传说赋予了它独特的魅力，使其成为荆州城内一处著名的古迹，吸引着络绎不绝的游客。众多信众纷纷慕名而来，向铁女像祈求庇护与祝福。他们深信，铁女像不仅能够保佑家庭和谐、子女孝顺，而且能在紧急关头显灵，帮助那些心地善良的人们渡过难关。

六、章华寺

章华寺坐落于沙市区太师渊路的北侧，始建于元泰定二年（1325年）。清光绪年间，该寺的高僧净月被清廷授予四品大僧正的头衔，被任命为钦命方丈，负责管理荆州、宜昌、恩施、郧阳等地区的所有寺庙。从此以后，章华寺便成为长江流域最具影响力的寺庙之一，吸引了无数信众前来朝拜，香客络绎不绝。章华寺与汉阳的归元寺、当阳的玉泉寺齐名，共同被誉为湖北三大丛林，被列为湖北省重点文物保护单位。

章华寺的现存建筑群历经多次重建与修缮，占地8790平方米，以其宏伟的建筑和典雅的装饰而著称。沿着中轴线，主要建筑依次排列，包括山门、钟楼、鼓楼、天王殿、大雄宝殿和玉佛殿。在寺院的南侧厢房，依次坐落着铁塔、罗汉堂、观音殿和甘露宝塔；而在北侧厢房，则是客堂、居士楼和大悲殿。殿宇雕梁画栋，金碧辉煌，寺院绿树环绕，分外幽静。

大雄宝殿是主体建筑，面阔三间，进深五间。在大雄宝殿的前方，立着一株古梅，名为"楚梅"。在大雄宝殿的东侧，有一口古老的井，名为"沉香井"，井水深邃清澈。清人宗湄在《沉香井》诗中赞颂道："朝汲井泉甘，暮汲井泉冽。"

寺内珍藏着清代皇室御赐的《藏经》以及众多宫廷珍品，包括缅甸国王赠送的两尊玉佛，以及自民国以来历年高僧的墓塔，其中供奉着六位法师的灵骨。

七、万寿宝塔

万寿宝塔（图11-20）位于荆州市沙市区的荆江大堤观音矶之上，始建于明嘉靖二十七年（1548年），明嘉靖三十一年（1552年）落成。这座宝塔是明代第七代辽王朱宪㸅遵从其嫡母毛太妃的旨意，为嘉靖皇帝祈寿而建造的。清代康熙、乾隆、嘉庆各朝都曾对宝塔进行过维修和加固。清道光年间，为了增强宝塔的稳定性，在底层加铸了铁箍。新中国成立后，文物主管部门对万寿宝塔进行了多次修缮。2006年，该塔被列为全国重点文物保护单位。

万寿宝塔坐北朝南，东、南、西三面临江，是一座楼阁式砖石仿木结构的佛塔，共有七层，总高度40.7米。塔身呈正八角形，其基座的每个角都由一尊汉白玉力士支撑，稳固着整个塔体。塔身内外墙壁上共设有94个佛龛，每个佛龛内镶嵌着一尊汉白玉佛像。这些佛像冰清玉润，慈眉善目，造型超卓。塔顶采用宝葫芦形状的铜鎏金塔刹，内藏毛太妃亲手抄写的《金刚经》。宝塔建筑工艺精细，塔身坚固，雄伟壮观。

宝塔内外各种造像、石碑、佛雕、砖雕上都刻有捐资修塔者的姓名、地址、捐银、捐砖数目等，捐献者为当时全国8省17个州、府、县的信士，计有花卉砖、浮雕佛像砖，以及满、藏、回、蒙、汉五种文字砖共2347块。塔室第四层存有"辽王宪㸅鼎建万寿宝塔

第三节 荆州古代宗教建筑

图 11-20 万寿宝塔

记"石碑。

万寿宝塔虽然是一座佛塔,但其浮雕砖刻却整合了佛、道、儒各教元素。在塔身内外的浮雕砖刻中,既有佛教的菩萨、金刚、力士,也有道教的老君、八仙,甚至还有儒家的孔子、关公等,具有"三教合流"的特征。

1952年4月,因长江洪水泛滥,在对荆江防洪大堤进行加固升高时,将宝塔底层埋入地下达7米多深,在塔周留出两层葫芦形基坑,游客可通过台阶下到塔的底层,登塔参观。万寿宝塔塔身深陷地面,由此形成一道与众不同的独特景观,吸引各地游客前来参观。

宝塔塔身呈中空结构,游客可从底层螺旋式攀升至各层;每层均设有四扇门,可供游客凭栏远眺,俯瞰大江奔流。

八、南门天主教堂

荆州南门天主教堂(图11-21)坐落于荆州古城老南门外东堤街街口,是荆州建成最早、使用时间最长、保存最为完整、至今仍在使用的天主教堂。该教堂始建于清顺治十八年(1661年),最初由法国耶稣会传教士穆迪主持教务。清同治九年(1870年),随着鄂西南教区的成立,南门天主教堂晋升为主教堂,成为当时湖北省三大天主教传教中心之一。

现存的建筑包括大经堂和修道院,为清朝光绪年间重建。大经堂建于光绪三十一年(1905年),其设计为坐南朝北,平面布局近似于正八边形。在其正面两侧,矗立着两座西式风格的四层塔楼,塔顶装饰着十字架,增添了一抹宗教的庄严。大经堂的外观壮观,内部装饰则显得典雅而华丽,内部空间包括礼拜堂、经言堂、司铎楼等设施。修道院建于

第十一章 荆州文化遗产

图 11-21　南门天主教堂

清光绪三十二年（1906 年），由修道院大楼、文萃小学大楼和修道圣堂三栋建筑构成，其平面布局呈品字形，占地面积约为 1933 平方米。

教堂建筑整体上呈现出典型的欧式风格，然而在细节之处，却巧妙融合了中国特色。在教堂的入口，无论是门板、门楣还是门柱，木雕与石刻均融入了鲜明的中国元素。门柱和门楣上的石雕花鸟图案，彰显了中国的传统特色；而在大殿内部，12 位先知画像下方的半浮雕花瓶装饰，采用了中国青花瓷的碎片拼接而成，散发出浓厚的中国气息。

清朝末年，南门天主教堂在荆州八旗驻军向民军和议献城时发挥过一定作用。1911 年辛亥革命爆发后，民军司令长唐牺支所率领的部队围攻荆州城长达一个多月，荆州驻防旗兵遭受重大伤亡。12 月 13 日，在南门天主教堂司铎马修德的调解下，驻防将军连魁签署了和议条款，并交出了武器向民军献城。

20 世纪三四十年代，这座教堂在长江的多次水患和战争的灾难中，成为荆州教区神父、修女以及周边地区灾民的临时避难所。新中国成立后，它又经历了两次大规模的整修。

南门天主教堂是荆州现存唯一的欧式建筑，对研究西方建筑风格在江汉平原地区的流传、发展具有重要作用。现已被列为第五批湖北省文物保护单位。

第四节　荆州非物质文化遗产

荆州非物质文化遗产是荆州文化的重要组成部分，也是中华文化的瑰宝之一。荆州市高度重视非物质文化遗产的保护与传承工作，通过加强项目申报、建立保护机制、开展传承活动等方式，有效推动了非遗项目的活态传承和合理利用。截至 2024 年 7 月，荆州市已拥有国家级非遗代表性项目 11 项、省级非遗代表性项目 45 项、市级非遗代表性项目 148 项，涵盖了民间文学、传统音乐、传统舞蹈、传统美术、传统技艺、传统戏剧、传统曲艺、传统医药、传统体育等多个领域。这些非遗项目承载了楚文化的精髓，带有鲜明的地域特色，展现出旺盛的生命力，成为荆楚文化持续传承的生动见证。

一、鼓盆歌

鼓盆歌是一种古老的曲艺形式，源于古代丧礼上"扑一个盆子当鼓打，唱歌陪丧家"的民俗活动。这种艺术形式在荆州地区流传了千百年，具有深厚的文化底蕴和独特的艺术魅力。鼓盆歌主要流行于荆州市荆州区、沙市区、江陵县一带，2006 年被列入国家级非物质文化遗产名录。

鼓盆歌起源于古代民间丧礼仪式，相传与哲学家庄子"鼓盆而歌"有关。庄子的妻子死了，他的朋友惠施前往吊唁，只见庄子一边击打着倒扣的瓦盆，一边唱着歌，用这种方式表达他对死亡的达观态度，体现了对生命轮回的超然与豁达。后来民间就出现了丧礼上"鼓盆而歌"的风俗，相沿成习，世代相承。

在早先的鼓盆歌表演中，鼓师要将一面鼓放置在倒扣的木盆上，以取"鼓盆"之义。如今的表演则趋于简化，只用鼓作为打击乐器伴奏，其表演的形式也简化为一人击鼓独唱或二人击鼓对唱。

鼓盆歌在开始表演前，先要摆好桌案，掌灯设具，燃烛焚香。一切就绪后，歌师们围桌而坐，在一阵紧密的鼓声中"开场"。短歌多为一人独唱，长歌则以两三人为一组，分角色对唱。民间演出时，热心的听众也可参与帮腔，即在每段唱词的开头和结尾一起齐唱。

荆州鼓盆歌的表现形式是坐唱不表演，在演唱时没有太多花哨的动作。鼓盆歌的唱腔通俗流畅，极易上口；唱词以演唱故事为主，演唱曲目众多，具有较高的文学价值。

在鼓盆歌中，最具特色的是鼓的伴奏，其节奏在音乐的上下句落尾处呈现出强拍却无重音的独特现象，这与常规音乐节拍的规律相悖，在中西方音乐中都较为罕见。鼓点的花样繁复多变，手法灵活；鼓声时而轻柔，时而沉重，节奏时而缓慢，时而急促，展现出鼓的艺术魅力。

鼓盆歌是荆楚文化的"活化石"，以其悲怆沉郁的唱腔和风格独特的鼓点，彰显了楚文化的神秘特质。鼓盆歌的表演与民间传统紧密相连，除了具有艺术价值外，它还蕴含着民俗学、社会学和文化学的多重意义。

二、马山民歌

马山民歌是广泛传唱于湖北荆州地区马山镇的民间歌谣,流传于以马山镇为中心,辐射周边的荆州区八岭山镇、李埠镇、川店镇以及荆门市十里铺镇、当阳市草埠湖农场等地,成为影响力非常大的地方性民歌。

马山民歌基本的演唱形式是一唱众和,也称为"和声",有着悠久的历史。早在先秦时期,楚故都纪南城中流行的《下里》《巴人》就是这种演唱形式。楚国作家宋玉在《对楚王问》中说:"客有歌于郢中者,其始曰《下里》《巴人》,国中属而和者数千人。"这里说的"属而和者",即指"和声"。唐宋时期,荆州一带流行"郢中田歌"。北宋《太平寰宇记》记载:"扬歌,郢中田歌也。其别为三声子、五声子。一曰嚎声,通谓之扬歌。一人唱,和者以百数。音节极悲,水调歌或即是类。"所谓"扬歌",即"秧歌",是农民在田间插秧时唱的歌,又称"郢中田歌"。"郢中田歌"的演唱形式也是"一人唱,和者以百数",可见来源于先秦楚地民歌。

马山民歌继承了"郢中田歌"的演唱形式,形成了"五句子""五大调"等特色。马山民歌以唱"五句子"著称,以"五句成歌、句尾点题"的唱词结构为特点。"五句子"最典型的演唱方式和"郢中田歌"一样,为一人领唱、众人和唱。"五句子"又有"喊五句""赶五句""穿五句"之分,曲体结构差别较大,基本旋律大同小异。其中最有特色的是"穿五句"。

"穿五句"一般分为主词和衬词,主词可由领唱者即兴编词,而衬词一般是固定的,多为当地方言中习惯常用的语气词。在演唱过程中一般由领唱者唱主词,和唱者唱衬词。以《翻一个荷花对牡丹(喇叭调)》为例,主词是"五句子":"新填稻场白沙土,稻场上面打稻谷,两条石磙一路打,十二把扬杈对面翻,翻一个荷花对牡丹。"衬词是"喇叭调":"长的是喇叭,短的是唢呐,哩哩喇哩喇,吹得好优雅。"演唱时,领唱者唱主词,和唱者唱衬词,主词和衬词交替穿插,一唱众和,旋律高亢,自由奔放。马山民歌的曲调以"五大调"为主,即《喇叭调》《叮当调》《伙计调》《嘚嘚调》《哦吙调》。

马山民歌的种类有田歌、号子、小调、灯歌、儿歌、风俗歌、宗教歌等数十种。在已收录的民歌中,田歌所占数量最大,达到了总体数量的50%,其他歌种数量较少。

1955年,荆州马山民歌合唱队在湖北省民间音乐舞蹈会演中亮相,赢得了一致好评。1957年,马山民歌手王兆珍等人在北京中南海怀仁堂献唱"喇叭调"和"嘚嘚调",并荣幸地受到了中央领导的接见。2008年,经国务院批准,马山民歌被正式列入第二批国家级非物质文化遗产名录。

三、荆河戏

荆河戏是荆州古代地方戏曲,以湖北荆州和湖南澧县为主要流行区域。长江自宜都到城陵矶段称荆江,又称荆河,荆河戏的主要流行区域正好位于荆河两岸,因而得名"荆河戏"。

荆河戏起源于湖北省荆州市沙市区一带。根据沙市老郎庙石碑上记载的永乐二年（1404年）荆河戏班的活动踪迹，可以推断荆河戏大约起源于明朝初期，大致在洪武（1368—1398年）至永乐年间（1403—1424年）。

明清两朝，沙市商贸发达，文化繁荣，为荆河戏的发展奠定了良好的基础。明万历年间（1573—1620年），在沙市就已有早期荆河戏"楚调"的演出。明代文学家袁中道曾多次在沙市观看"楚调"的演出。袁中道在《游居柿录》中有"优伶二部间作，一为吴歈，一为楚调；吴演《幽闺》，楚演《金钗》"的记载，这里说的"吴歈"是指昆曲，"楚调"就是早期的荆河戏。

到清代初年基本完成了楚调与秦腔的"南北结合"，荆河戏基本成型。清嘉道以后，荆河戏日趋昌盛。清道光年间，沙市出现了荆河戏的戏班三元班、泰寿班和汉剧太和班、同乐班四大名班竞演争胜的局面，这一盛况延续至民国，长达百年。

新中国成立后，党和政府对荆河戏的传承与发展高度重视。1954年将各地不同的称谓统一命名为"荆河戏"，此后，沙市文化馆将本地荆河戏围鼓班成员70余人组织起来，成立了"沙市业余荆河戏剧团"，利用节假日开展演出活动，使得荆河戏得以传承下来。2006年，荆河戏经国务院批准列入第一批国家级非物质文化遗产项目名录。

"荆河戏"是荆州戏曲艺人在长期的艺术实践中，通过不断吸纳各种戏剧、曲艺的艺术精华，加以创新和改造而形成的一种地方剧种。它地方色彩浓郁，平民化特征显著，其剧目、曲牌资源丰富，声腔变化多样，表演自然质朴，唱词道白通俗易懂，具有很高的艺术欣赏价值。

荆河戏的传统剧目繁多，题材来源极为广泛。其中一些剧目取材于元明时期的杂剧和传奇故事；另一些则改编自民间神话与传说；还有的源自话本、讲唱文学以及历史演义，特别是以"东周列国"和"三国"为背景的戏剧尤为众多。

荆河戏是荆楚大地的戏曲瑰宝，保留着独具特色的唱腔、功法和击乐特色，对中国多地戏种产生过影响，对于戏曲理论、发展史和地方戏曲音乐等具有重要的研究价值。

四、五虾闹鲇

"五虾闹鲇"是一种起源于荆州市中心城区，流传于江汉平原的民间表演艺术形式。它是在传统灯彩表演的基础上发展起来的表演性舞蹈，拥有数百年的历史。虾和鲇鱼都是贴近水底泥土生活的生物，尽管鲇鱼以小鱼为食，却不会伤害虾类，它们能够和谐共存。"五虾闹鲇"通过模拟虾与鲇鱼和睦相处、自由嬉戏的场景，表达了民众对于安全稳定、自由自在生活的向往，体现了鲜明的水乡地域文化特色。2021年，"五虾闹鲇"被列入第五批国家级非物质文化遗产代表性项目名录。

清乾隆年间，沙市举人雷昌曾赋诗描述："元夕群龙汗漫游，一年初见月当头。插身人海聊容与，只是常鳞凡介俦。"这首诗记录了当时沙市元宵节的彩灯与舞蹈盛况，表明"五虾闹鲇"这一传统在清代已在荆州广为流传。

虾子灯和鲇鱼灯均采用竹篾扎制，并以绸布裱糊装饰。虾子灯、鲇鱼灯造型生动，虾身可以弯曲，鲇鱼的头、尾、鳍能自由摆动。虾子灯的表演需要 2 人共同舞动，而鲇鱼灯则由 1 人单独操控。在一场表演中，5 位舞者舞动虾子灯，1 位舞者舞动鲇鱼灯，共计 11 人参与。舞虾的动作包括"地花""边花""腰花""顶花""面花"五种变化，舞鲇则有"矮子步""扑地蹦""叠肩""跳龙门"等表演技巧。

"五虾闹鲇"的舞蹈构图独具特色，常采用鲇鱼穿梭于虾群之中的运动轨迹，以及 5 只虾之间错综复杂的穿行路径，形成"大方块""双门""双翅""马鞍""笔架""菊花开"等多种队形变化。这些变化共同营造出一幅鱼虾在水中嬉戏游玩的生动画面。

在表演的时刻，锣鼓声震天响，舞者们随着打击乐器的节奏，展示出欢快而优雅的舞姿，人与灯完美融合，虾子在场上欢快地蹦跳，鲇鱼在虾群中自由地游动，场面异常热闹。

"五虾闹鲇"表现虾与鲇鱼两种不同的水生生物和睦共处的情景，体现了儒家"和而不同"的哲学观念。"五虾"代表"东、西、南、北、中"五方，体现的是中国传统文化中五行的观念。"五虾闹鲇"多在春节、元宵节等传统年节表演，"闹鲇"与"闹年"谐音，表演"五虾闹鲇"有万物共荣喜迎春、普天民众同闹年之意。

五、"楚鲙八珍"制作技艺

"楚鲙八珍"是古代荆州"全鱼宴"的支系，精心挑选荆州本地 8 种鱼鲜为主材，采用炖、烧、蒸、腌、炸、煎、焖、烩 8 种烹饪技法，运用各种调料和配菜，烹制出玉液金鳖（清炖甲鱼）、瑶池宝龟（乌龟火锅）、粉韵美鮰（粉蒸鮰鱼）、金鳞酥鳊（酥麟武昌鱼）、脆爽条鳝（皮条鳝鱼）、喜头鲜鲫（香煎鲫鱼）、偶遇福财（财鱼焖藕）、白玉鱼糕（荆州鱼糕）这 8 款各具特色的鱼鲙佳肴。2025 年 1 月，"楚鲙八珍"作为传统鱼类菜肴制作技艺被列入湖北省第七批省级非物质文化遗产代表性项目名录。

荆州是楚国故都，也是楚文化的中心，其深厚的历史文化底蕴为"楚鲙八珍"的形成与传承奠定了坚实的基础。

周代已有"八珍宴"，后衍生出"山八珍席"和"水八珍席"等以"八珍"命名的宴席。"楚鲙八珍"属于"水八珍席"之列，特指源自荆州地区独具地域特色的鱼鲙佳肴。鱼鲙，亦称"鱼脍"，是指用鱼类为主要食材烹制的系列菜品的统称。《礼记·内则》中已有"鱼脍"的记载。

2000 多年前，楚国以荆州纪南城为都城 400 余年，开创了南方菜系"楚菜"的先河。在楚国宫廷宴席上就有了"胹鳖"（清炖甲鱼）、"臄蠵"（红烧乌龟）、"煎鰿"（香煎鲫鱼）等鱼鲙菜品，标志着"楚鲙"菜系的形成。历经世代传承，"楚鲙"菜品不断丰富，出现了荆州鱼糕、冬瓜鳖裙羹、油焖乌龟、皮条鳝鱼、豆瓣鲫鱼、乌龟火锅等系列珍馐。

在唐代，荆州鱼鲙影响极大。《南部烟花录》云："南人鱼脍，以细缕金橙拌之，号曰金齑玉脍。"荆州人段成式在《酉阳杂俎》中记载，鲤鱼和鲫鱼的"脍法"制作精细，讲究颇多，说明"楚鲙"在唐代已发展成为一项专门的烹饪技艺。

明清时期，荆州以熟鲙为主的鱼筵席快速发展，形成了以淡水鱼鲜菜品为主体的荆楚鱼席，如荆沙鱼鲜宴、江陵鳝鱼席等，标志着"楚鲙"特色菜系的成熟。近现代及至当代，这一技艺通过师徒相传和民间传承等方式得以延续。

荆州市地处长江中游，水系丰沛，江河湖泊资源得天独厚，为淡水鱼类提供了理想的生存环境，为"楚鲙八珍"提供了优质食材。荆州素来有采用当地淡水鱼鲜烹制菜肴的饮食习俗，逐渐形成"楚鲙八珍"各具特色的鱼鲙佳肴。该制作技艺涵盖了食材选择、刀工技艺、烹饪技法、调料调味及火候控制等多个核心环节，选料严谨，做法讲究，使淡水鱼鲜的美味发挥得淋漓尽致。

"楚鲙八珍"蕴含着深厚的荆楚文化与民俗内涵，彰显了江汉平原的地域特色，具有极高的文化价值。在菜肴的摆盘上，色彩搭配和谐，造型典雅，赋予了一定的艺术价值。此外，"楚鲙八珍"对餐饮行业的繁荣起到了推动作用，促进了多个产业的协同发展，具有显著的经济价值。在烹饪过程中，还保持了食材的天然风味，保留丰富的营养成分，具有极高的营养价值。

第十二章　荆州红色文化

　　红色革命文化是荆州最鲜艳的文化本色。湘鄂西苏区是第二次国内革命战争时期重要的革命根据地之一，荆州作为湘鄂西苏区的革命中心，曾孕育并领导了近3万名工农红军战士和20多万地方武装力量，开展了覆盖50余个县、近10万平方千米的革命武装斗争。荆州的红色文化宛如一座永恒的纪念碑，镌刻着革命前辈们的英雄事迹和高尚精神。这些宝贵的历史遗产，不仅是我们进行爱国主义和革命传统教育的宝贵资源，而且为荆州的发展注入了强大的精神动力。

第一节　湘鄂西革命根据地的建立

　　在1927年大革命遭遇挫折之后，以周逸群、贺龙等人为首的湘鄂西党组织，在中国共产党中央的领导下，带领湘鄂西地区的广大军民，通过武装斗争，成功建立了湘鄂西革命根据地。作为第二次国内革命战争时期的重要革命根据地之一，湘鄂西革命根据地对中国革命发挥了至关重要的作用。

一、荆江两岸年关暴动

　　1927年12月31日，根据中共中央政治局于11月召开的扩大会议精神，中共湖北省委制定了《全省总暴动计划》。[1] 该计划号召各地抓住年关时节阶级矛盾加剧的有利时机，在城市和乡村发动武装暴动，组建工农革命军和农民赤卫队，并建立基层苏维埃政权。荆江两岸的党组织遵循这一指示，着手准备年关斗争的各项工作。

　　1928年1月下旬，贺龙和周逸群抵达洪湖地区，领导了荆江两岸的年关斗争。1月20日，周逸群和贺龙从武汉乘船抵达监利观音洲。贺龙找到当地团防队队长，并直截了当地表示："我是贺龙，我来借枪！"团防队长一听到贺龙的名字，便心生畏惧，不得不交出几支步枪、几支驳壳枪以及所有的子弹。在离开时，贺龙还给团防队长写了一张收据。这就是著名的贺龙"借枪"事件。[2]

---

　　[1] 翟学超、贺志民、段纪明等编：《湖北革命历史文件汇编　省委文件 1926年—1927年》，中央档案馆、湖北省档案馆，1983年，第458页。

　　[2] 李良明、田子渝、曾成贵主编：《湖北新民主革命史：土地革命战争时期卷》，华中师范大学出版社2008年版，第104页。

随后,贺龙整合了鄂中地区的各路武装力量,成立了工农革命军第四十九路军。该军由500多名战士组成,配有300余支枪,下设三个大队。贺龙担任总指挥,贺锦斋任军长。在贺龙的指挥下,工农革命军在荆江两岸发起了年关暴动,点燃了洪湖地区革命斗争的火种。到了2月中旬,第四十九路军已取得辉煌战果,共击毙和俘虏团防、土匪2000余人,部队规模也扩大至1000多人。① 工农革命军连续取得数场战斗的胜利,为荆江两岸的革命事业开辟了新的局面,极大地促进了各县年关斗争的蓬勃发展。

根据上级的指示,公安县委成立"暗杀队",发起年关暴动。1928年1月,当地土豪谢邦文组建了"保商团",捕杀"暗杀队"队员。为了彻底摧毁"保商团",段德昌等领导人组织了一场有60多人参加的会议,制定了详细的行动计划。1月20日,"暗杀队"处决了谢邦文及其兄弟谢邦武,以此警告其他土豪劣绅,"保商团"就此土崩瓦解。② 这一行动标志着公安年关暴动的序幕正式拉开。

贺龙、周逸群领导的荆江两岸武装暴动取得节节胜利,极大地鼓舞了公安县的革命武装力量,他们积极地展开了反击团防"清乡"的斗争。段德昌带领农协会员和"暗杀队"100多人,对桥埠头的国民党驻军一个营发动了突袭,击毙敌营长在内的数十名官兵。随后,他们迅速转移至闸口,伏击了前来镇压的县警备队,大获全胜。公安县的年关暴动持续了近四个月,消灭了40余名臭名昭著的土豪,歼灭敌军300余人,缴获了100多支枪械。③ 农民"暗杀队"不断壮大,最终发展成为公安县赤卫大队。

根据湖北省委的指示,中共江陵县委于1928年1月23日发起了沙岗年关暴动。④ 在邓诗福和陈兴发的领导下,一支由10余名暴动队员组成的队伍,突袭了沙岗镇土豪朱敬亭的鸦片馆,朱敬亭在暴动中逃脱。暴动队员焚烧了鸦片馆,摧毁了盐卡,并将川盐分发给民众。与此同时,陈香波和彭之玉率领30多人突袭了白鹭湖水警队,俘获了28名官兵,并缴获了2艘炮艇、1门土炮以及28支枪械。随后,龙湾、普济观、白马等地的暴动也接连取得成功。2月5日,龙湾区委书记刘赤声带领赤卫队和800多名农民发起了暴动,成功击退了保安队的进攻,并消灭了当地的团防势力。⑤

1927年,石首县农民在秋收暴动中取得连续胜利,形成了多支农民革命武装。1928年1月22日(除夕)晚上,中共石首中心县委指挥石首农民革命军100余人攻打南部重镇调关,给当地团防队以沉重打击。与此同时,段玉林领导的游击队趁夜攻占新厂团防局。随后,石首县年关暴动汇入荆江两岸武装暴动的洪流之中。⑥ 2月上旬,李兆龙和李良耀

---

① 中共湖北省委党史研究室编著:《红色荆楚》第2卷,中国和平出版社2016年版,第40页。

② 中国人民解放军湖北省军区编、赵钟武主编:《荆楚风雷》上集,湖北人民出版社1994年版,第316页。

③ 中共湖北省委党史研究室:《中国共产党湖北历史第1卷 1921—1949 上》,中共党史出版社2021年版,第253页。

④ 中国人民革命军事博物馆编著:《中国战典》(下),解放军出版社2008年版,第116页。

⑤ 中国人民解放军湖北省军区编、赵钟武主编:《荆楚风雷》上集,湖北人民出版社1994年版,第326页。

⑥ 中国人民革命军事博物馆编著:《中国战典》(下),解放军出版社2008年版,第116页。

带领石首农民武装,在湘鄂边界地区的东山和石华堰举行暴动,成功地击杀了当地的豪绅刘再义等数人,缴获了团防武装的30余支枪械。

2月下旬,工农革命军对监利县城的攻击未能成功。随后,中共鄂西南特委在石首焦山河举行会议,研究如何依靠山区和湖泊资源进行武装斗争。会议最终决定解散鄂西南特委和工农革命军第四十九路军。荆江两岸的革命部队分别采取了不同的战略:一部分"上山",进入湘西山区,由周逸群和贺龙领导开展武装斗争;另一部分"下湖",返回监利、沔阳地区,依托湖区扩展革命力量。各部队独立作战,继续坚持武装斗争。

焦山河会议后,贺龙、周逸群等人转战湘鄂边界地区,先后发起了桑植起义,攻克了鹤峰县城,成立了中国工农革命军第四军(后改称红二军),开辟了湘鄂边革命根据地。1928年4月,周逸群与贺龙失去联系,返回洪湖地区领导游击战争,于1930年2月成立了中国工农红军第六军,开辟了洪湖革命根据地。① 湘鄂边革命根据地和洪湖革命根据地的建立与发展,为创建一个横跨汉江两岸、对长江南北形成威慑的湘鄂西革命根据地打下了坚实的基础。

二、湘鄂西革命根据地政权建设

第二次国内革命战争时期,中央苏区、鄂豫皖苏区和湘鄂西苏区是中国共产党创建的三个规模较大的红色根据地。中央苏区位于江西南部和福建西部,以江西瑞金为心脏地带,是中国共产党领导下的革命武装力量的主要活动区域,也是当时规模最大的中央革命根据地。鄂豫皖苏区跨越湖北、河南、安徽三省的交界地带,是中国共产党创建的另一块重要革命根据地,这里孕育了红四方面军等革命武装力量,为中国革命的胜利作出了重要贡献。湘鄂西革命根据地位于湖南与湖北两省的交界地带,以洪湖革命根据地为核心,是红军长征三大主力之一——红二方面军的发源地。

1928年年初,荆江两岸爆发的年关暴动,标志着湘鄂西革命根据地创建的序幕正式拉开。随后,贺龙开辟的湘鄂边革命根据地与周逸群开辟的洪湖革命根据地连为一片,发展成更为广阔的湘鄂西革命根据地。

1930年4月中旬,随着革命形势的持续发展,中共鄂西特委在石首县调弦口(现称调关)举行了石首、江陵、监利、沔阳、潜江五县工农兵贫民代表大会。② 在此次大会上,鄂西苏维埃五县联县政府正式宣告成立。这是鄂西苏区首次出现的高于县一级的革命政权。

1930年7月4日,贺龙率领的湘鄂边革命根据地红四军与周逸群、段德昌等领导的洪湖革命根据地红六军在公安县城(今公安南平)胜利会师。会师后,红四军根据中央指示改称红二军,随后与红六军组成红二军团,由贺龙担任总指挥,周逸群任军团总政委。南平会师对于湘鄂西革命根据地的巩固和发展具有极其重要的意义,为后来的革命斗争奠定了

---

① 方城:《百年党史中的湖北印迹》,湖北人民出版社2023年版,第49页。
② 中共湖北省委党史研究室:《中国共产党湖北历史》(第1卷 1921—1949 上),中共党史出版社2021年版,第283页。

坚实的基础。

随着革命力量在湘鄂西地区的持续壮大，建立一个统一的且能代表广大人民群众利益的政权组织显得尤为迫切。1930年9月24日，鄂西特委与红二军团前委在监利举行联席会议，决定将鄂西特委升级为湘鄂西特委，并将鄂西五县联县政府扩展为湘鄂西联县政府。① 同年10月，湘鄂西第二次工农兵贫民代表大会在监利县城隆重召开，大会选举产生了湘鄂西苏维埃联县政府，选举周逸群为主席，管辖16个县苏维埃政府和5个特区农民协会。湘鄂西苏维埃联县政府的成立标志着湘鄂西革命根据地有了统一的、更具权威性的政权领导机构，推动了土地革命、武装斗争等各项工作的开展，使根据地的人民群众更加紧密地团结在党的周围，为根据地的巩固和发展奠定了坚实的基础。

1931年3月，根据中央的命令，红二军团改编为红三军，并成立了湘鄂西中央分局以及湘鄂西临时省委。7月，湘鄂西苏维埃联县政府改组为湘鄂西省苏维埃政府，下辖1个联县政府、1个特区政府，直辖13个县苏维埃政府或革命委员会。12月，湘鄂西第三次工农兵贫民代表大会举行，选举产生了新的湘鄂西省苏维埃政府，崔琪被选为主席。② 这是湘鄂西地区革命政权建设的一个重要里程碑，它标志着该地区的革命斗争有了一个更加统一和有力的领导核心。湘鄂西省苏维埃政府的成立和发展，为中国共产党在湘鄂西地区的革命斗争提供了坚实的组织保障和领导力量，从而巩固和发展了湘鄂西革命根据地。全盛时期的湘鄂西革命根据地包括湘鄂边根据地、洪湖根据地、巴兴归根据地、鄂西北根据地、襄枣宜根据地等，控制50余个县，370多万人口，主力红军3万余人，地方武装20余万人。③

从1930年11月起至1932年5月，国民党军队分三次对湘鄂西革命根据地发起"围剿"。湘鄂西苏区的红军在周逸群、段德昌等人的领导下，成功击退了国民党军队的三次"围剿"。1932年6月，国民党军队对湘鄂西根据地发起了第四次"围剿"。由于受到"左"倾机会主义路线的不利影响，红三军未能突破敌人的第四次"围剿"，最终在1932年秋季撤离了洪湖根据地，湘鄂西省委和省苏维埃政府的负责人被迫突围转移，湘鄂西省委和省苏维埃政府的机构随即不复存在。

第二节 湘鄂西革命根据地旧址

在创建湘鄂西革命根据地的过程中，江陵沙岗作为早期红色革命发源地，是鄂西特委、鄂西政府机关所在地，在湘鄂西革命历史上具有重要地位。监利周老嘴是湘鄂西革命根据地的红色首府，洪湖瞿家湾曾经两度作为湘鄂西革命根据地首脑机关的驻地，对湘鄂西革命根据地的发展壮大发挥了至关重要的作用。

---

① 中共荆州市委党史办公室：《中国共产党荆州历史(1919.5—1949.10)》，湖北人民出版社2001年版，第162页。
② 田子渝、黄华文：《湖北通史》(民国卷)，华中师范大学出版社2018年版，第326页。
③ 中共湖北省委党史研究室：《红色荆楚》(第2卷 节点)，中国和平出版社2016年版，第74页。

一、江陵县沙岗红军街旧址

沙岗镇坐落于江陵县的东北部，位于江陵、监利、潜江三地的交界地带，毗邻长湖、三湖、白鹭湖。这里是洪湖苏区红色政权的发祥地，也是湘鄂西苏区的起源地之一。沙岗红军街是鄂西特委、鄂西政府机关所在地，鄂西特委第一次扩大会议和鄂西党的第三次代表大会在这里召开，江陵县苏维埃政府在这里成立。

1927年冬，中共鄂西特委做出了在荆江两岸发起年关暴动的决定，沙岗被选定为江陵农民武装暴动的第一站。1928年1月，沙岗年关暴动成功后，成立了江陵县农民协会和江陵县工农总大队（白鹭湖游击队），揭开了中国共产党在湖泊水域开展游击战争、建立农村革命根据地的序幕。

1929年3月6日，鄂西特委在沙岗九甲湾召开了第一次特委扩大会。会议重点传达了党的"六大"决议以及中央的指示，健全了特委领导机构，提出了新的主要工作任务。① 这次会议从政治上和组织上为洪湖革命根据地的形成提供了重要保障。

1930年1月，在鄂西特委的领导下，江陵县苏维埃政府在沙岗黄彩剅正式成立，这是洪湖苏区最早的红色政权。同年3月，江陵县苏维埃政府迁驻沙岗老街（今沙岗红军街）。4月，鄂西苏维埃五县联县政府成立后，鄂西特委、鄂西政府驻地均设在沙岗。

8月，中共鄂西特委第三次代表大会在沙岗金家渊隆重召开。② 大会听取了政治形势报告，讨论了扩大革命根据地、土地分配、白区宣传组织工作、游击战争和妇女运动等问题。这次会议对鄂西地区的革命工作起到了一定的推动作用，为后续的革命斗争提供了指导和方向。为便于统一领导鄂西和湘鄂边地区的革命斗争，鄂西特委扩大为湘鄂西特委，鄂西五县联县政府扩大为湘鄂西联县政府，其驻地相继从沙岗迁往监利周老嘴和洪湖瞿家湾。

鄂西革命根据地早期旧址位于江陵沙岗镇红军街及周边乡村，主要包括鄂西特别委员会旧址、鄂西苏维埃联县政府旧址、鄂西江陵县苏维埃政府旧址、江陵县苏维埃联县政府旧址、江陵县苏维埃政府消费合作社旧址、江陵县苏维埃政府贫农互济委员会旧址、江陵县五区苏维埃政府旧址、江陵县五区二乡苏维埃政府旧址、鄂西少共总部旧址、鄂西教导大队兵运训练班旧址、贺龙指挥机关旧址、贺龙旧居、许光达旧居、邓中夏旧居、彭之玉旧居、柳直荀旧居、周逸群旧居等15处旧址和旧居。这些革命旧址群文物主体建筑为砖木结构，均为清末民初建筑风格，共7栋15间，总面积约1640平方米。

沙岗老区在湘鄂西革命根据地的创建和发展壮大过程中起到了重要作用。1988年1月，经国务院批准，湘鄂西革命根据地早期旧址被确定为全国重点文物保护单位。如今经过修缮和保护，红军街已成为传承弘扬红色文化精神的重要载体和生动课堂，对于研究湘鄂西革命根据地的历史、开展爱国主义教育和红色文化旅游具有重要意义。

---

① 中共湖北省委党史研究室：《红色荆楚》（第6卷 丰碑），中国和平出版社2016年版，第143页。
② 张友斌：《荆楚红流》，中共党史出版社2016年版，第189页。

二、监利周老嘴湘鄂西革命根据地旧址

继江陵沙岗之后,监利周老嘴和洪湖瞿家湾相继成为第二次国内革命战争时期湘鄂西革命根据地的中心。1930年8月,红二军团总指挥部和湘鄂西联县政府进驻周老嘴。1931年3月,湘鄂西中央分局和湘鄂西联县苏维埃政府迁驻瞿家湾。7月下旬,由于长江大堤溃口,瞿家湾被洪水淹没,湘鄂西根据地领导机关迁回周老嘴。同年12月在周老嘴成立湘鄂西省苏维埃政府。1932年1月成立中共湘鄂西省委员会,同年4月湘鄂西省党政机关迁驻瞿家湾。

周老嘴镇坐落于监利市的北部,位于洪湖的西岸,拥有密集的河湖港汊水系,四周被水域环绕,形成天然的防御屏障,具有战略上的攻守兼备和退守自如的优势。在第二次国内革命战争期间,周老嘴镇成为湘鄂西革命根据地的红色首府(图12-1),同时也是该地区政治、军事和经济的中心。贺龙、周逸群、段德昌、谢觉哉、柳直荀等众多老一辈无产阶级革命家,在这里开展过艰苦卓绝的革命斗争。

图12-1 监利周老嘴湘鄂西革命根据地旧址

1931年12月11日,湘鄂西革命根据地第三次工农兵贫民代表大会在周老嘴召开,大会选举产生了以崔琪为主席的湘鄂西省苏维埃政府。① 湘鄂西省苏维埃政府的成立和有效运作,加强了对湘鄂西革命根据地的统一领导,使根据地的政治、经济、军事等各方面建设得到了有序推进,巩固了革命根据地的政权。

1932年1月22日,湘鄂西革命根据地第四次党代会在周老嘴召开,夏曦、贺龙、关向应等127人参加会议,夏曦作政治报告。在这次大会上,选举产生了中共湘鄂西省委员会。②

---

① 张启安:《共和国的摇篮——中华苏维埃共和国》,陕西人民出版社2003年版,第181页。
② 吴永平:《楚天红色之旅》,湖北科学技术出版社2005年版,第164页。

湘鄂西省的领导机关和红二军团的军事机关主要分布在周老嘴老街和沿河街，根据地许多重大事件和重要活动均发生在这里。周老嘴镇老街密集地分布着40多处革命旧址，主要包括中共中央湘鄂西分局，湘鄂西省委，湘鄂西省苏维埃政府、军委、红二军团总指挥部，中国工农红军军事学校二分校，红二军军部，政治保卫局等旧址，以及湘鄂西第三次工农兵贫民代表大会会址，贺龙、周逸群、段德昌、夏曦等人的旧居。

三、洪湖瞿家湾湘鄂西革命根据地旧址

瞿家湾距洪湖市西北31千米，其历史可追溯至明清时期。在这条长约200米、宽约3米的古街上，一座保存完好的明清建筑群静静地诉说着过往。老街的青砖白瓦、斑驳的墙壁以及青石铺就的小径，无不承载着深重的历史印记。1927—1934年，贺龙、周逸群、段德昌等革命先驱在此坚持武装斗争，浴血奋战，创建了以洪湖苏区为核心的湘鄂西革命根据地。

1928年年初，贺龙、周逸群等人前往鄂西，发动群众开展武装斗争。同年5月，段德昌抵达洪湖瞿家湾，组建了洪湖游击队，创建了洪湖革命根据地。1929年，周逸群和段德昌在瞿家湾成立了洪湖游击总队(先后改编为中国红军独立第一师、第六军，并合编为红二军团)。①

1930年9月20日，邓中夏、贺龙、周逸群在这里主持召开了红二军团前委扩大会议，决定了攻打监利县城的军事行动和根据地的发展方略。1931年3月至7月，1932年4月至9月，中共湘鄂西省委员会、湘鄂西省苏维埃政府等党政机关先后两度设于瞿家湾。1932年6月，国民党军队发动第四次"围剿"，洪湖苏区相继被敌侵占，湘鄂西省党政机关被迫撤离瞿家湾。

洪湖瞿家湾湘鄂西革命根据地旧址(图12-2)共有现代重要史迹及代表性建筑39处，它们大部分集中于瞿家湾镇红军街和沿河路街道南北两边，其余散布在附近村湾。主要有中共湘鄂西省委员会、湘鄂西省苏维埃政府、湘鄂西省革命军事委员会、湘鄂西省工农监察委员会、中共湘鄂西中央分局、《红旗日报》社等旧址。中共湘鄂西省委员会会址为二进院落，中间有雨棚相连，面阔12.5米，进深17米；湘鄂西

图12-2 洪湖瞿家湾湘鄂西革命根据地旧址

省苏维埃政府旧址原为瞿氏宗祠，建于清嘉庆年间，为三进院落，占地550平方米。1988年，洪湖瞿家湾湘鄂西革命根据地旧址群被国务院确立为重点文物保护单位。

---

① 湖南省地方志编纂委员会：《湖南省志》(第5卷 军事志)，中国文史出版社1994年版，第104页。

主要参考文献

张正明:《楚文化史》,上海人民出版社 1987 年版。
魏昌:《楚国史》,武汉出版社 2002 年版。
郭德维:《楚都纪南城复原研究》,文物出版社 1999 年版。
彭浩:《楚人的纺织与服饰》,湖北教育出版社 1996 年版。
高介华、刘玉堂:《楚国的城市与建筑》,湖北教育出版社 1995 年版。
徐文武:《楚国思想与学术研究》,湖北教育出版社 2012 年版。
后德俊:《楚国科学技术史稿》,湖北科学技术出版社 1990 年版。
刘玉堂主编、徐文武副主编:《纪南城志》,湖北人民出版社 2024 年版。
湖北省荆州博物馆:《荆州天星观二号楚墓》,文物出版社 2003 年版。
湖北省荆州地区博物馆:《江陵马山一号楚墓》,文物出版社 1985 年版。
蔡靖泉:《楚文学史》,湖北教育出版社 1996 年版。
皮道坚:《楚艺术史》,湖北教育出版社 1995 年版。
张绪球、王明钦:《荆州楚文化》,长江文艺出版社 2005 年版。
刘玉堂主编、徐文武副主编:《郢都风华》,湖北人民出版社 2024 年版。
韩晏清、蒲士培、朱有云:《荆州古城文化》,长江文艺出版社 2005 年版。
高时林主编:《南国完璧:荆州古城墙》,湖北人民出版社 2017 年版。
徐文武主编:《荆州:帝王之都》,湖北人民出版社 2021 年版。
张雪年:《荆州三国文化》,长江文艺出版社 2005 年版。
王勋安、徐风诚、陈礼荣:《荆州民俗文化》,长江文艺出版社 2005 年版。
徐文武主编:《荆江水文化》,武汉大学出版社 2021 年版。
左尚鸿、张友云:《荆楚国家级非物质文化遗产》,湖北人民出版社 2008 年版。
胡嘉猷、邱久钦主编:《荆楚百项非物质文化遗产》,湖北教育出版社 2007 年版。
《荆州文化简史》编撰委员会:《荆州文化简史》,湖北人民出版社 2019 年版。
中共湖北省委党史研究室:《红色荆楚》,中国和平出版社 2016 年版。
中共荆州市委党史办公室:《中国共产党荆州历史:1919.5—1949.10》,湖北人民出版社 2001 年版。
中共监利县委党史办公室:《湘鄂西丰碑:监利党史人物传略》,长江文艺出版社 1988 年版。
《湘鄂西革命根据地史》编写组:《湘鄂西革命根据地史》,湖南人民出版社 1988

年版。

《湘鄂西苏区历史简编》编写组：《湘鄂西苏区历史简编：1927—1934》，湖北人民出版社1982年版。

贺彪：《湘鄂西红军斗争史略》，华夏出版社1988年版。

武育香：《洪湖革命根据地史》，甘肃人民出版社1999年版。